Thomas Breyer-Mayländer
Hans-Joachim Fuhrmann

Erfolg im neuen Markt

Online-Strategien für Zeitungsverlage

Die deutsche Bibliothek – CIP-Einheitsaufnahme

Erfolg im neuen Markt: Online-Strategien für Zeitungsverlage /
Thomas Breyer-Mayländer; Hans-Joachim Fuhrmann;
Berlin: ZV, 2001
    ISBN 3-929122-71-5

Redaktion: Kerstin Rosenfeld

ZV Zeitungs-Verlag Service GmbH
Markgrafenstraße 15
10969 Berlin
Telefon: 030-72 62 98-240
Telefax: 030-72 62 98-243
www.zv-online.de

Layout und Satz:
GRAFIK & DESIGN Heike Merzhäuser, Rheinaustraße 136, 53225 Bonn

Druck: WAZ Druck, Theodor-Heuss-Straße 77, 47167 Duisburg

Inhalt

	Vorwort	7
1.	**Zeitungsverlage im Online-Markt**	9
1.1	Bilanz nach fünf Jahren Online-Engagement Hans-Joachim Fuhrmann	9
1.2	Zukunftsstrategien der Zeitungsverlage Thomas Breyer-Mayländer	23
2.	**Zielgruppengerechte Inhalte**	35
2.1	Von der Nutzung zum Nutzer: Marktforschung im Internet Thomas Breyer-Mayländer	35
2.2	Online-Nutzer und ihre Bedürfnisse Andreas Werner	51
2.3	Zeitungen und Internet – Die richtige Content-Strategie Edgar Franzmann	61
2.4	Content-Cooperation – Der Weg zu neuen Inhalten Katja Riefler	79
3.	**Werbung**	93
3.1	Mediaplanung im Online-Markt Christian Bachem	93
3.2	Vermarktungskonzepte für regionale und nationale Kunden Jürgen Degethoff	113
3.3	Werbevielfalt im World Wide Web Andreas Werner	127
3.4	Kampagnenoptimierung durch Ad-Managementsysteme Arndt Groth	143

Erfolg im neuen Markt:
Online-Strategien für Zeitungsverlage

4.	**E-Commerce**	**155**
4.1	**Neue Wege im Rubrikengeschäft**	155
	Georg Hesse	
4.2	**E-Commerce – Zukunftsmarkt mit Hindernissen**	171
	Peter Kabel	
4.3	**Verlagsplattformen als Shopping-Malls**	183
	Thomas Löbel	
5.	**Globale und regionale Trends**	**195**
5.1	**US-Zeitungsmarkt im Wandel**	195
	Michael Geffken	
5.2	**Skandinavien lockt die Internet-Enthusiasten**	211
	Oliver Koehler	
5.3	**Publishing in der Netzwerk-Ökonomie**	227
	Norbert Specker	
5.4	**Access-Providing – Wettbewerbsvorteil für regionale Zeitungsverlage**	241
	Joachim Türk	
6.	**Autoren**	**255**

Vorwort der Herausgeber

Nach mehr als fünf Jahren Erfahrung mit dem Internet sind die deutschen Zeitungsverlage auf einem guten Weg, die Chancen und Möglichkeiten dieses Mediums zu nutzen und neue Geschäftsfelder und Produkte in die bestehenden Unternehmen zu integrieren. Die „Zeitungen online" der ersten Generation wurden zwischenzeitlich durch eine Vielzahl unterschiedlicher Online-Angebote der Verlage abgelöst. Längst ist der Markt so komplex, dass auch innerhalb der Zeitungsbranche nicht mehr von einer einzigen durchgängigen Strategie gesprochen werden kann. Vielmehr gibt es unterschiedliche Ansätze, wie die Zeitungshäuser auf der Basis der jeweils eigenen Stellung im Markt die Herausforderung Internet annehmen können.

Der vorliegende Band versteht sich deshalb keinesfalls als Handlungsanweisung für den „Erfolg im neuen Markt". Es gibt nicht das Rezept für die optimale Online-Strategie. Vielmehr sollen Erkenntnisse und Entwicklungen in den Themenfeldern Redaktion/Content, Werbung, E-Commerce nachgezeichnet und Erfolg versprechende Trends dargestellt und diskutiert werden. Bereits bei der Konzeption dieses Buches formulierten wir den Anspruch an eine große Praxisnähe. Und es ist uns gelungen, eine Reihe namhafter Fachleute aus der Verlags- und Online-Welt als Autoren zu gewinnen. Jeder von ihnen trägt durch seine spezifischen Kompetenzen, Erfahrungen und Ansichten dazu bei, das Mosaik der Online-Strategien der Zeitungsbranche zu vervollständigen. Den Autoren, die sich trotz des hektischen Tagesgeschäfts die Zeit genommen haben, an diesem Band mitzuarbeiten, gilt unser ganz besonderer Dank. Danken möchten wir auch Kerstin Rosenfeld, die durch ihre souveräne und präzise Redaktionsarbeit wesentlich dazu beigetragen hat, dass dieses Buch in der vorliegenden Form fertiggestellt werden konnte.

Berlin, Januar 2001
Dr. Thomas Breyer-Mayländer   Hans-Joachim Fuhrmann

1. Zeitungsverlage im Online-Markt

1.1 Bilanz nach fünf Jahren
Hans-Joachim Fuhrmann

Es scheint paradox: Zu den wirklichen Gewinnern der bisherigen Internet-Entwicklung zählt die Printbranche: Das Anzeigengeschäft der Zeitungen und Zeitschriften flouriert in Deutschland wie selten zuvor. Die Börsengänge in der New Economy und die Kampagnen von Internetfirmen haben daran maßgeblichen Anteil. Selbst Größen wie AOL und Yahoo brauchen die starken Werbeträger, um ihren Bekanntheitsgrad zu erhöhen. Zeitungs- und Zeitschriftenverleger geben sich am Ende des ersten Jahres im neuen Millenium selbstbewusst wie lange nicht mehr. „Print is back!" verdichtete Hubert Burda bei den Medientagen München schlagwortartig als Botschaft und gab damit zumindest die Stimmungslage im Verlegerlager wider.

Und was machen die Zeitungen im Internet fünf Jahre nach den ersten Gehversuchen?

Mittlerweile müssen auch die hartnäckigsten Skeptiker erkennen, dass das Internet in Deutschland ein Massenpublikum erreicht. Die sechste Welle des GfK-Online-Monitors hat rund 18 Millionen Nutzer im Alter zwischen 14 und 69 Jahren erfasst, was einem Anteil von 30 Prozent entspricht. Das sind doppelt so viele wie noch vor einem Jahr. Und die Netzgemeinde wächst weiter – womöglich noch schneller. Für die Online-Angebote der Zeitungen sieht es recht gut aus: Zwar stehen die Erlöse in den meisten Verlagen noch in keinem Verhältnis zu den Investitionen, doch viele der mittlerweile 240 Angebote von Zeitungsverlagen sind gut positioniert.

Die Zahl der Zugriffe auf Zeitungsangebote – gemessen an Visits und PageImpressions – hat sich binnen Jahresfrist verdoppelt. Und die

Bilanz nach fünf Jahren
Hans-Joachim Fuhrmann

Nutzer haben Qualitäten, die mit Blick auf die Werbungtreibenden hochinteressant sind. Sie sind noch gebildeter, haben ein noch höheres Einkommen und sind noch stärker an E-Commerce interessiert als die durchschnittlichen Internetnutzer. Erkennbar ist auch eine recht enge Bindung an die Online-Angebote der Zeitungen. Diese Werte ergaben sich im Rahmen der GfK-Erhebung bei der Analyse der Nutzerstruktur der Online Marketing Service GmbH (OMS). Erfreulich ist zudem die Tatsache, dass die Nutzung des Internet bisher nicht zu Lasten der Zeitungslektüre geht. Vielmehr sind die deutschen Internet-Nutzer auch „heavy user" der gedruckten Zeitung. Allerdings wäre es grob fahrlässig, hieraus eine Garantie für die Zukunft abzuleiten.

Das Thema „Internet" bewegt die deutsche Zeitungsbranche wie kein zweites. Anders als Radio und Fernsehen, wo viele Zeitungsverlage schon lange engagiert sind, reicht das Internet direkt an das Kernprodukt „gedruckte Zeitung" heran und verändert auch die Unternehmenskultur in den Zeitungshäusern. Es entstehen neue Netzwerke, in denen sich beispielsweise Redakteure als Content Provider verstehen. Die Entscheider in den Zeitungsverlagen haben erkannt, dass die Zeit des Experimentierens im Internet endgültig vorbei ist. Die Nutzer erwarten ein attraktives mediengerecht aufbereitetes Angebot. Dabei muss sich der Webauftritt der kleinen Zeitung im grenzenlosen Netz direkt dem Vergleich mit dem großen Wettbewerber stellen, der nur einen Mausklick entfernt ist.

Die Fragen, mit denen sich der vorliegende Band auseinandersetzt, sind zugleich die Fragen, die die Zeitungsbranche derzeit bewegen:

– Wie kann die grundsätzlich gute Ausgangslage für eine optimale Positionierung der Print- und Online-Produkte genutzt werden?
– Wie lässt sich die Stärke der Printmarken ins Netz übertragen?
– Wie können Print- und Online-Produkte intelligent miteinander vernetzt werden – redaktionell, als Werbeträger und im Marketing?

Bilanz nach fünf Jahren
Hans-Joachim Fuhrmann

- Qualitätsjournalismus im Internet: Welchen Stellenwert haben Professionalität und Glaubwürdigkeit?
- Stichwort Syndikation: Sollen die Verlage ihre Inhalte an Dritte verkaufen?
- Wo liegen die Möglichkeiten der Verlage beim E-Commerce – national und regional?
- Wie erfolgversprechend sind Kooperationen und strategische Allianzen?

Als alles begann ...

Als das Thema „online" vor fünf Jahren von den USA aus über Großbritannien und Skandinavien auch in der deutschen Zeitungsbranche virulent wurde, drehte sich alles um die Kernfrage: „Macht es tatsächlich Sinn für einen Zeitungsverlag, in Online-Projekte zu investieren, oder ist das Internet doch nur ein Dollargrab?" Der damalige Präsident des Bundesverbands Deutscher Zeitungsverleger (BDZV), Wilhelm Sandmann, vertrat dazu eine klare Position beim Zeitungskongress 1994 in Bonn: Die Verlage seien aus ökonomischen und publizistischen Gründen geradezu verpflichtet, die Entwicklung der digitalen Informationskultur mitzusteuern und mitzugestalten. Andernfalls würden branchenfremde Wettbewerber dies übernehmen. Positionen besetzen, Know-how entwickeln und die Investitionen wegen der geringen geschäftlichen Anreize auf Sparflamme halten! – So etwa lauteten die ersten strategischen Grundsätze in den Verlagen.

Zwar war schon damals vom Boom im Online-Markt die Rede, aber doch auf äußerst niedrigem Niveau. In Deutschland teilten sich die Telekom mit 800.000 Kunden im Datex-J Dienst, der dann bald zu T-Online wurde, und CompuServe mit etwa 100.000 Nutzern den Markt. Viele Zeitungen in den USA und auch in Europa produzierten

Bilanz nach fünf Jahren
Hans-Joachim Fuhrmann

elektronische Ausgaben und vertrieben diese über kommerzielle Online-Dienste wie America Online, Prodigy, eWorld oder CompuServe. „Süddeutsche Zeitung", „Neue Zürcher Zeitung" und auch dpa mit dem Kurznachrichtenangebot waren frühe Partner von CompuServe. Gerade in den USA gab es damals schon Online-Angebote, die wegweisend waren. Zum Beispiel „Access Atlanta", das zunächst noch über Prodigy vertriebene elektronische Angebot der großen Regionalzeitung „Atlanta Journal & Constitution". Das Konzept: Lokales von A bis Z. Keine Wiederholung der gedruckten Ausgabe, sondern echter Mehrwert. Exklusive Inhalte und exklusiver Service. Dazu völlig neuartige Werbe- und Marketingideen, die auf den Möglichkeiten des Mediums aufbauten. Ein Beispiel aus den Kindertagen von „Accesss Atlanta": Im Freizeitforum gab es eine Geschichte rund um den Angelsport, dem in und um Atlanta fast jeder nachgeht. Daran gekoppelt wurde ein moderierter Chat zum Thema und mitten rein in diese homogene Zielgruppe meldete sich plötzlich ein Händler mit Angelzubehör zum Schnäppchenpreis.

Die hinter „Access Atlanta" stehende Zeitungsgruppe Cox gehörte in anderer Hinsicht ebenfalls zu den Vordenkern: Als offensive Schutzmaßnahme gegen neue Konkurrenten im Rubrikengeschäft tat man sich mit Immobilen- und Autofirmen zusammen. Andere Zeitungen wie die im Silicon Valley erscheinende „San Josè Mercury News" oder der „Virginian Pilot" hatten bereits 1995 den Rubrikenmarkt mit komfortablen Such- und Servicefunktionen in ihren Online-Ausgaben abgebildet.

Längst nicht alle Verlage entschlossen sich zur Kooperation mit einem der proprietären Dienste wie AOL oder Prodigy. Zwar lagen die Vorteile auf der Hand: niedrige Investitionskosten, funktionierende Infrastruktur, Kundendienst und Inkasso. Doch für viele Verlage überwogen die Nachteile: äußerst eingeschränkte Möglichkeiten der Mitsprache und -gestaltung, fehlende Kundenbeziehungen und zudem nur die Aussicht auf einen Bruchteil der Vertriebs- und Werbe-

Bilanz nach fünf Jahren
Hans-Joachim Fuhrmann

umsätze. Der damalige Geschäftsführer des weltweit agierenden Beratungsunternehmens der Zeitungsbranche IFRA, Friedrich Burkhardt, sah die Gefahr, dass die Onlineangebote der Zeitungen auf den Plattformen der kommerziellen Online-Dienste neben Datenbanken, Computerspielen und E-Shopping Gefahr liefen, zu einer „Würstchenbude im Einkaufszentrum zu werden".

Demgegenüber bot das Internet den Verlagen die Möglichkeit, ihren Online-Auftritt völlig selbständig zu gestalten. Etwa 200 Zeitungen weltweit waren 1995 mit einem Angebot im Netz, die meisten davon amerikanische Blätter. Zu den Pionieren hier zu Lande zählten „Die Welt", der Berliner „Tagesspiegel", die in Koblenz erscheinende „Rhein-Zeitung", „Die Tageszeitung" (taz) und die „Schweriner Volkszeitung" mit ihrem Internet-Auftritt „hansenet". Die Nutzerzahlen waren zwangsläufig noch gering: Lediglich etwa fünf bis sechs Prozent der Bundesbürger hatten Zugang zum Netz.

Mit der Marktdurchdringung des Internet wuchs auch der Druck auf die kommerziellen Online-Dienste. Sie waren gezwungen, ihre proprietäre Software durch den HTML-Standard zu ersetzen. In den USA verabschiedeten sich etliche Zeitungsverlage aus der Kooperation und setzten ausschließlich auf eigene Internet-Angebote. Effektiver als der Auftritt im Internet erschien damals vielen lokalen europäischen Zeitungsverlage ein Mailboxsystem, über das gegen Abo-Gebühren Informationen und Serviceangebote wie Veranstaltungskalender oder Rubrikenanzeigen abgerufen werden konnten. Die schnelle Verbreitung des Internet mit seinem nutzerfreundlichen Geschäftsprinzip „content is free" machte die lokalen Mailboxangebote der Verlage allerdings bald obsolet.

Binnen eines Jahres entschlossen sich rund 50 Zeitungsverlage in Deutschland für ein Angebot im Internet. Viele davon setzten von Anfang an den Schwerpunkt auf regionale Inhalte, Service, Kommunikation und maßvolle Unterhaltung. Mit einem vergleichsweise

Bilanz nach fünf Jahren
Hans-Joachim Fuhrmann

großen Aufwand und auch einem eigenwilligen Konzept ging die „Rheinische Post", Düsseldorf, mit rp-online in den jungen Markt. Das von der gedruckten Zeitung völlig getrennte Angebot wurde von Anfang an mit einem eigenen Redaktionsteam produziert und enthielt – bis auf die Rubrikenanzeigen – keine Zeitungsinhalte.

Neue Geschäftsfelder

Recht früh erkannten die Verlage, dass sie sich auf neue Geschäftsfelder begeben mussten, wenn sie die Wertschöpfungskette im jungen Online-Markt nicht nur teilweise ausnutzen wollten. Ein völlig neues Terrain war das „Access-Providing": Pioniere waren hier die „Rhein-Zeitung" und die „Mittelbayerische Zeitung", Regensburg, die ihren Lesern den Internetzugang aus Marketinggründen sogar kostenlos anbot. Der rein kaufmännische Anreiz des Access-Providings wurde bald in Zweifel gezogen, als sich abzeichnete, dass es angesichts der Konkurrenz durch die großen Telekommunikationsanbieter zu einem rapiden Preisverfall kommen würde. Unter Marketinggesichtspunkten gibt es allerdings bis zum heutigen Tag gute Argumente für ein Engagement als Access-Provider. So ist es dem Verlag beispielsweise möglich, intensive Kundenbeziehungen aufzubauen und Nutzerstrukturen zu entschlüsseln. Und das Verlagsangebot ist die Startseite für jeden Streifzug durchs Internet.

Als weiteres neues Geschäftsfeld entwickelten Verlage das „Service-Providing". Gerade für lokale und regionale Verlage schien es attraktiv, den Unternehmen in der Region, Vereinen, Behörden und anderen Institutionen den Eintritt in die Internet-Welt zu ermöglichen. Viele der Verlage schufen für das Service-Providing nicht nur separate Abteilungen, sondern gründeten Tochterunternehmen, die auch für externe Kunden den kompletten Webauftritt gestalten und betreuen. Die neuen Kundenverbindungen wurden von den Verlagen von Anfang an konsequent genutzt, um die Stellung im regionalen Markt der Online-Medien zu festigen.

Bilanz nach fünf Jahren
Hans-Joachim Fuhrmann

Content is King – aber wer zahlt dafür?

Das bewährte Business-Modell für die gedruckte Zeitung, nämlich Vertriebserlöse plus Werbeerlöse, funktioniert nicht im Internet. Die User zeigen bis heute kaum Bereitschaft, für Informationen zu zahlen, und es deutet wenig darauf hin, dass sich an dieser Haltung künftig etwas ändern wird. Es hat etliche Versuche gegeben, eine Art Abonnementgebühr für so genannte General Interestangebote einzuführen, die letztlich allesamt kläglich scheiterten. Prominentes Beispiel ist die „New York Times", die ihr Online-Angebot gegen Entgelt positionieren wollte, doch ganz schnell einen Rückzieher machte, als die Nutzer wegblieben. Zahlende Abonnenten sind bisher nur mit ganz speziellen und hochwertigen Fachinformationen und -services zu erreichen, die meist beruflich genutzt werden. Hierzu zählen beispielsweise besondere Wirtschaftsinformationen oder der kostenpflichtige Zugang zum Archiv.

Womöglich wären mit Informationen noch neue Erlösquellen zu erschließen, wenn es ein funktionierendes „pay per click" gäbe. Voraussetzung dafür wäre allerdings ein Micropayment-System zur Abrechnung von Kleinstbeträgen. Auf diesem Sektor hat es bereits viele Lösungsvorschläge und auch Modellversuche gegeben. Doch bislang kann von einer echten Marktreife nicht die Rede sein. Verkaufen ließen sich auf diesem Weg wahrscheinlich auch nur exklusive Inhalte. Mit Börsenkursen, Mietspiegeln oder einem Theaterführer ist da nicht viel Staat zu machen, solange es solche Serviceangebote gleich nebenan gratis gibt.

Zu einem durchaus lukrativen Geschäft für die Verlage könnte sich Content Syndication, der Verkauf von Inhalten an Dritte, entwickeln. Was anfangs aus einer Angst vor jeder Art von Kannibalismus schwer vorstellbar schien, ist mittlerweile für viele Verlage zu einem prosperierenden Feld geworden. Inhalte werden für gutes Geld auch

Bilanz nach fünf Jahren
Hans-Joachim Fuhrmann

an Wettbewerber verkauft. Die wiederum mussten lernen, dass sie ohne professionell erarbeitete Inhalte, wie Verlage sie vorrätig halten, nicht auskommen können. Zu den Kunden der Zeitungsunternehmen zählen Onlinedienste, Suchmaschinen, Fachportale, Banken, Versicherungen, Markenartikler.

Umgekehrt sind die Verlage davon abgekommen, möglichst sämtliche Inhalte für den eigenen Netzauftritt im eigenen Haus zu produzieren. Es ist durchaus sinnvoll, Elemente einzukaufen, zumal sich viele regionale Verlagsangebote mittlerweile zu Portalen entwickelt haben, wo neben dem eigenen redaktionellen Inhalt andere Dinge wie E-Mail, Wetterservice, Börse, Spiele und News in vielen Fachbereichen angeboten werden.

Werbung – hohes Wachstum auf niedrigem Niveau

Als wichtige Erlösquelle, an die große Zukunftserwartungen gestellt werden, gilt die Werbung. Diese ist allerdings noch recht unterentwickelt. So prognostiziert der Zentralverband der Werbewirtschaft (ZAW) für das Jahr 2000 rund 300 Millionen Mark Umsatz bei den Online- Medien in Deutschland. Zum Vergleich: Die Netto-Werbeerlöse der Zeitungen liegen bei über zwölf Milliarden Mark! Interessant ist allerdings die Wachstumsdynamik bei der Online-Werbung, die sich laut ZAW wie folgt darstellt: 1998/50 Millionen Mark, 1999/ 150 Millionen Mark, 2000/300 Millionen Mark.

Bereits sehr früh äußerte die Werbewirtschaft ihren Unmut über die schwere Handhabbarkeit der Online-Werbeträger. Verglichen mit der doch überschaubaren und transparenten Print-, Radio und TV-Welt schien das Universum der Online-Angebote eher undurchdringlich und chaotisch. Es fehlten Nutzungsdaten und Planungshilfen. Vor diesem Hintergrund waren sich die etablierten Medienverbände schnell einig,

Bilanz nach fünf Jahren
Hans-Joachim Fuhrmann

die Lage der Mediaplaner zu erleichtern und damit die Attraktivität der Online-Werbung zu erhöhen. Unter dem Dach der Informationsgemeinschaft zur Feststellung der Verbreitung von Werbeträgern (IVW) wurden 1997 die Messgrößen „PageImpression" (angesehene Seiten) und „Visit" (Besuche beliebiger Nutzer) entwickelt. Diese objektiven Daten über die Nutzungsfrequenz der Online-Angebote werden von der IVW erfasst und monatlich ausgewiesen. Als weitere Messgröße soll „AdImpression" (gesehene Werbung) eingeführt werden. Auf diese Weise könnten dynamische Werbeformen wie beispielsweise rollierende Banner besser erfasst werden. Diskutiert wird in der Branche auch über die Notwendigkeit einer Messgröße, die den Zeitfaktor erfasst. Mit einer so genannten „UseTime" könnte der Tatsache Rechnung getragen werden, dass es einerseits Online-Angebote gibt, bei denen der Nutzer pro Visit nur wenige PageImpressions hinterlässt, dafür allerdings längere Zeit auf der Seite verweilt.

Als konkrete Hilfe für die Mediaplaner angelegt wurde 1998 die OnlineMediaDatenBank (OMDB), die der BDZV gemeinsam mit dem Verband Deutscher Zeitschriftenverleger, dem Deutschen Multimedia Verband und dem Verband Privater Rundfunk und Telekommunikation 1998 in den Markt setzte. Mittlerweile sind dort Mediadaten von mehr als 1400 Werbeträgern mit rund 2300 Belegungseinheiten erfasst (Stand: November 2000). Die Datenbank bietet Nutzungsdaten, inhaltliche Profile der einzelnen Angebote, Preislisten und Konditionen.

Rubrikenmärkte im Wandel

Die ersten Online-Auftritte hatten noch gar nicht richtig begonnen, da verkündeten auch schon kulturpessimistische Populisten der Zeitung wie anderen Druckmedien den baldigen Tod. Zwar sorgten solcherlei Gedankenspiele anfangs für einige Irritation, doch so recht folgen konnte ihnen bis heute kaum jemand. Schließlich spre-

Bilanz nach fünf Jahren
Hans-Joachim Fuhrmann

chen die Fakten eine andere Sprache. Dennoch war schon zu einem sehr frühen Zeitpunkt klar, dass es auf einem wichtigen Feld der gedruckten Zeitung zu schweren Einschnitten kommen könnte, falls das Internet tatsächlich zu einem Massenmedium avancieren sollte: Die Gefahren für den gedruckten Rubrikenmarkt, aus dem manche Zeitung bis zu zwei Drittel ihrer Werbeerlöse erzielt, waren nicht zu leugnen. Gegen die komfortablen Suchfunktionen im Netz – mit vielen nützlichen Zusatzinformationen zu Immobilien, Autos oder Jobs und der Möglichkeit, mit Makler, Autohändler oder künftigem Arbeitgeber per E-Mail zu kommunizieren – können die gedruckten Anzeigen vermutlich langfristig wohl kaum bestehen. Dennoch taten sich anfangs viele Verlage schwer, Rubrikenanzeigen in die eigenen Internetauftritte zu integrieren. Zu groß war die Angst vor einer Selbstkannibalisierung. Doch lieber sich selbst kannibalisieren, als anderen das Feld überlassen, hieß dann die Abwehrstrategie vieler Häuser gegen die neuen, branchenfremden Wettbewerber. Dabei waren es zum Teil die klassischen Anzeigenkunden der Zeitung, die plötzlich die Chancen des Internet für sich entdeckten: Makler, Autohändler, Unternehmens- und Personalberatungen.

Mittlerweile hat gut die Hälfte der Verlage, die online sind, auch die Rubrikenmärkte im Netz. Bei der Vermarktung werden print und online auf verschiedenste Art miteinander gekoppelt: So gibt es für den Anzeigenkunden das Angebot „Print plus", bei dem die Online-Anzeige als Zugabe – unentgeltlich oder gegen Gebühr – obendrauf kommt. Der User erhält das Angebot auf dem Bildschirm meist gratis. Allerdings gibt es auch das Modell, bei dem hinter der Anzeige liegende Informationen wie beispielsweise das Exposè zur Immobilie oder die genaue Stellenbeschreibung zum Job gegen Entgelt geöffnet werden. Ein weiteres Modell soll vor allem dem Schutz des Printtitels dienen: Die Online-Anzeige erscheint mit Text, doch ohne die Möglichkeit, via Telefonnummer oder unter Chiffre einen Kontakt herzustellen. Hierfür soll sich der User die gedruckte Zeitung kaufen. Solchen übergangsweise womöglich sinnvollen Aktivitäten gehört si-

Bilanz nach fünf Jahren
Hans-Joachim Fuhrmann

cher nicht die Zukunft. Dafür sind die verlagsfernen Anbieter schon zu weit auf dem Vormarsch, die mit viel Werbe- und Marketingaufwand und überaus nutzerfreundlichen Bedingungen den Markt aufrollen. Zügig sollen die Angebote zu Marken entwickelt werden, die weit mehr als reine Rubrikenmärkte bieten. Da entstehen Plattformen mit vielfältigem nutzerorientierten Service und passenden Konzepten für E-Commerce.

Kooperationen und strategische Allianzen

Gegen diese neue Marktmacht kann der einzelne Verlag nur bedingt antreten. Vor diesem Hintergrund haben Zeitungsverlage in verschiedenen Konstellationen bereits Interessen gebündelt und sich zu Allianzen zusammengeschlossen. So schwierig Kooperationen aufgrund unterschiedlicher strategischer Ausrichtungen der Partner, technischer Schnittstellenprobleme oder Konflikten im Bereich der Markenführung auch sind: Gerade im Online-Markt gewinnen sie zunehmend an Bedeutung. Mittlerweile sind hier zu Lande auch Allianzen entstanden, die vor wenigen Jahren noch unvorstellbar schienen. Die Kooperation des Verlagshauses Gruner + Jahr mit der DEKRA beim Automarkt „faircar" oder das gemeinsame Autoportal von TÜV Süddeutschland und dem Süddeutschen Verlag seien hier nur beispielhaft erwähnt.

Den Aufbau einer Marke im nationalen Rubrikengeschäft haben sich auch jene Verlagshäuser zum Ziel gesetzt, die sich in der Internet Service Marketing AG (ISM.AG) formiert haben. Aufgrund des gebündelten Kow-hows sowie der Quantität und auch Qualität der Rubrikenanzeigen hat eine solche Formation gegenüber den Neulingen im Markt ganz sicher enorme Wettbewerbsvorteile. Bei solchen Zusammenschlüssen besteht allerdings eine der großen Herausforderungen darin, einen hohen Bekanntheitsgrad und damit eine starke Markt-

Bilanz nach fünf Jahren
Hans-Joachim Fuhrmann

position zu erreichen, ohne die lokalen und regionalen Märkte der einzelnen Gesellschafterverlage zu beeinträchtigen.

Verschiedene Verlagskooperationen haben sich im Markt bewährt. Dazu zählt die OMS, die mit 16 regionalen Verlagen startete und mittlerweile mehr als 50 Online-Angebote aus Verlagen gegenüber den nationalen Werbungtreibenden vermarktet.

Das Ausnutzen von Synergien im Bereich „Content" war ausschlaggebend für die Gründung von „pipeline", einem Zusammenschluss von zunächst 20 lokalen Verlagen. Auf der Agenda stand vor allem – vergleichbar mit Kooperationen im Printbereich – die Produktion eines gemeinsamen Mantels. Dazu kam eine Rubrikenanzeigendatenbank sowie die Zusammenarbeit im Bereich Technik.

Die gemeinsame Entwicklung von technischem Know-how und die Zusammenarbeit als Provider waren Ausgangspunkt für die zunächst von 18 bayerischen Verlagen getragene mbt Online KG. Dazu kam die Gemeinschaftsproduktion von Content wie Nachrichten, lokale Wetterinformationen, Chat und auch Rubrikenanzeigen. Aus der mbt online KG ging im Mai 2000 die ZET.NET AG hervor, die ihre Dienstleistungen im Bereich Service-Providing und Content auch an Dritte verkauft.

... und wie geht es weiter?

Trotz der starken und sich weiter ausdehnenden Konkurrenz durch Onlinedienste und große Suchportale, die mehr denn je auf Inhalte setzen, haben die Zeitungsverlage gute Chancen, ihre Position im Online-Markt auszubauen. Dabei können sie auf die Stärke ihrer Printmarke setzen, die sich allerdings keineswegs automatisch ins Netz übertragen lässt. Hier sind intelligente Crossmedia-Konzep-

Bilanz nach fünf Jahren
Hans-Joachim Fuhrmann

te auf allen Ebenen gefragt – publizistisch und werblich. Gerade mit dem Fokus auf das Lokale können die Zeitungen auch online enorme Potentiale entwickeln und dabei den lokalen Institutionen – beispielsweise Stadtverwaltung, Kultur, Kammern, Sparkassen, lokalem Handel – Plattformen bieten. Auf diesen können lokale Communities wachsen. Professionalität, Glaubwürdigkeit, Vertrauen sind Qualitäten, die auch im Internet immer wichtiger werden. Genau dies sind originäre Zeitungsqualitäten. Ob die bereits existierenden und potenziellen Umsätze ausreichen werden, die Online-Angebote zu einem lukrativen Geschäft zu machen, muss die Zukunft zeigen. Vieles wird davon abhängen, inwieweit es gelingt, neue Erlösquellen in ganz neuen Geschäftsbeziehungen zu finden. Der Bereich E-Commerce mit Transaktionserlösen ist womöglich sogar der interessanteste.

Bei den Medientagen 2000 in München waren sich die Zeitungsexperten jedenfalls einig, dass die Online-Engagements die Verlage bis auf Weiteres noch viel Geld kosten werden. Es müsse zu Lasten der Rendite noch einige Zeit quersubventioniert werden, bis die ersten schwarzen Zahlen geschrieben werden könnten, stellte ein Verleger fest. Mindestens ein Kollege konnte dem widersprechen: Eugen Russ, Verleger der „Vorarlberger Nachrichten" in Bregenz und in Sachen Internet sozusagen ein Mann der ersten Stunde. Er machte bereits vor vier Jahren die ersten Gewinne und erwirtschaftet mittlerweile 20 Prozent des Gesamtumsatzes seines Verlags mit Online-Dienstleistungen. Als Grundlage für den Erfolg der Zeitungen im neuen Markt sieht er die bestehenden engen Verbindungen zwischen Zeitung und Lesern/Kunden und die Stärke der Marke „Zeitung".

1.2 Zukunftsstrategien der Zeitungsverlage

Thomas Breyer-Mayländer

Das Online-Zeitalter stellt die Zeitungsverlage vor neue Herausforderungen. Auf dem Weg vom traditionellen Zeitungs- zum zukunftsorientierten Medienhaus müssen sich die Verleger vielfältigen Fragen stellen: Welche Geschäftsfelder werden künftig das Online-Engagement der Zeitungsverlage bestimmen? An welchen Produktformen wird sich die Zeitungsbranche beteiligen? Wie werden diese Aktivitäten im Verhältnis zum „klassischen" Verlagsgeschäft positioniert? Ziel des Kapitels ist es, Antworten auf diese Leitfragen zu finden. Die globale Frage, wie der Wandel der Zeitungsverlage in Zukunft voranschreiten wird, steht dabei im Mittelpunkt der Betrachtung.

Verändertes Marktumfeld

Die Bedürfnisse der Online-Nutzer unterscheiden sich in einigen Aspekten grundlegend von den Wünschen der Zeitungsleser. Auf diese Veränderung des Marktumfeldes haben zahlreiche Zeitungsverlage bereits reagiert. Dabei vollzieht sich in den Häusern, die den Nutzerbedürfnissen vollständig entsprechen wollen, ein tief greifender Wandel.

Neben den beiden Kernelementen Information und Unterhaltung, die bereits mit den unterschiedlichen publizistischen Produkten der Zeitungsverlage abgedeckt werden, wünschen sich die Online-Nutzer weitere Dienstleistungen und Produkte aus einer Hand. Durch das

Zukunftsstrategien der Zeitungsverlage
Thomas Breyer-Mayländer

Prinzip des „One-Stopp-Shop"[1] sind die Online-Anbieter gefordert, neben der reinen Information über ein Thema auch die entsprechenden Beratungsleistungen und den Verkauf der dazugehörigen Produkte zu organisieren. Hier drückt sich das gestiegene Interaktionsbedürfnis der Nutzer aus, die keine strenge Trennung mehr zwischen ihren Rollen als Leser und Kunde vornehmen. Der Wettbewerbsdruck durch zahlreiche, ständig aktualisierte Informationsangebote im Internet führt darüber hinaus zu einem erhöhten Bedürfnis an Aktualität. Aus diesem Grund wird der Publikationsrhythmus für Online-Angebote mittelfristig eher der Arbeitsweise einer lokalen Hörfunk-Redaktion denn einer Tageszeitungsredaktion ähneln.

Die vor einigen Jahren immer wieder an prominenter Stelle diskutierten Substitutionsgefahren durch Online-Produkte müssen aus heutiger Perspektive indes relativiert werden. Letztlich hängt die Möglichkeit, Print-Inhalte durch Online-Informationen zu ersetzen, davon ab, wie stark einerseits die Neigung der eigenen Leserschaft ausgeprägt ist, sich mit Netzinhalten auseinander zu setzen, und wie groß andererseits der Zusatznutzen ist, der im einzelnen Inhaltsbereich durch das Internet geboten werden kann.[2] Auch optimistische Prognosen über die Weiterentwicklung des Online-Marktes gehen davon aus, dass in naher Zukunft der Anteil der Online-Nutzer in der Gesamtbevölkerung nicht oberhalb der 50 Prozent-Marke liegen dürfte. Unter dieser – dann sicherlich sehr großen – Zahl an Online-Anwendern dominiert bei den meisten Nutzern ein sehr spezifisches Informationsinteresse, bei dem es nicht in erster Linie darum geht, sich über allgemeine Entwicklungen und Zusammenhänge zu informieren. Vielmehr steht die gezielte Informationssuche im Vordergrund. Daher ist vor allem bei zielgerichteten spezifischen Informationen, die im Printbereich einen erheblichen Rechercheaufwand verursachen, die Substitutionsgefahr durch Online-Produkte besonders groß. Zu solchen spezifischen Informationen gehören beispielsweise Adressen, Rubrikenanzeigen oder Meldungen zu bestimmten Schlagworten.

Zukunftsstrategien der Zeitungsverlage
Thomas Breyer-Mayländer

Kernkompetenzen und Geschäftsfelder

Um als Zeitungsverlag angemessen auf diese neuen Herausforderungen des veränderten Marktumfeldes reagieren zu können, ist es notwendig, Klarheit über die spezifischen Kernkompetenzen des eigenen Hauses zu bekommen. Diese Kompetenzbereiche lassen sich bei vielen Zeitungsverlagen mit den Schlagworten Inhalte, Regionalität und Vermarktung umschreiben:

... Inhalte:

> Wie alle Medienunternehmen definieren sich Zeitungsverlage zunächst über das spezifische Know-how im Aufbereiten redaktioneller Inhalte. Dabei ist gerade bei kleineren lokalen und regionalen Verlagen ein typisches Merkmal der Nachrichtenbearbeitung, dass man zwischen den auf Fremdquellen gestützten überregionalen und internationalen Inhalten und den eigenrecherchierten und selbst erstellten lokalen und regionalen Informationen unterscheidet;

... Regionalität:

> Lokale und regionale Zeitungsverlage beziehen einen großen Teil ihrer Marktstärke nicht nur daraus, dass ihre redaktionelle Arbeit eng mit dem Verbreitungsgebiet der gedruckten Zeitung verknüpft ist, sondern dass ihre Marke innerhalb der Region einen hohen Bekanntheitsgrad und entsprechendes Vertrauen genießt. Dies prädestiniert die Verlage dazu, mit Hilfe der lokalen und regionalen Verwurzelung der eigenen Mitarbeiter, lokale und regionale „Communities" zu organisieren;

... Vermarktung:

> Wesentliche Voraussetzung für ein erfolgreiches Engagement in neuen Geschäftsfeldern ist die Erfahrung der Zeitungs-

Zukunftsstrategien der Zeitungsverlage
Thomas Breyer-Mayländer

verlage im Bereich der Vermarktung. Dabei geht es nicht nur um die Möglichkeit, das Engagement in den neuen Märkten mit Hilfe der eigenen klassischen Medienprodukte publik zu machen. Vielmehr geht es darum, mit Hilfe etablierter Vermarktungsstrukturen im Printsektor, ein ähnliches Netzwerk für neue Engagements aufzubauen.

Basierend auf diesen Kernkompetenzen haben die meisten Zeitungsverlage längst mit der Diversifikation in unterschiedlichen Geschäftsfeldern begonnen. Im Bereich der Printprodukte wurde die Zeitung durch Anzeigen- und Offertenblätter ergänzt. Ein Engagement, das nicht nur zusätzliche Kapazitäten im Druckbereich und im Sektor der Werbevermarktung beansprucht, sondern auch den Vertriebs- und Zustellbereich vor neue Herausforderungen stellt. Die hohen Steigerungsraten im Bereich der Direktwerbung haben in vielen Fällen dazu geführt, dass neben der Möglichkeit der Prospektwerbung in den unterschiedlichsten Printprodukten inzwischen auch die Direktverteilung von Seiten der Zeitungsverlage angeboten wird. Damit wird bereits ein durchgängiges Prinzip deutlich: Bei aufkommender Konkurrenz durch neue Medienformen entscheiden sich die Zeitungsverlage konsequenter Weise dafür, den neuen Markt selbst zu bearbeiten, indem sie das Konkurrenzmedium in den Kanon der eigenen Produkte aufnehmen. Gleichzeitig signalisiert der Bereich der Direktverteilung von Prospekten und teilweise Infopostsendungen für viele Verlage auch den Einstieg in nicht-redaktionelle Geschäftsfelder, wie den Bereich der Logistikdienstleistungen von alternativen Zustelldiensten. Diese Erfahrung im Logistikbereich kann – in Verbindung mit der Kernkompetenz der Regionalität – auch für die Online-Aktivitäten ein wichtiger Marktvorteil sein. Schließlich kann sie die Basis für das regionale E-Commerce-Geschäft darstellen.[3] Dabei ist das Online-Engagement in den meisten Fällen für die Zeitungsverlage nicht der erste Einsatz im Bereich der elektronischen Medien. Während die Hörfunkbeteiligungen in vielen Häusern streng von den Online-Aktivitäten getrennt sind, gibt es zahlreiche Beispiele, für er-

Zukunftsstrategien der Zeitungsverlage
Thomas Breyer-Mayländer

folgreiche Kooperationen zwischen lokalen und regionalen Online-Diensten sowie Hörfunksendern in den Geschäftsfeldern der Redaktionsarbeit und der Werbevermarktung. Durch die zunehmende Nachfrage nach multimedialen Informationsangeboten werden hier voraussichtlich neue Kooperationsformen zwischen den alten und neuen elektronischen Medien der Zeitungsverlage entstehen.

Kannibalisierungspotenzial der Online-Produkte bejahen

Dieses Nebeneinander unterschiedlicher Geschäftsfelder bildet in der Praxis bekanntlich ein sehr dynamisches Marktgefüge. Die einzelnen Produktformen der Zeitungsverlage geraten nicht nur durch den intermedialen Wettbewerb – vor allem die Konkurrenz des Fernsehens – zusehends unter Druck. Auch innerhalb der bereits etablierten Medienformen kommt es immer wieder zu bedrohlichen Entwicklungen für die etablierten Geschäftsmodelle.[4] Vor allem im Werbemarkt findet der verstärkte Wettbewerb seinen Niederschlag. So muss man sich, was die Vermarktung der Online-Medien angeht, grundsätzlich von der Vorstellung lösen, hier könne mit Hilfe einer „friedlichen Koexistenz" unterschiedlicher Mediengattungen lediglich ein Markt besetzt werden, ohne dass eine Konkurrenz zur etablierten Produktpalette entsteht. Erfolgreiche Verlage müssen – ähnlich wie bei allen anderen konkurrierenden Medienformen – das Kannibalisierungspotenzial der Online-Produkte bejahen und einen hausinternen Wettbewerb im Interesse der Kundschaft akzeptieren. Dabei wird man der gedruckten Zeitung nicht nur die Konkurrenz mit den neuen Medienformen zumuten müssen. Vielmehr muss im Rahmen des Gesamtmarketings des Verlags die gedruckte Zeitung dazu genutzt werden, die neuen Aktivitäten gegenüber der eigenen Leserschaft zu promoten: Wenn man die Werbeträgerleistung der Online-Angebote der deutschen Zeitungsverlage mit der Printauflage der Titel vergleicht, wird man feststellen, dass die Erfolge der Zeitungsver-

Zukunftsstrategien der Zeitungsverlage
Thomas Breyer-Mayländer

lage bei den neuen Medien nicht in jedem Fall direkt mit der Potenz des Printtitels verknüpft sind. Hier zeigt sich, dass zahlreiche Verlage ihre Online-Angebote sehr konsequent in der gedruckten Zeitung bewerben und dadurch im Vergleich zur Printauflage überdurchschnittliche Page Impression-Zahlen – als ein wichtiges Kriterium für die Online-Reichweiten-Analyse – verbuchen können.[5] Durch entsprechende Querverweise bei redaktionellen Serien und Projekten werden die werblichen Bemühungen unterstützt. Auf diese Weise kann das Printprodukt eine große Stütze des Online-Angebots darstellen.

Abkehr von der Zeitung im Netz

Die eingangs skizzierten unterschiedlichen Nutzerbedürfnisse haben dazu geführt, dass niemand mehr versucht, die gedruckte Zeitung im Netz abzubilden. Statt dessen herrscht unter den Zeitungsverlagen Einigkeit, dass der Online-Markt eigene Darstellungsformen der Inhalte erfordert. Die Themen des Printprodukts müssen dabei nicht nur überarbeitet, sondern – wie bereits angeschnitten – vor allem durch Dienstleistungen, Produkte und Transaktionsmöglichkeiten ergänzt werden. Doch statt eines allumfassenden Online-Angebots des Zeitungsverlags werden sich mehrere unterschiedliche sehr spezifische Angebote im Markt etablieren, die jeweils auf individuelle Themen- beziehungsweise Problemfelder der Nutzer zugeschnitten sind. Ziel ist es, eigenständige Lösungen beziehungsweise Informationen anzubieten. Neben einem noch vergleichsweise printnahen Informationsangebot gehen daher mehr und mehr Verlage dazu über, regionale Plattformen, eigene Rubrikenanzeigenpools mit entsprechenden Zusatzservices, Shopping-Lösungen sowie kleinere Sites zu speziellen Themen anzubieten. Statt in jedem Medium mit lediglich einer Marke vertreten zu sein, stehen auch kleinere und mittlere Verlagshäuser im Online-Markt vor der Aufgabe, mehrere Marken parallel im Markt zu etablieren und zu betreuen.

Zukunftsstrategien der Zeitungsverlage
Thomas Breyer-Mayländer

Neue Rolle des Content

Wie bereits dargestellt, ist das redaktionelle Know-how eines Zeitungsverlags eine der wichtigsten Kernkompetenzen für den Internet-Markt. Um diese Aufbereitung von Inhalten (Content) jedoch richtig und nutzbringend einzusetzen, bedarf es zunächst einer Änderung des klassischen Selbstverständnisses von redaktioneller Arbeit. Nachdem sich viele Verlage beim Start in den neuen Multimedia-Markt darauf konzentriert hatten, mit eigenrecherchierten Artikeln einen USP[6] im Markt zu etablieren, hat inzwischen ein Umdenkungsprozess begonnen: In den vergangenen Jahren und Monaten hat sich mehr und mehr herausgestellt, dass die Nutzer ihre Probleme mit kurzen Kommentierungen, Hinweisen auf externe Quellen, rubrizierten Linklisten und ähnlichem häufig besser lösen können als mit der großen selbst recherchierten Geschichte oder dem individuellen Kommentar. Diese Aufgaben gehören jedoch eindeutig in den Fokus redaktioneller Arbeit, die sich mit den Tätigkeiten Recherchieren, Schreiben, Redigieren, Auswählen und Bewerten beschreiben lässt. Dass dabei vor allem dem Recherchieren, Auswählen und Bewerten eine besondere Rolle im Online-Markt zukommt, liegt in der Natur des verknüpften Mediums sowie in der Anspruchshaltung der Nutzer. Dies wiederum schließt für die Anbieterseite nicht nur den Hinweis auf externe Quellen mit ein, sondern erfordert auch ein erhöhtes Maß an Kooperationsbereitschaft von Seiten der Zeitungsverlage. Letztlich können die Verlage die Erwartungen der Nutzerschaft nur erfüllen, wenn sie im Rahmen des Cross-Media-Publishing die redaktionelle Arbeit so gestalten, dass einmal recherchierte und erarbeitete Artikel den verschiedenen Mediengattungen in unterschiedlicher Aufbereitungsform zur Verfügung stehen. Dies bedeutet aber auch, dass neben einer medienneutralen Datenhaltung eigene redaktionelle Kapazitäten für die unterschiedlichen Produktbereiche zur Verfügung stehen müssen. Die Professionalisierung des Online-Marktes schließt die in der Anfangszeit übliche redaktionelle Betreuung „nebenbei" aus.

Zukunftsstrategien der Zeitungsverlage
Thomas Breyer-Mayländer

Wandel redaktioneller General-Interest-Angebote

Neben dem Cross-Media-Publishing steht jedoch auch das Cross-Media-Marketing nach wie vor auf der Agenda der Zeitungsverlage. Die vor einigen Jahren prognostizierten Wachstumsschübe durch gemeinsame Vermarktung unterschiedlicher Mediengattungen konnten bisher nur in den wenigsten Fällen voll realisiert werden. Insgesamt zeigt die Werbevermarktung ohnehin einige sehr interessante Auswirkungen auf die Rolle der redaktionellen Inhalte. So führt die Tatsache, dass die deutschen Branchendienste jeden Monat ein Ranking der größten IVW-geprüften[7] Online-Werbeträger erstellen, zu dem Trend, dass viele General-Interest-Angebote versuchen, mit Hilfe nicht-redaktioneller Inhalte Dritter ihre Abrufzahlen in neue Höhen zu treiben. Das Ziel, im Ranking auf einem der vorderen Plätze zu landen, scheint die Bedenken gegenüber einer unkontrollierten Ausdehnung der eigenen Marke in den Hintergrund zu drängen. Die IVW hat mittlerweile durch Beschlüsse der zuständigen Gremien reagiert, so dass künftig eine etwas größere Transparenz im Markt zu erwarten ist. Dennoch bleibt die Tendenz bestehen, dass die redaktionellen General-Interest-Angebote sich mehr und mehr zu Marketing-Netzwerken wandeln. Der eigentliche redaktionelle Inhalt des Angebots, der den Titel für das Vermarktungsnetzwerk liefert, gerät dabei mehr und mehr in den Hintergrund. Gleichzeitig haben sich im vergangenen Jahr jedoch auch Entwicklungen gezeigt, die – im Rahmen der Vermarktung – eine verstärkte Fokussierung auf den redaktionellen Inhalt erforderlich machen. So mussten einige deutsche Marken aus dem Automobil- und Bankenbereich feststellen, dass das von ihnen beauftragte Vermarktungsnetzwerk ihre Banner-Werbung auf ausländischen Websites im Umfeld von Pornographie und teilweise Kinderpornographie präsentierte.[8] Da solche Fehlbelegungen natürlich einen katastrophalen Effekt auf die eigene Marke besitzen, haben die Auftraggeber ihre Werbebuchungen sofort zurückgezogen und versucht, die Schuldigen im Rahmen der Wertschöpfungskette ausfindig

Zukunftsstrategien der Zeitungsverlage
Thomas Breyer-Mayländer

zu machen. Dieser Vorfall zeigt, wie wichtig gerade bei der Vermarktung von Online-Angeboten die Kenntnis des redaktionellen Umfeldes ist. Neben dem Werbeträger müssen sich die Vermarkter, Mediaplaner und nicht zuletzt natürlich die Werbekunden selbst bewusst machen, wie wichtig redaktionelle Qualität für eine funktionsfähige und seriöse Online-Werbung ist. Allen Beteiligten muss klar sein, dass es nicht darum gehen kann, eine anonyme Menge realer Werbemittelkontakte – so genannte AdImpressions – zu buchen und damit den Kontakt zu irgendwelchen unbekannten Nutzern herzustellen, deren inhaltliche Präferenzen nicht über das redaktionelle Umfeld qualifiziert sind. Erst wenn dies ausgeschlossen wird, kann man von einer seriösen Online-Werbung sprechen. Für die Verlage bedeutet dies wiederum, dass sie ihre Kernkompetenz, das heißt das geprüfte redaktionelle Umfeld, im Rahmen ihrer Werbevermarktung in den Vordergrund rücken sollten, um sich von den schwarzen Schafen abzugrenzen. Hier macht sich für die Zeitungsbranche eine Konzentration auf den Markenwert und die Betonung der geprüften Qualität bezahlt.

Im Interesse der Erhaltung des eigenen Markenwertes sollte man künftig sicherstellen, dass die gut in den redaktionellen Kontext eingebettete Online-Werbung – beispielsweise im Rahmen von Affiliate-, sprich Kooperations-Programmen –, nicht zu einer Beschädigung der eigenen Marke führt.

Kooperationen und Beteiligungsmanagement

Die Nachfrage der Nutzer nach Full-Service zwingt die Verlage im Online-Markt wesentlich stärker als die gedruckte Zeitung dazu, Kooperationen einzugehen. So haben sich in der Vergangenheit schon zahlreiche brancheninterne Kooperationen wie zum Beispiel Pipeline, die Online Marketing Service GmbH (OMS) oder ZET.NET sowie eine Vielzahl von Kooperationen mit externen Partnern eta-

Zukunftsstrategien der Zeitungsverlage
Thomas Breyer-Mayländer

bliert. War die Vergangenheit für die meisten Zeitungsverlage im Bereich der Online-Kooperationen eher durch den Aufbau gemeinsamer Gesellschafter und Joint Ventures geprägt, so wird künftig für viele Zeitungshäuser auch eine Beteiligung an strategisch wichtigen Partnern ein Thema werden. Größere Medienhäuser haben bereits den Weg vorgezeichnet, indem sie sich mit entsprechenden Venture Capital-Tochtergesellschaften mit eigenem Risikokapital an aufstrebenden Softwarefirmen und jungen Multimediaprojekten beteiligt haben.[9] Es gibt mehrere Gründe, weshalb diese Entwicklung nicht nur für die ganz Großen der Branche wichtig sein wird. Neben der Notwendigkeit im neuen dynamischen Marktumfeld über ausreichende Ressourcen und Partnerschaften zu verfügen, spielt bei der Beteiligung an jungen Unternehmen auch das klassische Motiv der Renditeerwartung eine nicht zu unterschätzende Rolle. Gegenwärtig wird die komplette Wirtschaft dadurch geprägt, dass Unternehmen, die gestern noch keiner kannte, heute bereits als aufstrebende „Shooting-Stars" am Neuen Markt der Börse gehandelt werden und morgen bereits den Firmenwert etablierter Unternehmen um ein Vielfaches überschreiten. Wer vor Jahren prognostiziert hätte, dass die Beteiligung eines großen deutschen Stahlunternehmens im Markt der Mobilfunkbetreiber dazu führen könnte, dass irgendwann ein Mobilfunkkonkurrent bereit ist, den kompletten Konzern zu schlucken und dabei den eigentlichen Hauptanteil, den Bereich Stahl, als notwendiges Übel mit in Kauf nimmt, wäre sicherlich von den meisten Fachleuten als weltfremd eingestuft worden. Ähnlich unglaubwürdig hätte die Vorhersage gewirkt, dass ein Online-Unternehmen den Mediengiganten Time Warner schlucken könnte.

Völlig neue Beteiligungsverhältnisse im Online-Markt

Die Investitionen in das Kerngeschäft der Zeitungsverlage erfolgen zwar nicht nur unter Renditegesichtspunkten, sondern wer-

Zukunftsstrategien der Zeitungsverlage
Thomas Breyer-Mayländer

den konsequenter Weise zunächst unter Berücksichtigung der Verlagsphilosophie und unter sorgfältiger Prüfung der eigenen Kernkompetenzen durchgeführt. Dennoch muss auch für die mittelständische Wirtschaft eine Absicherung durch Investitionen in aufstrebende Geschäftsfelder mit überdurchschnittlichem Marktwachstum erfolgen.[10] Während früher die Wettbewerber im lokalen und regionalen Markt häufig durch Mehrheitsbeteiligungen in das eigene Unternehmen integriert werden konnten, muss man im Online-Markt mit völlig neuen Gesetzmäßigkeiten rechnen. Für viele Zeitungshäuser bedeutet dies erstmalig die Akzeptanz von Minderheitsbeteiligungen und die Einführung eines Beteiligungsmanagements im engeren Sinne. Dass für die Beteiligung an aufstrebenden Unternehmen nicht immer nur das Bargeld des Verlags die maßgebliche Währung sein muss, belegt das Beispiel des Konzerns Pro Sieben, der sich an der Internet-Preisdrücker-Community Letsbuyit.com beteiligt hat und als Gegenwert die Medialeistung des TV-Senders einsetzen konnten.[11] Natürlich ist für junge aufstrebende Unternehmen in erster Linie die Präsenz in überregionalen Medien relevant, deren Medialeistung folglich leichter in entsprechende Deals eingebracht werden kann. Nichtsdestotrotz besteht auch für Zeitungsverlage – zumindest im Verbund – die Möglichkeit, sich mit Hilfe der Medialeistung an interessanten jungen Unternehmen zu beteiligen. Auf diese Weise können sie ein Stück Zukunftssicherung betreiben.

1) Diebold Deutschland: Strategiekompass für erfolgreiches Internet-Business im Verlagsumfeld, Eschborn, 1999, Seite 47ff.
2) Die meisten Untersuchungen über das Online-Verhalten von Zeitungs- und Zeitschriftenlesern zeigen, dass es sich in der Regel um komplementäre Anwendungen handelt (Vgl. Schüür-Langkau, Anja: Keine Angst vorm Internet; in: „w&v", 17. Dezember 1999, Seite 145f.; sowie Neuberger, Christoph: Vom Papier auf den Bildschirm, in: Neuberger, Christoph; Tonnemacher, Jan (Hrsg.): Online – Die Zukunft der Zeitung?; Opladen/Wiesbaden, 1999, Seite 22ff.).

Zukunftsstrategien der Zeitungsverlage
Thomas Breyer-Mayländer

3) Mehrere regionale Zeitungsverlage haben bereits mit ersten Modellversuchen und Testläufen begonnen alternative Zustelldienste aufzubauen, die eine parallele Positionierung im Markt der Direktwerbung mit gedruckten und Online-Medien ermöglichen. Darüber hinaus besteht die Möglichkeit, bei solchen Projekten die Einführung von Vollzeitstellen im Zustellbereich zu testen.
4) Beispielsweise durch die unterschiedlichen Versuche, kostenlose Zeitungen im Markt zu etablieren.
5) Natürlich spielt neben der Intensität der Cross-Promotion auch die Struktur des Verbreitungsgebiets und die Online-Affinität der Umgebung eine Rolle. So sind die Voraussetzungen in Hochschulorten generell günstiger als in ländlichen Verbreitungsgebieten.
6) USP: Unique Selling Proposition: das heißt einzigartiger Produktbestandteil mit Alleinstellungsmerkmalen im Markt.
7) Informationsgemeinschaft zur Feststellung der Verbreitung von Werbeträgern (IVW). Auflagenkontrolleinrichtung, die auch die Reichweitenkriterien Page Impressions und Visits im Online-Markt kontrolliert.
8) Vgl. BDZV (Hrsg.): Fehlplatzierung von Markenartikelwerbung, in: Report Multimedia vom 15. Dezember 1999, Seite 3 (Quelle: Horizont.net, 29. September 1999).
9) Beispielhaft hierfür ist die Gründung von G+J Multimedia Ventures durch Gruner + Jahr Ende 1999 (Vgl. w&v-Online, 30. Dezember 1999).
10) Spätestens seit der Megafusion von America Online (AOL) und Time Warner, gilt die Berücksichtigung der Börsenentwicklungen als zentrales Aufgabenfeld der Medienbranche (Vgl. „Deutsche Medienkonzerne können die Börse nicht mehr ignorieren"; Roland Berger im Gespräch mit der „Frankfurter Allgemeinen Zeitung", 12. Januar 2000). Die Verlagsgruppe Milchstraße hat auf diesen Trend reagiert und bereits 1999 den Börsengang ihrer Internetaktivitäten in Form der Tomorrow Internet AG eingeleitet (Vgl. Peters, Herbert-Rolf: Ein schönes Zubrot, in: „Wirtschaftswoche" 51/16. Dezember 1999, Seite 39f.).
11) Vgl. Eckstein, Eckhard: Druck auf die Preisdrücker, in: „w&v" 49/10. Dezember 1999, Seite 154f.; Darüber hinaus hat Pro Sieben durch Bezahlung mit Medialeistung Anteile an dem Online-Spielwarenhändler Mytoys.de erworben (w&v-Online, 3. Dezember 1999).

2. Zielgruppengerechte Inhalte

2.1 Von der Nutzung zum Nutzer: Marktforschung im Internet

Thomas Breyer-Mayländer

Solange die meisten redaktionellen Informationen im Internet kostenlos sind und sich die Verlage bei der Refinanzierung der Online-Angebote auf den Werbemarkt konzentrieren, bleibt die Quantifizierung der Medialeistung und die Kenntnis der Nutzerstrukturen eine der wichtigsten Aufgaben im Online-Geschäft. Wie bei den klassischen Medien benötigen die Werbungtreibenden auch hier einheitliche Standards. Nur so können sie vergleichbare Aussagen über die Werbeträger treffen, die im Zweifel auch justiziabel sind. Kein Wunder, dass die Messung der Werbeträgerleistung ein hochpolitisches Thema ist, das neben der reinen Faktenlage immer wieder ausreichend Spielraum für unterschiedliche Interpretationen der einzelnen Marktteilnehmer bietet.

Das nachfolgende Kapitel soll einen Überblick über die gängigen Abrechnungs- und Response-Größen, das Für und Wider diverser Marktforschungsmethoden sowie die Problematik der Zielgruppen-Analyse geben.

Werbeträgerleistung und Abrechnungsgrößen

Unter den unterschiedlichen Ansätzen zur Erfassung der Nutzungsintensität von Internet-Angeboten hat sich international die Logfile-Analyse durchgesetzt. Logfiles sind die Statistikdateien, die auf dem Hauptrechner (Server) eines Online-Angebotes anfallen und gewissermaßen wie ein Tagebuch aufzeichnen, welche Dateien und Informationen zu welcher Uhrzeit angefordert wurden. Damit ist klar, dass sich diese Informationen auf die einzelnen Werbeträger kon-

Von der Nutzung zum Nutzer: Marktforschung im Internet
Thomas Breyer-Mayländer

zentrieren (Website-zentrierte Messung) während beispielsweise die Messung des Computernutzungsverhaltens den Anwender (User) in den Vordergrund rückt (User-zentrierte Messung).

Die Summe der Dateien (Hits), die innerhalb einer bestimmten Zeit von einem Server abgerufen werden, sagt jedoch recht wenig über die Werbeträgerleistung aus. Eine Website auf der viele kleine Grafiken als Einzeldateien abgespeichert sind, würde bei nur wenigen tatsächlichen Nutzern eine vergleichsweise hohe Zahl an Hits generieren. Daher wurde bei der Standardisierung der Online-Werbeträgerleistung vereinbart, dass statt dessen der Abruf einer kompletten HTML-Seite als Page Impression (Seitenabruf) gezählt wird.

Die Hits, die beim Abruf einer Internetseite ausgelöst werden, werden also zu einem Page Impression reduziert. Dabei werden jedoch nur die Abrufe gezählt, die von einem Nutzer ausgelöst wurden, der in der Lage ist, Grafiken am Bildschirm anzusehen. Damit wird vermieden, dass ein Anbieter automatisch Inhalte aktualisiert, indem er zum Beispiel alle fünf Sekunden ein neues TV-Bild liefert, und damit seine Page Impressions künstlich in die Höhe treibt. Da die meisten Werbeformen erst durch die grafische Gestaltung wirksam werden, können Seitenabrufe von Nutzern, die lediglich Texte lesen können, gegenüber der Werbewirtschaft nicht als Werbeträgerleistung gewertet werden.

Page Impressions und Visits messen Online-Reichweiten

Weil die Anzahl der Seitenabrufe natürlich sehr stark von der Gesamtseitenzahl eines Angebots abhängt, wurde darüber hinaus die Messgröße Visits eingeführt. Unter Visits versteht man die Zahl der Besuche anonymer Nutzer eines Online-Angebots. Die Logfiles liefern keine Aussage darüber, welcher Nutzer auf das Angebot zugegriffen und Daten abgerufen hat. Daher wird bei den einzelnen Seitenzugriffen lediglich ausgewertet, wo sich der Nutzer vor seinem

Von der Nutzung zum Nutzer: Marktforschung im Internet
Thomas Breyer-Mayländer

Seitenzugriff aufgehalten hat. Befand sich der Nutzer zuvor auf einer Seite des gemessenen Angebots, zählt der Abruf noch zu diesem Besuch, kommt der Nutzer von einer Seite außerhalb des Angebots, wird ein neuer Visit gezählt. Folglich bezeichnet ein Visit einen zusammenhängenden Nutzungsvorgang (Besuch) eines Online-Angebots. Das Verhältnis von Page Impressions und Visits liefert wichtige Informationen über die redaktionelle Akzeptanz des Angebots. Bei redaktionell ambitionierten Projekten sollte ein möglichst hohes Page Impressions/Visits-Verhältnis erreicht werden, da die User dann pro Nutzungsvorgang mehrere Seiten ansehen. Die Messung der Page Impressions und Visits wird dadurch erschwert, dass häufig genutzte Webinhalte durch Großrechner – so genannte Proxy-Server – zwischengespeichert werden. Das im deutschen Markt etablierte Messverfahren reduziert jedoch die Mess-Ungenauigkeiten, weil durch die Pflicht-Übertragung eines transparenten Bildpunktes bei jeder Nutzung eines Werbeträgers ein Eintrag im Logfile erzwungen wird.

Die Page Impressions und Visits werden in Deutschland von den einzelnen Werbeträgern mit einer einheitlichen Software gemessen. Die Messungen werden von der Informationsgemeinschaft zur Feststellung der Verbreitung von Werbeträgern (IVW) kontrolliert und öffentlich ausgewiesen. Durch den Einsatz der bereits im Printbereich etablierten Auflagenkontroll-Organisation soll sichergestellt werden, dass die gemessenen Leistungswerte von den Agenturen und Werbungtreibenden nachvollzogen werden können. Die monatlichen Ergebnisse werden nach unterschiedlichen Kategorien sortiert und monatlich veröffentlicht.

Reale Sichtkontakte mit Online-Anzeigen

International tätige Online-Werbeträger wie beispielsweise Yahoo haben in der Vergangenheit mehrfach kritisiert, dass es für sie wenig attraktiv sei, in jedem Land, in dem sie ihren Dienst ver-

Von der Nutzung zum Nutzer: Marktforschung im Internet
Thomas Breyer-Mayländer

markten, ein eigenes Werbeträgermesssystem einzusetzen. Die von verschiedenen Seiten geforderte Anerkennung amerikanischer Audit-Verfahren durch die IVW musste jedoch zwangsläufig scheitern, da den Messprinzipien des amerikanischen Audit Bureau of Circulations (ABC) keine Standarddefinitionen zu Grunde liegen und somit keine Gewähr für eine Vergleichbarkeit der Messungen besteht.

Als die beiden Messwerte Page Impressions und Visits definiert wurden, hoffte man, dass sich die Page Impressions als Anrechnungs- und Planungsgröße für die Online-Werbeträgerleistung eignen. Mit dem Aufkommen neuer dynamischer Werbeformen zeigte sich jedoch schnell, dass Page Impressions nicht immer die für den Kunden maßgebliche Größe sein müssen. Wenn beispielsweise auf der Homepage eines Zeitungsangebots bei jedem zweiten Seitenabruf statt der Werbung für eine Direktbank ein Werbebanner für ein neues Telefontarifangebot eingeblendet wird, ist für den Werbungtreibenden nicht die Zahl der Gesamtabrufe der Homepage relevant, sondern die Zahl der Abrufe, bei denen seine Werbung sichtbar war. Statt der potenziellen Sichtkontakte mit der HTML-Seite ist für ihn die Zahl der potenziellen Sichtkontakte mit seiner Werbung die maßgebende Information. Diese Information liefert die Messgröße AdImpression, die grundsätzlich nach der selben Methode erfasst wird, wie die Page Impressions. Für AdImpressions gibt es derzeit noch keine Prüfung durch die IVW, jedoch haben sich die Medienverbände Bundesverband Deutscher Zeitungsverleger (BDZV), Deutscher Multimediaverband (dmmv), Verband Deutscher Zeitschriftenverleger (VDZ) und der Verband Privater Rundfunk und Telekommunikation (VPRT) bereits Ende 1998 auf einheitliche Definitionen verständigt.

Response-Werte zur Werbeerfolgskontrolle

Die oben dargestellten Messgrößen der Werbeträgerleistung dürfen jedoch nicht mit den Response-Größen verwechselt werden.

Von der Nutzung zum Nutzer: Marktforschung im Internet
Thomas Breyer-Mayländer

Während die Werbeträgerleistung die durch das Online-Angebot erzeugte Verbreitungswahrscheinlichkeit des Werbemittels bemisst, erfassen die Response-Kriterien die Reaktion der Nutzer auf die Werbung. Die bekannteste Response-Größe ist der so genannte AdClick, das heißt die Zahl der Nutzer, die den hinter dem Werbebanner verborgenen Link dazu benutzt haben, die hinter der Banner-Werbung befindlich Website aufzusuchen. Wenn man die Zahl der AdClicks zur Anzahl der AdImpressions ins Verhältnis setzt, erhält man die so genannte AdClick-Ratio oder Click-Through-Ratio (CTR).

Die Durchklick-Rate (CTR) gibt an, wieviel Prozent der Nutzer sich von der Werbung so angesprochen fühlen, dass sie die hinter dem Banner liegenden Informationen abgefordert haben. Diese Größen sind sehr wichtig für die Werbeerfolgskontrolle auf Seiten des Werbekunden. Die CTR kann dabei ein Spektrum zwischen 0,5 und 10 Prozent annehmen. Neben der CTR ist auf Kundenseite die Analyse der Verweildauer und des Nutzungsverhaltens auf der eigenen Homepage sehr wichtig. So kann ein gut und interessant gestalteter Banner, der mit der Ankündigung des „nackten Einkaufens" („shopping naked") für Spannung sorgt, zwar hohe AdClick-Raten bewirken, wenn der Nutzer statt der aufregenden Website hinter dem Link jedoch lediglich ein Online-Kaufhaus vorfindet, wird er die Website schnell wieder verlassen und der vordergründige Werbeerfolg kann nicht in einen Verkaufserfolg umgesetzt werden.

Response-Größen sind nicht abrechnungstauglich

Obwohl immer wieder von Seiten der Agenturen und Werbungtreibenden die Forderung gestellt wird, Werbung auf Basis von Response-Größen abzurechnen, sind diese Größen lediglich für die Kontrolle des Werbeerfolgs und nicht für die Abrechung zwischen Werbeträger einerseits und Werbekunde beziehungsweise Agentur

Von der Nutzung zum Nutzer: Marktforschung im Internet
Thomas Breyer-Mayländer

andererseits geeignet. Wie die folgende Übersicht zeigt, sind die Werbeträger nur für sehr wenige Faktoren verantwortlich, die für den Erfolg einer Response-Größe ausschlaggebend sind (siehe Abbildung 1).

Abbildung 1

Sind Response-Werte als Abrechnungsbasis zwischen Werbeträger und Werbekunde geeignet?

Faktoren für den Erfolg:	Verantwortung:
– Nutzungshäufigkeit der Website	– Werbeträger
– Image des Werbekunden	– Werbekunde
– Platzierung/Umfeldplanung	– Werbekunde/Mediaplaner
– Gestaltung der Werbung	– Werbekunde/Agentur
– Wechsel der Motive	– Werbekunde/Agentur

Natürlich hängt auch der Erfolg für Online-Werbung in erster Linie davon ab, ob genügend potenziell interessierte Kunden in Kontakt mit der Werbung kommen. Das heißt die Nutzungshäufigkeit der Website und der gebuchten Rubrik ist eine wesentliche Voraussetzung für den Werbeerfolg und die Höhe der Response-Werte wie zum Beispiel der AdClick-Rate. Hierfür ist der Verlag verantwortlich, der die Werbeträgerleistung erbringt.

Werbemittelplatzierung und Image beeinflussen AdClick-Rate

Dass die wesentlichen Faktoren für die Höhe der Response-Werte jedoch außerhalb des Einfluss-Bereichs des Werbeträgers liegen, macht ein weiterer Punkt deutlich: Ob die Werbung angeklickt

Von der Nutzung zum Nutzer: Marktforschung im Internet
Thomas Breyer-Mayländer

wird, hängt natürlich vom Image des Werbekunden ab. Wenn eine Marke oder ein Hersteller für die Kunden uninteressant ist oder gar über ein negatives Image verfügt, wird das Interesse der Kunden an der Werbung vergleichsweise gering sein. Dafür ist jedoch ausschließlich der Werbekunde verantwortlich. Der Verlag als Werbeträgerverantwortlicher besitzt keine Möglichkeit, etwas an diesem Zustand zu ändern.

Ebenfalls entscheidend für die Höhe der AdClick-Rate ist die Platzierung des Werbemittels. Wer ein Werbebanner für karierte Herrensocken in einem Forum über Techno-Musik platziert, wird vermutlich sehr bescheidene Response-Werte verzeichnen können. In einem solchen Fall wird der Verlag den Kunden zwar darauf hinweisen, dass das thematische Umfeld nicht unbedingt für die Werbebotschaft geeignet ist, falls der Kunde auf seinen Buchungswunsch besteht, wird der Verlag ihn im Normalfall nicht abweisen. Für die richtige Platzierung ist der Kunde beziehungsweise sein Mediaplaner verantwortlich.

Auch die Gestaltung der Werbemittel trägt zum Response-Erfolg einer Bannerwerbung bei. Hier kann der Verlag zwar den Werbekunden beratend auf einige Schwächen aufmerksam machen. Die Verantwortung für den Erfolg der Gestaltung wird er nur dann übernehmen, wenn er bei der Gestaltung mit einbezogen wurde. Im Normalfall liegt die Verantwortung für diesen Bereich beim Werbekunden beziehungsweise der von ihm beauftragten Agentur.

Da die Werbemittel meist längere Zeit im Angebot präsent sind und im Regelfall ein Teil der Visits auf wiederkehrende Besucher zurückgeführt werden können, gibt es bei der Wiederholungsschaltung ein und derselben Banner-Werbung den so genannten Banner-Burn-out-Effekt. Das bedeutet, je länger ein Werbemittel den Kunden präsentiert wird, desto schlechter werden die Response-Werte, da sich viele Kunden bereits an der Werbung sattgesehen haben. Im Regelfall

Von der Nutzung zum Nutzer: Marktforschung im Internet
Thomas Breyer-Mayländer

werden daher nach einer bestimmten Zeit neue Motive eingespielt, um ein Absinken der Response-Werte gegen Ende der Buchungszeit zu vermeiden. Der Verlag kann das Einbauen neuer Werbemotive nur anbieten. Für die Bereitstellung der Motive ist der Werbekunde verantwortlich.

Die Übersicht zeigt, dass allein die unterschiedliche Verantwortlichkeit für den Response-Erfolg dagegen spricht diese Größen als Abrechnungskriterien zwischen Werbekunde und Werbeträger einzusetzen. Abrechnungsmechanismen haben im Regelfall eine Steuerungsfunktion. Ein Außendienstmitarbeiter erhält eine Provision, die ihm den Anreiz bietet, das Maximum im Sinne des Verlages als Auftraggeber zu erreichen.

Wenn wir generell Online-Werbung nur nach Response-Werten abrechnen, ist die Gefahr einer Fehlsteuerung sehr groß. Dem Werbekunden kann es egal sein, wenn er seine Werbung im falschen Umfeld platziert hat. Wenn nur 0,01 Prozent der Nutzer an seiner Werbung interessiert sind, da sie thematisch nicht in die gebuchte Rubrik passt, muss er auch nur für jeden zehntausendsten Nutzer bezahlen. Das bedeutet, die restlichen 9999 Nutzer, die mit dem Werbemittel in Kontakt kommen, nehmen zwar die redaktionelle Leistung des Verlags als Betreiber der Website in Anspruch, sie werden bei der Bemessung des Werbewertes jedoch nicht berücksichtigt.

Werbeeffizienzmessung via CPO und CPL

Für die interne Beurteilung der Werbeeffizienz einer Kampagne auf Kundenseite sind die Response-Werte jedoch von großer Bedeutung. Beim Vergleich der Durchklick-Raten (CTR) unterschiedlicher Werbeträger wird sich der Werbekunde nach Abschluss der Kampagne durchaus ein Bild über die unterschiedlichen Erfolge machen, die er erzielt hat. Neben der CTR spielen zum einen auch Cost-per-Order (CPO) eine Rolle bei der Werbung von E-Commerce-Anbietern. Dahinter verbergen sich die Kosten, die dem Werbungtreibenden entstehen, um aus der Werbung eine Bestellung zu realisieren. Zum anderen ist das Kriterium Cost-per-Lead (CPL) bedeutsam. Hierbei handelt es sich um eine Kalkulation, bei der die Kosten für die Gewinnung einer Information – zum Beispiel für die Angabe einer E-Mail-Adresse durch den Kunden – berechnet werden. Insgesamt muss von Seiten der Werbeträger jedoch darauf geachtet werden, dass diese Größen nicht direkt in die Preisbildung eingehen. Die kurzfristige Cost-per-Order-Betrachtung wird beispielsweise in vielen Fällen auch nicht dem komplexen Prozess der Werbewirkung gerecht. So ist wohl kaum zu erwarten, dass ein Automobilhersteller durch den Klick auf die Bannerwerbung zu einem neuen Modell direkt den Online-Abverkauf dieses Autotyps erfassen kann. Der Kunde wird sich durch die Werbung erstmal auf der Hersteller-Website informieren. Ob, wann und auf welchem Weg es dann zu einem Kauf kommt, kann in einem solchen Fall nur schwer prognostiziert werden.

Zielgruppen-Filterung mit Logfile-Daten

Als sich Online-Medien Anfang der neunziger Jahre mehr und mehr etablierten, waren die Marketingexperten und Medienprofis recht optimistisch, dass marketingrelevante Daten in den Online-Medien sehr umfangreich und einfach erhoben werden könnten. Da es sich um Computermedien handelt, sei es ein leichtes, alle Nutzungsvorgänge aufzuzeichnen, glaubte man. Daher wurde in der Fachwelt eine starke Vereinfachung der Datenerhebung erwartet. Wie wir in den obigen Abschnitten gezeigt haben, sind die Logfile-Daten jedoch aus Sicht der Marktforschung noch nicht besonders aufschlussreich. Mit dem Aufkommen der Vermarktung von Online-Werbeträ-

Von der Nutzung zum Nutzer: Marktforschung im Internet
Thomas Breyer-Mayländer

gern wurde versucht, den Werbekunden – auf Basis der in Online-Medien zusätzlich vorhandenen Nutzerinformationen – eine Segmentierung innerhalb der Nutzerschaft zu ermöglichen. Das Schlagwort für diese Verfahren ist Targeting, das heißt die zielgenaue Steuerung der Online-Werbung. Die meisten Targeting-Verfahren beruhen jedoch nach wie vor auf Logfile-Informationen, also auf Daten, die in ihrem Umfang und ihrer Aussagekraft begrenzt sind. Neben der Herkunft der Nutzer (welches Angebot wurde zuvor genutzt?) kann lediglich die technische Ausstattung der Nutzer (Betriebssystem: Mac, DOS, Unix und andere; Art der Browsersoftware: Internet-Explorer, Netscape und andere) sowie der Access-Provider des Nutzers (T-Online, America Online (AOL), XY-Zeitung.de, Uni-stuttgart.de und andere) festgestellt werden. Dies bedeutet, dass die Aussagen über den Nutzer sehr vage sind. Die Tatsache, dass sich ein Nutzer über eine Universität einwählt legt nahe, dass es sich um einen Studenten handelt und ermöglicht die Präsentation studentenspezifischer Werbung. Für andere Werbeanwendungen sind diese Informationen jedoch schon schwieriger nutzbar. Ein Softwareprodukt für die DOS-Welt, kann allen Nutzern mit dieser Softwareumgebung gezeigt werden, eine Werbung für 40-jährige, ledige Frauen kann jedoch nur schwerlich anhand der in den Logfiles vorhandenen Daten gesteuert werden. Es gibt daher auch in Online-Medien den Bedarf nach zusätzlichen Informationen über die Nutzer.

Verknüpfung von Logfile- und Personendaten

Für den Werbungtreibenden ist folglich nicht nur die Werbeträgerleistung sowie die möglichst exakte Abrechnung der erzielten Werbeleistung interessant. Zur genauen Planung einer Werbekampagne werden vielmehr auch Daten über die Nutzer selbst benötigt, um eine Zielgruppenbestimmung im Internet durchführen zu können.

Von der Nutzung zum Nutzer: Marktforschung im Internet
Thomas Breyer-Mayländer

Abhilfe schaffen hier beispielsweise Verfahren, bei denen die Logfile-Daten mit Personendaten verknüpft werden. Die bekannteste Methode besteht darin, die Nutzer mit sogenannten Cookies zu markieren – einer digitalen Kennung, die auf der Festplatte des Nutzers gespeichert wird. Die Cookies ermöglichen es, dass ein und derselbe Nutzer bei einem erneuten Besuch wieder erkannt wird. Dem Kunden gegenüber kann dies vom Werbeträger als Service dargestellt werden, da die Nutzer beispielsweise für Bestellungen und ähnliches nicht immer wieder ihre kompletten Adressdaten eingeben müssen. Der Online-Anbieter selbst kann die Daten dazu benutzen, Interessenprofile des Nutzers aufzuzeichnen, indem er speichert, in welcher Reihenfolge die einzelnen Seiten gewöhnlich von diesem Nutzer angesehen werden. Genau hier liegt jedoch auch das Problem der Cookies. Weder auf Seiten der Nutzer noch auf Seiten der Datenschützer erfreuen sich diese Nutzerkennnummern bisher besonders großer Beliebtheit, da sie als Eingriff in die Persönlichkeitssphäre der Nutzer beurteilt werden. Darüber hinaus ist der Marketingwert dieser Methode begrenzt, da solche Interessenprofile nichts über die Soziodemographie der Nutzer aussagen, die für die Marketingplanung jedoch von entscheidender Bedeutung ist.

Soziodemographie nur schwer abbildbar

Um überhaupt irgendetwas über die Nutzer zu erfahren, versuchen einige Werbeträger ihre Inhalte nur an Nutzer abzugeben, die sich zuvor registriert haben und im Besitz eines gültigen Passwortes sind. Doch selbst wenn das Passwort kostenlos abgegeben wird, schreckt ein solches Verfahren viele Nutzer ab. Die Anmeldeprozedur wird häufig als zu aufwendig empfunden. Die hierbei generierten Daten hängen naturgemäß davon ab, wie umfangreich das Anmeldeformular ist. In der Regel werden Adressdaten, Geschlecht und Beruf der Nutzer erfasst. Die Wirksamkeit dieser Maßnahme ist allerdings

Von der Nutzung zum Nutzer: Marktforschung im Internet
Thomas Breyer-Mayländer

begrenzt. Kostenlose Passwörter werden häufig wieder vergessen, so dass sich eine Vielzahl der Nutzer mehrfach anmeldet. Häufig ist auch eine Bereinigung dieser Daten nur schwer möglich, da bei den Kenndaten der Nutzer nicht immer wahrheitsgetreue Auskünfte erteilt werden. Namen wie Micky Maus und Goofy als Nutzername sind keine Seltenheit. Insbesondere bei Websites, die sich an den Endverbraucher richten.

Eine weitere Möglichkeit, Nutzerdaten zu erhalten wird derzeit gerade im Rahmen der Internetorganisation W3C: World Wide Web-Consortium diskutiert. Unter dem Namen Platform for Privacy Preferences: P3P wurde ein Standard verabschiedet, der einen Austausch von nutzerbezogenen Daten gestatten soll. Dabei soll der Anbieter einer Website festlegen, welche Daten er gerne von seinen Nutzern erfahren möchte. Die Nutzer ihrerseits speichern ein eigenes Profil ab, in dem sie festlegen, welche Daten sie über sich bekannt geben wollen. Wenn ein Nutzer nun eine Website besucht, deren Erwartungshorizont (zum Beispiel Name, Adresse, Geschlecht, Alter) dem Datenumfang entspricht, den er bekannt geben möchte, werden die Daten übertragen, ohne dass hierfür von Seiten des Anbieters oder Nutzers gesonderte Schritte notwendig werden. Ist der Erwartungshorizont der Website jedoch größer als die Auskunftsbereitschaft der Nutzer, so wird der User mit einer Eingabemaske konfrontiert, in der er aufgefordert, wird diese Angabe preiszugeben. Aus dieser Schilderung wird bereits deutlich, dass der Standard auf dem amerikanischen Ansatz beruht, mit personenbezogenen Daten zwischen Online-Medien und Nutzern zu „dealen". Ob sich in Deutschland bei der allgemeinen Besorgnis um personenbezogene Daten ein solcher Standard realisieren lässt, darf getrost bezweifelt werden. Es wird letztendlich davon abhängen, in welcher Form das Oligopol der Browserhersteller diese Funktionalität implementiert und wie die Marktforscher mit diesem Instrumentarium umgehen.

Von der Nutzung zum Nutzer: Marktforschung im Internet
Thomas Breyer-Mayländer

Marktforschungsmethoden zur Ermittlung von Nutzerdaten

Da die zuvor dargestellten Ansätze der Datengewinnung den Bedürfnissen der werbungtreibenden Wirtschaft nicht gerecht werden, gibt es eine Reihe von neuen und klassischen Marktforschungsansätzen, um mehr über die Nutzer von Internetangeboten zu erfahren. Sie sollen auf den folgenden Seiten dargestellt werden.

Die Online-Befragung

Die preiswerteste Methode ist die Online-Befragung. Die Teilnehmer werden über Bannerwerbung in Online-Medien angeworben, die Teilnahme ist freiwillig und wird gegebenenfalls durch die Verlosung von kleinen Preisen (Incentives) unterstützt. Der Nutzer füllt online einen Fragebogen aus, die Ergebnisse können automatisch vom Marktforschungsinstitut erfasst und ausgewertet werden. Der Aufwand ist daher sehr gering.

Diese Methode lässt sich auch für kleine Werbeträger anwenden und liefert zu vertretbaren Kosten Zahlen und Daten über die Nutzerschaft. Dieser Vorteil darf jedoch nicht darüber hinwegtäuschen, dass das Verfahren auch eine ganze Reihe von Nachteilen besitzt. Der gravierendste Nachteil ist die mangelnde Repräsentativität. Auch wenn sehr hohe Fallzahlen im Rahmen einer solchen Untersuchung erreicht werden, führt die Auswahl der Teilnehmer dazu, dass lediglich derjenige, der Zeit und Lust hat, an dieser Befragung teilnimmt. Das Problem der Selbstselektion kommt daher gravierend zum Tragen. Ein Marktforscher hat dies einmal in die Worte gefasst: „Wenn ich in der Fußgängerzone einer Großstadt ein Schild aufstelle 'Heute Marktforschung im dritten Stock' und diejenigen befrage, die vorbeikommen, ist das auf keinen Fall repräsentativ für die Bevölkerung dieser Stadt."

Von der Nutzung zum Nutzer: Marktforschung im Internet
Thomas Breyer-Mayländer

Tatsächlich sieht man in der bekanntesten deutschen Online-Befragung W3B, dass es immer wieder zu signifikanten Abweichungen gegenüber den bekannten Repräsentativstudien kommt. Außerdem zeigt sich in den letzten Befragungswellen, dass viele Internetnutzer mittlerweile befragungsmüde sind und immer längere Feldzeiten benötigt werden, um an ausreichende Fallzahlen heranzukommen.

Die N-Viz-Methode

Eine modifizierte Form der Online-Befragung ist die N-Viz-Methode, bei der im Unterschied zur reinen Online-Befragung die Befragten aktiv ausgewählt werden. Die Online-Medien richten hierfür auf ihrer Website bestimmte Übergangsstellen ein wie zum Beispiel den Link von der Homepage zur Hauptnachrichtenseite. An diesen „Mautstellen" wird nun jeder n-te – zum Beispiel hundertste oder tausendste – Besucher mit einem Pop-up-Fenster – einem neu geöffneten Fenster – konfrontiert, indem er als Teilnehmer an der Online-Befragung begrüßt wird. Im Unterschied zur reinen Online-Befragung wird damit einerseits der Effekt der „Selbstselektion" reduziert. Zum anderen gibt es erstmalig verlässliche Daten über die Ausschöpfung, da bekannt ist, wie viele Nutzer via Fragebogen angesprochen wurden und wie viele davon sich tatsächlich an der Umfrage beteiligt haben.

Mit dieser Methode können auch Daten für kleine Werbeträger zu vergleichsweise geringen Kosten erhoben werden. Der Nachteil des Verfahrens liegt gegenwärtig in den geringen Ausschöpfungsquoten. Sie liegen in der ersten Befragungswelle im Bereich von Telefoninterviews und damit weit von den über 70 Prozent entfernt, die der Zentralverband der deutschen Werbewirtschaft in seinem ZAW-Rahmenschema zur Werbeträgerforschung einfordert. Dennoch lässt dieses Verfahren eine sinnvolle und kostengünstige Datenerhebung – auch für mittelgroße Online-Angebote, wie die der meisten Zeitungsverlage – zu.

Von der Nutzung zum Nutzer: Marktforschung im Internet
Thomas Breyer-Mayländer

Das Panel

In den vergangenen Wochen war der Fachpresse zu entnehmen, dass mit MMXI Europe, einer Kooperation von Mediametrix, der Gesellschaft für Konsumforschung (GfK) und weiteren Marktforschungsinstituten, erstmalig Panel-Daten für den deutschen Online-Markt erhoben werden, die sich zu einer Konkurrenz des IVW-Verfahrens entwickeln könnten.

Die Artikel machten deutlich, dass selbst die Fachpresse gegenwärtig kaum in der Lage ist, die Möglichkeiten und Grenzen der einzelnen Verfahren abzuschätzen. Ein Panel ist eine Wiederholungsbefragung, bei der in der selben Personengruppe die gleichen Merkmale zu unterschiedlichen Zeitpunkten erhoben werden. Das bekannteste ist das GfK-Fernsehpanel, mit dem die Fernsehquoten von TV-Sendern und Sendungen erhoben werden.

Der Ansatz von MMXI Europe, auf der Basis von mittlerweile 3.000 erfassten Haushalten ein Panel der Internetnutzung in Deutschland aufzubauen, unterscheidet sich in der Aussagefähigkeit der Daten jedoch grundlegend vom GfK-Fernsehpanel. Die Teilnehmer erhalten eine Software, die erfasst, welcher Anteil an der gesamten Computernutzungszeit auf bestimmte Inhalte und Anwendungsprogramme entfällt. Da Unternehmen und Organisationen kein Interesse daran haben, dass ein externes Unternehmen aufzeichnet, welche Form der Computernutzung die einzelnen Mitarbeiter betreiben, ist das Panel auf die Abbildung der Internetnutzung in Privathaushalten beschränkt. Nach den Zahlen des Jahres 2000 bedeutet dies, dass lediglich die Hälfte der Internetnutzer analysiert werden kann. Die Aussagekraft dieser Daten ist daher begrenzt. Darüber hinaus lassen sich in dem heterogenen Online-Markt mit Tausenden von Anbietern kaum Aussagen über den einzelnen Werbeträger treffen, da die Zahl der Nutzer eines einzelnen Werbeträgers für eine tiefer gehende Ana-

Zukunftsstrategien der Zeitungsverlage
Thomas Breyer-Mayländer

lyse zu gering ist. Selbst im TV-Markt – mit seiner begrenzten Anbieterzahl – verursacht der Reichweitenausweis für kleinere Sender zusehends Schwierigkeiten. Es handelt sich daher in der Zielsetzung und der Aussagefähigkeit um ein komplett anderes Verfahren, als es die IVW bei der Messung der Werbeträgerleistung der einzelnen Websites durchführt.

Die Repräsentativstudien

Neben den geschilderten eher online-spezifischen Erhebungsmethoden gibt es noch die Möglichkeit, Nutzerbefragungen auf Basis der bekannten repräsentativen Methoden wie etwa der Telefonbefragung CATI (Computer Aided Telephone Interview) durchzuführen. Diese Studien kosten jedoch höhere sechsstellige Eurobeträge und lassen lediglich Aussagen über die Nutzerstruktur des Gesamtmediums Internet zu. Die Analyse der Nutzerstruktur großer Werbeträger führt bereits aufgrund der geringen Fallzahlen zu teilweise fehlerhaften Aussagen. Zur Beurteilung der Entwicklung des Gesamtmediums sind diese Studien jedoch unerlässlich und für die Zeitungsverlage gut nutzbar.

2.2 Online-Nutzer und ihre Bedürfnisse
Andreas Werner

Wen interessiert die Entwicklung der Online-Nutzerzahlen überhaupt noch? Seitdem ihre Zahl stetig steigt, ist die positive Entwicklung auf dem deutschen Online-Markt fast schon eine Selbstverständlichkeit geworden. Dennoch lohnt ein Blick hinter die Kulissen: Wer nutzt das Internet in Deutschland eigentlich? Und wie sehen die Bedürfnisse der Nutzer aus? Das nachfolgende Kapitel trägt wichtige Fakten zur Entwicklung im deutschen Online-Markt zusammen und beantwortet die Frage, wie sich das Online-Nutzungsverhalten verändert.

Zahl der Internet-Nutzer wächst kontinuierlich

Nach Ergebnissen des GfK-Online-Monitors der Gesellschaft für Konsumforschung (GfK), Nürnberg, hatten im August 2000 über 18 Millionen Personen einen Internetzugang. Damit waren knapp 40 Prozent der Deutschen in der Grundgesamtheit der 14- bis 69-Jährigen mit privatem Telefonanschluss online. Dies ist ein etwa um über 70 Prozent höherer Wert als noch ein Jahr zuvor. Mit einer Reichweite von 40 Prozent wird die Zielgruppe auch für kleinere Zeitungen und deren lokale und regionale Kunden interessanter – auch wenn die Nutzerschaft nicht flächendeckend gleich verteilt ist. So sind beispielsweise weniger ostdeutsche Haushalte mit Computern ausgestattet – der Anteil der Online-Nutzer an der Gesamtbevölkerung ist niedriger als in Westdeutschland. Dennoch wächst die Internetgemeinde stetig: Das Gefälle zwischen Stadt und Land ist zurückge-

Online-Nutzer und ihre Bedürfnisse
Andreas Werner

gangen, weil es mittlerweile auch kostengünstige Internet-Zugänge in ländlichen Regionen gibt. Diese Angaben stimmen mit den Zahlen anderer Studien überein, wie zum Beispiel von Infratest, Emnid oder der Forschungsgemeinschaft Online-Analyse.de (BIK Umfrageforschung, BIK Aschpurwis + Behrens, Fittkau & Maaß).

Die Hauptursache für den starken Nutzeranstieg liegt im Preisverfall auf dem Telekommunikationsmarkt. T-Online ist der führende Provider – vor America Online (AOL) und den mittlerweile üblichen Call-by-Call-Services. Hinzu kommt eine Ausweitung der Grundgesamtheit. Wer den GfK-Online-Monitor aufmerksam verfolgt hat, wird feststellen, dass seit der sechsten Welle die 60- bis 69-Jährigen mit von der Partie sind: Sie sind mit immerhin 800.000 Personen vertreten.

Eines verwundert allerdings: Nachdem die Reichweite des Internets in den Altersgruppen anfangs immer einer Glockenkurve ähnelte, ist sie jetzt stetig fallend. Dennoch: Schon 60 Prozent der 14- bis 19-Jährigen nutzen das Internet zumindest ab und zu. Die unter 40-Jährigen sind überdurchschnittlich oft unter den Internet-Nutzern vertreten. Die Älteren findet man seltener, was hauptsächlich auf die Altersgruppe ab 60 zurückzuführen ist.

Interessant ist ein Blick auf die Strukturen der Online-Nutzer: So scheinen mehr Frauen das Internet für sich entdeckt zu haben. Nachdem der Anteil weiblicher Nutzer anfänglich sehr gering war, liegt er mittlerweile bei etwa 40 Prozent. Zumindest legen das viele der hier noch zitierten Untersuchungen nahe.

Unverändert geblieben ist das Einkommens- und Bildungsniveau: So wächst die Wahrscheinlichkeit, dass jemand über einen Online-Anschluss verfügt, mit dem Bildungsstand eines Deutschen. Darüber hinaus haben überdurchschnittlich viele Personen mit höheren Einkommen einen Online-Anschluss. Die verhältnismäßig hohen Kosten

Online-Nutzer und ihre Bedürfnisse
Andreas Werner

für einen Online-Anschluss spielen hier eine Rolle, die auch die Preissenkungen nicht auffangen können. Neben Online-Kosten pro Minute, müssen die Online-Nutzer wohl durchschnittlich etwa 750 Mark jährlich in Hardware investieren – das steht in keinem Verhältnis zu den Anschaffungskosten für einen Fernseher.

Der deutsche Online-Markt im internationalen Vergleich

Vergleichen wir die Nutzerzahlen mit denen anderer Länder: Weltweit waren im September 2000 – nach Kalkulationen der irischen Internet-Agentur NUA – mehr als 377 Millionen Personen online (siehe Tabelle 1). Knapp die Hälfte davon surft und mailt in Nordamerika. Doch während in Nordamerika die Zeit der größten Zuwächse vorbei ist und sich einige Nutzer bereits wieder vom Internet abwenden, boomt das Medium andernorts: Knapp 60 Prozent der Internet-Nutzung findet inzwischen außerhalb der USA und Kanada statt – ein Novum. So ist weit mehr als ein Viertel der Internet-Nutzer in Europa beheimatet. Der Schwerpunkt der Nutzung liegt in Deutschland und Großbritannien. Die höchsten Reichweiten bieten indes die skandinavischen Länder (siehe Kapitel „Skandinavien lockt die Internet-Enthusiasten", S. 211 ff.). In Norwegen benutzt beispielsweise die Hälfte der Bevölkerung das Internet. So rosig sieht die Internet-Situation in diesen Ländern dennoch nicht aus. Die Märkte sind einfach zu klein, um bestimmte Internet-Strategien realisieren zu können. Schweden und Norwegen verzeichneten im Mitte 2000 zusammen über sechs Millionen Nutzer. Um ihr Potenzial auszuweiten, werden einige Site-Betreiber ihr Engagement in Deutschland und Großbritannien verstärken. Die Aktivitäten der schwedischen Interactive-Agentur Spray-Network sind nur ein Beispiel dafür. Hierzu zählen die Fusion mit Razorfish, aber auch die Implementierung von Spray.net in Deutschland.

Online-Nutzer und ihre Bedürfnisse
Andreas Werner

Tabelle 1

Nutzerzahlen nach Weltregionen	
Weltweit	377.65 Millionen
Afrika	3.11 Millionen
Asien/Pazifik	89.68 Millionen
Europa	105.89 Millionen
Mittlerer Osten	2.40 Millionen
Kanada & USA	161.31 Millionen
Südamerika	15.26 Millionen

Quelle: NUA ltd.

Möglichkeiten der Online-Nutzung

Was genau machen die Menschen mit dem Internet? Mit dieser Frage beschäftigen sich vor allem die Werbungtreibenden, die mit dem Internet erfolgreich arbeiten wollen. Doch auch für die Zeitungsverlage ist die Frage von großer Bedeutung, wenn sie möglichst viele und für die Werbewirtschaft interessante Nutzer bekommen möchten. Schaut man die einschlägigen Untersuchungen zur Online-Nutzung an, die neben der GfK beispielsweise regelmäßig von ARD und ZDF, Infratest, Emnid oder BIK durchgeführt werden, so stellt man fest, dass viele Antworten offensichtlich sozial erwünscht sind. Des Öfteren sind die Statements auch unsauber formuliert. Wenn bei der ARD/ZDF-Online-Studie 2000 92 Prozent der Befragten angaben, dass sie sich einen Internet-Anschluss angeschafft haben, um an „interessante Informationen" zu gelangen, darf man das keinesfalls mit den Inhalten einer Tageszeitung gleichsetzen. Interessante Informationen können hier Klatsch über Stars, Lösungsvorschläge für Hausaufgaben und ähnliches sein.

Online-Nutzer und ihre Bedürfnisse

Andreas Werner

Folgende Einsatzmöglichkeiten wurden nach Ergebnissen der ARD/ZDF-Online-Studie 2000 von Onlinern ab 14 Jahren bereits genutzt (siehe Tabelle 2):

Tabelle 2

Online-Nutzungsarten im Vergleich	
Online-Nutzungsarten:	Angaben in Prozent
Versenden und Empfangen von E-Mails	93
Zielloses Surfen im Internet	81
Downloaden von Dateien	77
Reiseinfos, wie Zug-/Flugpläne	71
Ratgeber-/Serviceinformationen	71
Infos über PCs und Software	70
Aktuelle Nachrichten	65
Aktuelle Infos aus der Region	58
Veranstaltungshinweise, Kartenservice	58
Gesprächsforen, Newsgroups, Chatten	52
Computerspiele	49
Kleinanzeigen	48
Homebanking	47
Sportinformationen	47
Online-Shopping	45
Buch- und CD-Bestellungen	44
Wetter	43
Radio-/Fernsehprogramm	34
Online-Auktionen, Versteigerungen	28
Verkehrsmeldungen	26
Multiuserspiele	24
Gewinnspiele	23

Quelle: ARD/ZDF-Online-Studie 1999; Grundgesamtheit: 11,2 Millionen Personen ab 14 Jahren, die einen Online-Anschluss haben.

Online-Nutzer und ihre Bedürfnisse
Andreas Werner

Besonders interessant ist, dass man in der Studie Nutzungsveränderungen sowie unterschiedliche Nutzungsweisen in verschiedenen Altersgruppen ablesen kann. So chatten beispielsweise erheblich mehr Jugendliche zwischen 14 und 19 Jahren und nutzen Gesprächsforen (78 Prozent); Multiuserspiele sind mit einem Anteil von 44 Prozent in dieser Altersgruppe knapp doppelt so beliebt als beim Durchschnitt der befragten Personen; Computerspiele sind mit 71 Prozent 22 Prozentpunkte beliebter als beim Durchschnitt. Zudem wird das Internet von Jugendlichen stärker als Komplementärmedium zu Hörfunk und Fernsehen genutzt. 43 Prozent der Jugendlichen nutzen es bereits als Quelle für Programminformationen. Diese Informationen sind auch für Zeitungsverlage interessant: Für Verlage, die die Web-Präsenz auch dazu nutzen wollen, junge Zielgruppen an das Medium Zeitung heranzuführen, sind interaktive Angebote besonders wichtig.

E-Commerce-Geschäft entwickelt sich langsam aber stetig

Das Zauberwort des vergangenen Jahres war E-Commerce – also der Handel via Internet – und das, obwohl die Kaufbereitschaft der Nutzer bisher eher gering war. Nach den Ergebnissen vieler Studien wollte gerade mal jeder fünfte Nutzer etwas online bestellen. Dennoch geht der Trend nach oben: In der ARD/ZDF-Online-Studie 2000 konnte in punkto Kaufbereitschaft ein Sprung von nur 13 Prozent 1998 auf immerhin 45 Prozent im vergangenen Jahr verzeichnet werden. Die neuen Zahlen des sechsten GfK-Online-Monitors bestätigen diese Entwicklung und all jene, die auf E-Commerce gesetzt haben: Danach kaufen bereits über die Hälfte der Nutzer via Internet ein. Der Anstieg der Kaufbereitschaft wurde auch durch neue Online-Einkaufsformen beflügelt. Online-Auktionen, (die nicht so ganz mit klassischen Auktionen vergleichbar sind), Co-Shopping (das gemeinschaftliche Einkaufen), Priceline (das Setzen des Preises, den man

Online-Nutzer und ihre Bedürfnisse
Andreas Werner

zu zahlen bereit ist) und Comparison-Shopping (der Preisvergleich) scheinen den E-Commerce voranzutreiben. Es handelt sich also immer um Einkaufsarten, die außerhalb des Internets nur schwer möglich sind.

Bequemlichkeit beim Online-Einkauf zählt

Insgesamt scheinen die Nutzer allerdings noch recht unzufrieden mit den Einkaufsumgebungen zu sein. In einer Studie des Marktforschungsinstituts Active Research (http://www.activeresearch.com) vom Dezember 1999 lag der Relevanzwert für die Bequemlichkeit beim Online-Einkauf fünf Mal höher als der Relevanzwert für den Preis. Das gleiche Institut hat Online-Käufer befragt: 79 Prozent der Personen, die ihre Weihnachtseinkäufe im Internet getätigt haben, wollten das im Jahr 2000 wieder tun. Immerhin 40 Prozent der Befragten wollen in diesem Jahr über 200 US-Dollar für Weihnachtseinkäufe im Netz ausgeben. Je mehr Erfahrung die Einkäufer haben, desto teurer sind die Produkte, die sie bereit sind im World Wide Web zu ordern. Fernsehwerbung war während der vergangenen Weihnachtssaison in den USA übrigens relativ ineffektiv, um Nutzer zu erreichen. Selbst der – doch sehr bekannte – Online-Buchhändler Amazon wurde nur von jedem zehnten Befragten erinnert. Hier wären die Werbung in E-Mail-Newslettern oder Aktionen zur Kundenbindung per E-Mail vermutlich erfolgsversprechender gewesen. Denn Ernst & Young (http://www.ey.com/) ermittelte eine drei bis zehn Mal höhere Response-Rate von E-Mail-Werbung gegenüber Bannern. Dies ist ein Aufruf zur Kundenpflege per E-Mail. So kann Amazon beispielsweise aus seinen Kundeneinkäufen herauslesen, welche Titel potenziell für einen Kunden interessant sind. Diese Titel werden dann in eine E-Mail gepackt, und der Nutzer kann sie, wenn er im One-Click-Programm ist, mit einem Klick ordern.

Online-Nutzer und ihre Bedürfnisse
Andreas Werner

Vor allem junge E-Commerce-Kunden

Von Interesse für die Händler ist die Frage, wer im Netz hauptsächlich einkauft. Das Marktforschungsinstitut Forrester Research macht vor allem die 16- bis 22-Jährigen als besonders kaufbereite Zielgruppe aus. Jugendliche, die online sind, geben nach Angaben des Instituts bereits jetzt zehn Prozent ihres verfügbaren Einkommens im Netz aus. Auch hier gilt: Neue Einkaufsformen sind wichtig. Bereits 60 Prozent der Jugendlichen haben eine Preisvergleichs-Site besucht. In Deutschland ist die Online-Kaufneigung von Jugendlichen durchschnittlich, bei Büchern sogar etwas geringer als im Durchschnitt. Hier sind allerdings noch starke Veränderungen möglich.

Die Produkte, die im Internet bestellt werden, haben sich in den vergangenen drei Jahren kaum verändert: Bücher, Computer und Software sowie CDs sind auch weiterhin die wichtigsten online verkaufbaren Produkte. Sehr starke Zuwächse verzeichnen nach Ergebnissen der GfK die Sparten Telekommunikation, Schmuck sowie wiederum Computer und Software-Produkte. Im Bereich der Telekommunikation ist der Boom im Mobiltelefon-Sektor und die Jagd nach Kunden der neuen Telefongesellschaften für den starken Anstieg verantwortlich. Nach Erkenntnissen der gleichnamigen Online-Analyse (BIK, Fittkau & Maaß) sind die Nutzer von Mobiltelefonen zum Beispiel 50 Prozent häufiger unter den Bestellenden vertreten als im Bundesdurchschnitt.

Der Run auf gerade diese Produkte hängt mit den homogenen Produkteigenschaften zusammen. Bis auf Schmuck muss man Bücher oder auch CDs vor dem Kaufen nicht anfassen. Der Kunde weiß, was er kauft.

Online-Nutzer sind besonders medienaffin

In der wissenschaftlichen Forschung zur Mediennutzung gibt es eine These, die besagt, dass die Wahrscheinlichkeit, dass jemand,

Online-Nutzer und ihre Bedürfnisse

Andreas Werner

der ein Medium intensiv nutzt, auch ein anderes intensiv nutzt, besonders hoch ist. Für die Onliner scheint sich das in besonderem Maße zu bestätigen. Sie nutzen – mit Ausnahme des Fernsehens – alle in der Online-Analyse abgefragten Medien häufiger als der Bevölkerungsdurchschnitt (siehe Tabelle 3).

Tabelle 3

Mediennutzungsverhalten der Onliner		
	Bevölkerung Angaben in Prozent	Online-Nutzer Angaben in Prozent
Fernsehen	90,9	89,7
Radio	81,0	83,4
Schallplatten, CDs, Kassetten	80,4	86,2
Tageszeitung	77,1	78,4
Zeitschriften, Illustrierte	55,9	58,8
Wochenzeitungen	47,7	49,0
PC	46,8	89,8
Videotext	34,3	39,2
Videofilme	28,1	34,2
PC-Zeitschriften	17,8	41,3

Quelle: Forschungsgemeinschaft Online-Analyse.de (BIK, Fittkau & Maaß)

Natürlich nutzen Onliner häufiger den PC, ohne ihn könnten sie nur schwerlich Zugang zum Internet erhalten. Naheliegenderweise nutzen sie auch häufiger PC-Zeitschriften. Schließlich brauchen sie Metainformationen zu ihrem Medienapparat, ebenso wie die Besitzer eines Fernsehers eine Programmzeitschrift benötigen. Diese Situation wird nicht zwingend so bleiben. Besonders Jugendliche zwischen 14 und 19 Jahren nutzen beispielsweise verstärkt das Internet zur Programminformation, wie die ARD/ZDF-Online-Studie 2000 belegt.

Online-Nutzer und ihre Bedürfnisse
Andreas Werner

Die leicht stärkere Nutzung von Printmedien scheint unter Umständen auf den höheren Bildungsstand der Online-Nutzer zurückzuführen zu sein. Erstaunlich ist allerdings, dass die Onliner im Vergleich zur Gesamtbevölkerung stärker auf Videotext und Videorekorder zurückgreifen. Es handelt sich beide Male um Medien, deren Inhalte stärker zeitpunktunabhängig sind.

Quellen für Daten

Die in diesem Beitrag genannten Daten sind mittlerweile schon relativ stabil, vergleicht man sie mit den sich rasch veränderten Daten der Jahre 1995 bis 1998. Dennoch ist es ratsam, die jeweils aktuellen Ergebnisse der Institute einzusehen.

Einige wichtige Quellen:

- GfK-Online-Monitor unter http://www.gfk.de: Ergebnisse des GfK-Online-Monitors werden auch von der EMS unter http://www.ems.guj.de, von AOL unter http://www.aol.de, von der TOMORROW Internet AG unter http:// www.tomorrow-ag.de und vom Axel-Springer-Verlag Interactive Media unter http://www. asv.de/im veröffentlicht;
- Online-Analyse unter http://www.online-analyse.de;
- NUA unter http://www.nua.ie;
- Online-Forschung unter http://www.online-forschung.de.

2.3 Zeitungen im Internet – Die richtige Content-Strategie

Edgar Franzmann

Die deutschen Tageszeitungen verfügen über einen Rohstoff, dessen Wert im 21. Jahrhundert nicht hoch genug eingeschätzt werden kann: Hoch qualitative, oft exklusive Inhalte in Text und Bild. Diese Inhalte sind nicht länger nur das Material für die gedruckte Zeitung, sondern potenziell auch Rohstoff aller neuen Medien. Im Umfeld von Internet, Web-TV oder WAP (Wireless Application Protocol) wird „Inhalt" zu „Content" – gemeint ist ein auf die neuen Medien optimal abgestimmter „Inhalt". Das folgende Kapitel nennt die wichtigsten strategischen Überlegungen, die Zeitungshäuser beim Gang ins Internet anstellen müssen.

Print ist Print und Web ist Web

Hinter „Content" kann sich vielerlei verbergen: ein Foto oder ein Artikel, die in einem Printprodukt erschienen sind. Darüber hinaus ist „Content" tendenziell alles, was digital übertragen und genutzt werden kann – ob übers Internet, Datenleitungen, einen Satelliten oder ein TV-Kabel, ein Festnetz oder ein Mobilfunknetz. Folglich kann „Content" ein privates Gespräch (Chat), aber auch eine Datenbankabfrage, eine Banküberweisung oder der Einkauf in einem Online-Shop sein.

Natürlich kann ein Zeitungshaus seine Print-Artikel mehr oder weniger unverändert ins Internet stellen. Diese sehr kostengünstige Zweit-

Zeitungen im Internet – Die richtige Content-Strategie
Edgar Franzmann

oder Dritt-Verwertung des Print-Inhalts ist allerdings alles andere als eine sinnvolle und auf Dauer Erfolg versprechende Nutzung des neuen Mediums. Niemand käme auf die Idee zu behaupten, er mache „Fernsehen", wenn er einen Redakteur vor eine Kamera setzt und Zeitungsartikel vorlesen lässt. Die gute alte Tagesschau funktioniert zwar bisweilen noch heute nach diesem Prinzip, aber den Durchbruch schaffte das „neue Medium" Fernsehen erst, als neue, fernseh-spezifische Formen der Berichterstattung entwickelt wurden.

Auch das Internet erfordert neue journalistische Formen. Doch viele Zeitungsverlage müssen sie erst noch entdecken. Insbesondere in der Urzeit des World Wide Web (WWW) sahen manche Zeitungs-Online-Angebote aus wie ihre Print-Schwestern – nur weniger reizvoll, da sie oft ohne Fotos angeboten wurden. Quantität und Qualität der Zeitungsauftritte im Web nehmen jedoch erfreulicherweise zu. Darüber, wie viele Zeitungen im Internet vertreten sind, gibt unter anderem die Website des Bundesverbands Deutscher Zeitungsverleger unter www.bdzv.de Auskunft. Welche Online-Zeitungen besonders erfolgreich sind, lässt sich jederzeit unter www.ivw.de auf der Website der IVW abrufen.

Die IVW-Liste ist besonders aufschlussreich: Sie belegt zum Einen, dass vor allem die Zeitungs-Angebote im Web, die deutlich mehr als reine Print-Inhalte bieten, hohe Reichweiten erzielen. Zum Anderen zeigt sie, dass die herkömmlichen Medien nicht unbedingt die erfolgreichsten „Content"-Anbieter im Internet sein müssen. Vielmehr schreiben oft Außenseiter, die ursprünglich gar nichts mit dem Medienbusiness zu tun haben, die ganz großen Erfolgsstories. Dies unterstreicht nur Eines: Im Internet-Zeitalter ist potenziell jeder ein Publizist, der einen Computer besitzt, einen Web-Server betreibt oder mietet, und etwas zu sagen hat. Nicht Geld ist entscheidend, sondern die gute Idee und die schnelle, professionelle Umsetzung.

Zeitungen im Internet – Die richtige Content-Strategie

Edgar Franzmann

Die Zeitungsverlage müssen folglich umdenken: Ihre Strukturen sind ausgerichtet auf die Produktion von Print-Produkten, sie sind aber in keiner Weise optimal für die Produktion von Online-Angeboten. Hier müssen neue Wege eingeschlagen werden.

Nichts ist so alt wie die Zeitung von gestern

Zeitungen erscheinen in der Regel einmal täglich. Im 24-Stunden-Rhythmus werden Informationen gesammelt, aufbereitet, gedruckt, ausgeliefert. Aus redaktioneller Sicht fokussiert sich alles auf den „Andruck" und den „Redaktionsschluss", der im günstigsten Fall so spät liegt, dass ein Großteil der Nachrichten, die der Leser am Morgen zu Gesicht bekommt, noch nicht völlig veraltet ist. Doch jeder Zeitungsmacher weiß, dass sich die Welt nach dem Andruck weiter dreht, dass die „alten" elektronischen Medien wie Radio und Fernsehen rund um die Uhr berichten.

„Nichts ist so alt wie die Zeitung von gestern", lautet ein geflügelter Spruch in der Branche. Genau genommen ist aber jede Zeitung, die für den nächsten Tag produziert wird, bereits die Zeitung von gestern, wenn sie den Leser erreicht. Da der durchschnittliche Zeitungsleser sich bevorzugt nur aus einem Blatt informiert, sehr oft seiner Lokalzeitung, und die gedruckte Konkurrenz oft gar nicht zu Kenntnis nimmt, bleibt „seine" Zeitung für ihn eine wichtige Lektüre. Wer sich aber ins Internet begibt, bewegt sich plötzlich in einem ganz anderen Markt, konkurriert – im größten zugänglichen Informationsangebot – mit der ganzen Welt. Für den Interessenten liegen alle Informationen und Inhalte im Web gleich weit oder gleich nah beieinander, ob sie aus München oder Hamburg kommen, Peking oder New York. Mit jeweils wenigen Mausklicks holt sich der Internet-Surfer alles Gewünschte ins heimische Wohnzimmer.

Zeitungen im Internet – Die richtige Content-Strategie
Edgar Franzmann

Das Internet hat keinen Redaktionsschluss

Nicht nur, dass im Web alle Medien der Welt konkurrieren, sie tun es auch noch rund um die Uhr, sieben Tage die Woche, 365 Tage im Jahr. Das Internet hat keinen Redaktionsschluss. Entsprechend dürfen Online-Angebote auch keinen Redaktionsschluss haben, wenn sie die Möglichkeiten des neuen Mediums richtig nutzen und erfolgreich sein wollen. Es reicht nicht aus, die Zeitungs-Website einmal täglich zu einer bestimmten Stunde mit den Print-Artikeln aufzufrischen: Da das Web-Angebot permanent besucht werden kann, muss es auch permanent erneuert werden.

Diese Rund-um-die-Uhr-Aktualisierung ist zum Glück heute relativ leicht realisierbar. Alle großen Nachrichtenagenturen bieten Online-Ausgaben ihrer Dienste an, die sich mit überschaubarem Aufwand in die eigenen Web-Auftritte integrieren lassen. Als 1996 die ersten deutschen Tageszeitungen ins Netz gingen, gab es diese Agentur-Onlinedienste noch nicht. Bei der Boulevardzeitung „Express" sorgte deshalb vom Start weg eine eigene Online-Redaktion für die minutenschnelle Aktualisierung. Abgedeckt wurde ein Zeitraum von ungefähr 7 Uhr morgens bis 1 Uhr nachts. Damit blieb eine nächtliche 6-Stunden-Lücke, die bei der damaligen Konkurrenzsituation zu vertreten war.

Problematischer war die Lage am Wochenende: Samstags und Sonntags begann der Tagesdienst jeweils erst gegen 12 Uhr, so dass die Nachrichtenlücke immerhin lange elf Stunden betrug. Aus Kostengründen war der Redaktionsdienst jedoch nicht anders zu organisieren. Am Abend des 30. August 1997 integrierte „Express" schließlich den neuen dpa-Onlinedienst in sein Web-Angebot. Das Datum ist deshalb so präsent, weil sich gleich in der ersten Nacht bewies, wie wichtig eine Rund-um-die-Uhr-Aktualisierung im Internet ist. Es war die Nacht zum 31. August 1997, in der die britische Prinzessin Diana

Zeitungen im Internet – Die richtige Content-Strategie
Edgar Franzmann

in Paris bei einem Autounfall ums Leben kam. Die ersten Meldungen liefen gegen 2 Uhr über die Agenturen ein. Die Express-Online-Redaktion war nicht mehr besetzt, der planmäßige Tagesredakteur wäre an diesem Sonntag erst gegen Mittag erschienen. Radio und Fernsehen berichteten seit Stunden über die Tragödie. Aber auch bei Express Online war die Nachricht des Tages aktuell nachzulesen – im frisch eingeführten dpa-Teil, der sich gleich beim ersten Einsatz als ideale Ergänzung des eigenen redaktionellen Angebotes bewährt hatte.

Nachrichten sind käuflich

Keine Online-Zeitung kann auf Agentur-Dienste verzichten. Seit 1997 hat sich die Marktlage allerdings dramatisch verändert. Das Online-Material der Agenturen steht nicht mehr nur den Zeitungen exklusiv zur Verfügung, sondern ist mehr oder weniger von jedermann käuflich. Deshalb kann sich dpa-Online heute durchaus auf den Websites einer Bank oder einer Suchmaschine befinden. Um die klassischen Informationsanbieter wie Zeitungs- und Zeitschriftenverlage haben sich neue Wettbewerber gruppiert. Hierbei handelt es sich um verlagsferne Unternehmen und sogar öffentliche beziehungsweise halböffentliche Institutionen wie Stadtverwaltungen und Sparkassen.

Ein Beispiel, wie nicht nur Zeitungen sondern auch andere Medien-Websites Nachrichten erfolgreich präsentieren, ist www.koeln.de, die Kölner Portal-Seite, die das Telekommunikationsunternehmen NetCologne (www.netcologne.de) für die Stadt betreibt. Dort sind die Dienste von AFP (Agence France Presse) und SID (Sport Informations-Dienst) inklusive eines „Tickers" abrufbar, der fast im Minutentakt aktualisiert wird (siehe Abbildung 1). Daneben bietet der AFP/SID-Service bei koeln.de News und Stories, Fotos und Grafiken aus allen wichtigen Nachrichtenressorts.

Zeitungen im Internet – Die richtige Content-Strategie
Edgar Franzmann

Abbildung 1
Das Stadt-Portal www.koeln.de

Quelle: NetCologne, Köln

Themenspezifische Nutzung von Websites

Obwohl Nachrichten im Internet keine exklusive Domäne der Zeitungen mehr sind, bleiben sie für die Verlage von herausragender Bedeutung. Denn die Online-Angebote der Zeitungen sind die ersten Adressen, auf denen sich der Internet-Nutzer vor allem über Nachrichten informieren will.

Die Marktforschungsunternehmen Fittkau & Maaß (Herausgeber unter anderem der W3B-Studien) und BIK haben erste Ergebnisse ihrer

Zeitungen im Internet – Die richtige Content-Strategie
Edgar Franzmann

neuen Studienserie „Online-Analyse" (www.online-analyse.de) vorgestellt, in der unter anderem gefragt wurde: „In welchen WWW-Angeboten wollen Sie sich über welche Themen informieren?". Bei regionalen, nationalen und internationalen Nachrichten liegen die Zeitungen mit Werten von über 50 Prozent weit vor allen Konkurrenzangeboten (siehe Tabelle 1).

Tabelle 1

In welchen www-Angeboten wollen Sie sich über welche Themen informieren? (Angaben in Prozent)					
Thema	Zeitungen	Zeitschriften	Firmen	PC-Magazine	TV-Sender
Welt-Nachrichten	54,8	23,8	2,8	1,6	10,2
Nationale Nachrichten	56,4	20,9	2,2	0,9	9,6
Regionale Nachrichten	56,8	17,6	1,6	0,5	8,3
Wirtschafts-Nachrichten	24,5	16,6	30,3	1,7	7,5
Beruf, Karriere	16,6	21,8	21,5	2,2	8,1
Computer, Telekom	10,8	20,2	4,4	27,3	8,9
Reisen, Urlaub	12,4	34,9	1,5	0,8	12,1
Film Kino, Video	21,5	33,5	0,8	2,6	20,2
Gesundheit, Fitness	10,6	33,7	0,6	1,1	10,6

Basis: 4662 Online-Nutzer

Quelle: Fittkau & Maaß, ‹e›MARKET 20/2000 – Internet: www.online-analyse.de

Zeitungen im Internet – Die richtige Content-Strategie
Edgar Franzmann

In dieser Studie kommt die hohe Akzeptanz, die die Zeitungen bei ihren Lesern genießen, eindrucksvoll zum Ausdruck. Diese Erwartungshaltung kann im Internet als Trumpf ausgespielt werden. Den Zeitungshäusern bietet sich über ihre Web-Angebote eine exzellente Möglichkeit, im Informations-Wettlauf mit den elektronischen Medien gleich zu ziehen.

All business is local

In einem Bereich sind die Tageszeitungen im Web ohnehin unschlagbar: bei den lokalen und regionalen Informationen. Auch wenn es interessant ist, über das Internet das Wetter von Manila bis hin zum Mars brandaktuell abfragen zu können, ist letztlich doch nur das Wetter zu Hause relevant. Das gleich gilt für andere Themenfelder: So spannend es ist, die Kritiken der Theaterpremieren in New York nachzulesen, so wenig bedeutsam ist es doch für den lokal orientierten Nutzer. Ihn interessiert eher, was in „seinem Stadttheater" gespielt wird.

Wer die großen Web-Angebote genau betrachtet, seien es T-Online, America Online (AOL), das Internetauktionshaus E-Bay oder die großen Suchmaschinen, wird feststellen, dass Regionalisierung einer der ganz großen Trends im Web ist.

Aus einer ehemals bundesweit einheitlichen Startseite von T-Online wurden inzwischen Dutzende regional differenzierte Portale wie zum Beispiel www.frankfurt.t-online.de. Auch aus einer E-Bay-Startseite werden im Jahr 2000 viele verschiedene regionale Startseiten wie beispielsweise www.ebay.de/koeln/. Der Hintergrund dieser Regionalisierung ist eindeutig: Es geht um das Geschäft der Zukunft. „All business is local", diese alte Erkenntnis der Wirtschaftswissenschaftler wird auch im Internet-Zeitalter ihre Gültigkeit behalten. Das Web

Zeitungen im Internet – Die richtige Content-Strategie
Edgar Franzmann

bringt zwar eine neue Qualität der Globalisierung, in der man als Kunde jede beliebige Ware überall auf der Welt bestellen kann. Letztlich muss die Ware jedoch zum Kunden nach Hause geliefert, muss die Zahlung von seinem lokalen Konto abgebucht und der Service vor Ort organisiert werden.

Viel besser als jeder Online-Riese wären die Zeitungshäuser in der Lage, diese regionalen Plattformen im Internet mit zu organisieren. Ihre Titel sind eingeführte Marken, sie genießen in der Region ein besonderes Vertrauen, sie haben Leser- und Geschäftskontakte sowie die spezifischen Inhalte.

Keine Angst vor Kooperationen

Was die Zeitungshäuser in der Regel nicht haben, ist eine große Online-Reichweite, die über die eigene Region hinaus geht. Hier stellt sich die Frage: Behalte ich diese regionalen Informationen exklusiv in meinem eigenen Angebot oder stelle ich sie auf anderen Websites ebenfalls zur Verfügung? Die Antwort ist einfach: Je mehr meine Inhalte gelesen werden, desto besser. Je mehr Websites meine Inhalte präsentieren, desto größeren Nutzen haben die Zeitungshäuser letzten Endes davon.

Wenn T-Online regionale Portale aufbaut, sollten die regionalen Nachrichten konsequenterweise doch besser von meiner Zeitung als von irgendjemand anderem kommen und auch deutlich so ausgewiesen werden. Dies kann zum Beispiel durch den Hinweis „powered by XY-Zeitung", sehr oft auch noch verbunden mit einem direkten Link auf das Zeitungsangebot, geschehen.

Tatsächlich tun sich viele Zeitungsverlage mit solchen Kooperationen schwer. So nahe liegend es ist, im Printbereich das eigene Verbrei-

Zeitungen im Internet – Die richtige Content-Strategie
Edgar Franzmann

tungsgebiet zu schützen, so müßig ist es, dies im Internet überhaupt versuchen zu wollen. Im Web ist das Verbreitungsgebiet potenziell die ganze Welt, eine Abschottung ist prinzipiell unmöglich.

Content-Kooperationen gefährden folglich nicht die Reichweite des eigenen Online-Auftritts, sondern erhöhen sie sogar. Wer das Nutzerverhalten im Web analysiert, stellt fest, dass innerhalb eines geschlossenen Web-Angebotes kaum mehr als sieben bis acht Seiten gelesen werden. Vielmehr surft der Nutzer zur nächsten Website weiter. Viel wichtiger als Quantität ist also Qualität. Es kommt darauf an, dass der Besucher auf den ersten sieben bis acht Seiten das findet, was er erwartet, was ihn besonders interessiert und was ihn reizt, auch morgen wieder zu kommen.

Es ist nicht einmal ein Nachteil, auf der eigenen Website Links zu anderen Sites anzubieten und den Nutzer damit aus dem eigenen Angebot wegzuschicken. Wenn dieser Link für den Nutzer einen Wert hat, wird er sich erinnern, wo er den Link gefunden hat und wiederkommen. Und wenn von anderen Websites im Gegenzug viele Links zurück auf die eigene Website weisen, erhöht das ebenfalls die Nutzungszahlen.

Etwas Einzigartiges bieten

Wenn im Web prinzipiell alles erreichbar ist, kann sich eine einzelne Website nur behaupten, wenn sie etwas Einzigartiges bieten kann, etwas, das es in dieser Form nur dort gibt. Für Zeitungsverlage heißt das, sich auf die eigenen Stärken zu besinnen. Das Gebot lautet: Tu' nicht das, was alle tun. Tu' das, was du besser kannst als andere!

Zeitungen im Internet – Die richtige Content-Strategie
Edgar Franzmann

Außer in der lokalen/regionalen Berichterstattung liegen die Stärken der Zeitungen oft im eigenen, unverwechselbaren Profil, wie es in Hintergrundberichten, Kommentaren, Kritiken und Leitartikeln zum Ausdruck kommt. Auch wenn diese Beiträge nicht die höchsten Lesequoten erreichen, sind sie für das Image herausragend wichtig. Die Nachricht ist nur selten exklusiv, aber die Kommentierung, die Einordnung geben selbst einer bekannten Nachricht eine individuelle Prägung.

Zeitungen sind eingeführte Marken, die Online-Angebote sollten daher die in langen Jahren aufgebaute Kompetenz widerspiegeln. Dabei ist nicht wichtig, dass alle Artikel der gedruckten Ausgabe auch im Web erscheinen. Es kommt allein darauf an, dass die wichtigen, das eigene Profil schärfenden Artikel im Web erscheinen.

Bei „Express" (www.express.de), „Kölner Stadt-Anzeiger" (www.ksta.de) und „Kölnische/Bonner Rundschau" (www-rundschau-online.de) galt vom Anfang an das Prinzip, eine Auswahl, also ein „Best of print", ins Netz zu stellen. Das waren nicht mehr als etwa 50 („Express") bis 120 Artikel („Kölner Stadt-Anzeiger" und „Rundschau") pro Tag. „RP-Online" (www.rp-online.de), die Internet-Ausgabe der „Rheinischen Post", Düsseldorf, war von Anfang an sogar so konzipiert, dass sie völlig auf Print-Artikel verzichten konnte. Sie setzt vielmehr stark auf Aktualität, bietet sogar Liveticker an und nutzt viele neue Möglichkeiten des Internets (siehe Abbildung 2). Trotz Reduktion oder Verzicht von Print-Artikeln gehören die genannten Projekte zu den besonders erfolgreichen Online-Auftritten aus Zeitungshäusern, weil sie zusätzlichen, internet-spezifischen Content anbieten.

Zeitungen im Internet – Die richtige Content-Strategie
Edgar Franzmann

Abbildung 2
Die Homepage von RP-Online

Quelle: „Rheinische Post", Düsseldorf

Die besten Content-Partner suchen

Wer seine eigenen Inhalte kritisch analysiert, wird vielleicht zu der ernüchternden Feststellung kommen, dass er gar nicht so be-

Zeitungen im Internet – Die richtige Content-Strategie

Edgar Franzmann

sonders viel Exklusives und Einzigartiges zu bieten hat. Trotzdem sei davor gewarnt, in Panik zu verfallen und sich möglichst vieler Themen anzunehmen, die nicht zur eigenen Kernkompetenz gehören. Es bringt wirklich nichts, auf vielen Gebieten nur der Zweit- oder Drittbeste zu sein, weil der Internet-Nutzer seine Informationen immer beim bestmöglichen Angebot abrufen wird.

Da stellt sich die Frage: Warum nicht das bestmögliche Angebot mit auf die eigene Website holen? Wenn man „Content" entdeckt, der gut in das eigene Profil passen würde, dann sollte man ihn präsentieren. Für alle Zeitungen ist es selbstverständlich, Nachrichtenagenturen zu nutzen. Für alle Online-Zeitungen sollte es selbstverständlich werden, besondere Online-Inhalte von Drittanbietern einzubinden. Und wenn die örtliche Stadtsparkasse beispielsweise einen exzellenten Online-Börsen-Service hat, kann auch sie Nachrichtenlieferant werden.

Natürlich kann aus einer solchen Kooperation auch ein Zusatzgeschäft entstehen. So ist denkbar, dass die Zeitung der Sparkasse etwa lokale News liefert oder durch „Überweisung" von Kundschaft Provisionen anfallen. Solche Optionen sollten nicht gegen diese neue Offenheit sprechen.

Das Internet als Netzwerk nutzen

Damit aus Print-Inhalt „Content" fürs Internet wird, muss er „veredelt" werden. Der Mehrwert des Internets besteht zum Beispiel darin, dass vielfältigste Informationen vernetzt sind. Die meisten Online-Zeitungen verzichten jedoch darauf, die Möglichkeiten des Internets auszureizen. Viel zu selten werden die eigenen Artikel mit dem Selbstverständlichsten angereichert, was das Web als neue Qualität ins Informationszeitalter eingebracht hat: Links zu anderen Informa-

Zeitungen im Internet – Die richtige Content-Strategie
Edgar Franzmann

tionsquellen. Anstatt das globale Netzwerk des Internets intelligent zu nutzen und das eigene Angebot als Teil dieses Netzes zu verstehen, überlässt man die mögliche weitere Recherche dem Leser. Dabei ist es doch seit jeher eine originäre Aufgabe von Zeitungen, dem Leser Orientierung in der Informationsflut zu geben. Eine Aufgabe, die mit dem Web nicht kleiner, sondern größer wird.

Darüber hinaus bietet das Internet neue Kommunikationsmöglichkeiten: Eine neue Qualität des Internets stellt beispielsweise seine Interaktivität dar. Der Nutzer ist im Web nicht passiver Konsument, sondern aktiver Informationsbeschaffer. Das Web bietet die Möglichkeit, sich online einzumischen. So sind Chats, Foren, Gästebücher, Online-Umfragen Beispiele, wie Websites ihre Leser aktiv zu Wort kommen lassen können. Dieser direkte Leser-Kontakt ist eine Herausforderung. Hier werden keine „Leserbriefe" geschrieben, die per Post ankommen, bearbeitet, gesichtet, redigiert und irgendwann veröffentlicht werden. Interaktivität im Netz heißt, sich darauf einzulassen, dass sich der Leser sofort online und unzensiert einmischen kann.

Für die Betreiber der Website bedeutet das, dass dieser „Community"-Bereich gepflegt werden muss. Chats und Foren darf man nicht sich selbst überlassen, sie müssen regelmäßig betreut werden. Die Erfahrung zeigt, dass 99,99 Prozent der Internet-Nutzer absolut verantwortungsbewusst mit diesen neuen Möglichkeiten umgehen. Der kleine Rest ist in Schach zu halten, wenn die Online-Redaktion frühzeitig und regelmäßig einschreitet, unerwünschte Beiträge löscht, störende Nutzer direkt anspricht. In aller Regel sorgen auch die erwünschten 99,99 Prozent mit dafür, dass nicht gegen die „Netiquette" verstoßen wird.

Der große Vorteil, den eine funktionierende Community bringt: User, die sich hier äußern, werden zu Stammkunden, es entsteht eine besondere „Leser-Website"-Bindung, die für den dauerhaften Erfolg eines Online-Angebots unerlässlich ist.

Zeitungen im Internet – Die richtige Content-Strategie
Edgar Franzmann

Die technischen Möglichkeiten ausreizen

Das Internet hat mit Computern zu tun. Dieser Satz klingt wie eine Binsenweisheit und ist trotzdem des Nachdenkens wert. Allein durch die technische Plattform eröffnen sich nämlich neue Informationsformen, die weit über die Print-Möglichkeiten hinausgehen. Man kann Informationen aus Datenbanken dynamisch abfragbar machen. Man kann Archive nach Stichworten durchsuchen. Man kann einen Veranstaltungskalender nicht nur linear darstellen, sondern jedem Leser nach dessen ganz persönlichen Wünschen Auskunft geben. In der Printausgabe füllt das aktuelle Großstadt-Kinoprogramm vielleicht eine halbe, eng bedruckte Seite, die jeder komplett durchlesen muss, obwohl er nur einen Nachtfilm sucht, der um 24 Uhr in einem ganz bestimmten Kino läuft. In der Online-Ausgabe kann ich diese Wunschabfrage auf Mausklick liefern, wenn ich den normalen Print-Inhalt in eine online abfragbare Datenbank eingespeist habe. So entsteht nicht nur eine andere Nutzung der Daten. Es entsteht tatsächlich auch eine neue Qualität der Information.

Entsprechend lässt sich der gesamte Kleinanzeigenteil für das Internet „veredeln". Es leuchtet ein, dass es für den Nutzer eine neue Informationsqualität bedeutet, wenn ihm auf die Anfrage nach einer „Zwei-Zimmer-Wohnung bis 1000 Mark" maßgeschneidert die gesuchte Wunschinformation geliefert wird, ohne dass er die gesamte Wochenendausgabe durchblättern muss.

Bislang haben viele Zeitungen die neuen technischen Möglichkeiten nicht konsequent umgesetzt. Die Folge ist, dass Dritte in diese Lücke gestoßen sind, dass Online-Stellenmärkte, Online-Immobilienmärkte oder Online-Automärkte entstanden sind, die nicht mit Zeitungshäusern verbunden sind.

Zeitungen im Internet – Die richtige Content-Strategie
Edgar Franzmann

Auch wenn die Zeitungen in diesen Bereichen heute noch über mehr Anzeigenaufkommen verfügen als die Online-Konkurrenz, darf man die Entwicklung nicht unterschätzen. Den Online-Pionieren gelingt es immerhin, frühzeitig einen Markt zu besetzen, möglicherweise eine neue Marke aufzubauen, die auf Dauer einen Spitzenplatz in einem Bereich einnehmen könnte, der die Interessen der Zeitungen im Kern tangiert.

Das Internet wirklich ernst nehmen

Dass das Internet den Globus verändert, ist in jeder guten Zeitung zu lesen. Aber, dass das Internet auch die Zeitungen verändert, wird in manchen Verlagshäusern noch nicht wirklich zur Kenntnis genommen. Es fällt auf, wie wenig sogar die eigenen Online-Angebote in den verschwisterten Print-Ausgaben erwähnt werden. Eine rühmenswerte Ausnahme ist hier „Die Welt" (www.welt.de), die ganz konsequent Print- und Online-Version vernetzt, was nachprüfbar beiden Vorteile bietet. So nutzt die Internet-Ausgabe beispielsweise die Möglichkeiten des neuen Mediums mit News-, Börsentickern und vielen Services, die so nicht in der gedruckten Ausgabe erscheinen können (siehe Abbildung 3).

Zeitungen im Internet – Die richtige Content-Strategie

Edgar Franzmann

Abbildung 3
Die Homepage der „Welt"

Quelle: „Die Welt", Berlin

Keine Angst vor der Zukunft im neuen Markt

Das Internet wird die Zeitung nicht ersetzen. Aber das Internet ist auch keine Zeitung. Es ist ein neues Medium, das nach neu-

Zeitungen im Internet – Die richtige Content-Strategie
Edgar Franzmann

en Spielregeln funktioniert. Zeitungen müssen das Internet in seiner eigenen Qualität begreifen. Zeitungen müssen schneller werden, flexibler, phantasievoller. Sie müssen lernen, dass sie sich in einem „Neuen Markt" bewegen. Der Begriff „Neuer Markt" ist ganz bewusst gewählt, der Anklang an das entsprechende Börsensegment ist gewollt. Denn, es geht tatsächlich um neue Chancen und neue Risiken. Für Zeitungen sind die Chancen vergleichsweise gut, unter einer Bedingung: Sie müssen das Internet wirklich ernst nehmen. Erst dann wird aus ihrem Rohstoff „Inhalt" wirklich ein Produkt mit Zukunft.

2.4 Content-Cooperation – der Weg zu neuen Inhalten

Katja Riefler

E-Commerce ist in aller Munde und entwickelt sich zu einem bedeutenden Geschäftsfeld im Internet. Im Schatten der hochgesteckten Erwartungen rund um den elektronischen Handel hat sich jedoch beinahe unbemerkt ein Geschäftsfeld entwickelt, das mit dem Kürzel „CC" Karriere machen könnte. Die beiden „C" stehen dabei für „Content" (Inhalt) und „Cooperation". „CC" meint den Handel mit und die Kooperation bei Inhalten sowie den zugeordneten technischen Plattformen im Internet. Eine Fülle spezialisierter Unternehmen bietet in diesem Bereich Dienstleistungen und Produkte an. Sie haben vor allem Zeitungsverlage im Blickfeld, da diese sowohl als Anbieter von Inhalten als auch als Partner für Kooperationen in Frage kommen. Doch stärken zugekaufte Inhalte und Kooperationen tatsächlich die Marktposition von Online-Zeitungen? Mit dieser Frage setzt sich das folgende Kapitel auseinander.

Informationszentrum Zeitung

Die Anforderungen an erfolgreiche Internetauftritte von Zeitungsverlagen sind in den vergangenen Jahren laufend gestiegen. Genügte am Anfang eine elektronische Visitenkarte mit Auszügen aus der aktuellen Printausgabe, raten Fachleute heute, möglichst alle Bedürfnisse der Zielgruppe auf der eigenen Website zu befriedigen. Nur so könne man als regionales Informationszentrum und erste Anlaufstelle akzeptiert werden. Folglich haben nur Internetangebote Aussicht auf Erfolg, die die Nutzer langfristig binden und zum Wiederkommen bewegen können. Jede einzelne Zeitungssite muss somit

Content-Cooperation – der Weg zu neuen Inhalten
Katja Riefler

für ihren – zumeist regional definierten – Bereich von ständig aktualisierter Information aus den verschiedensten Quellen bis hin zu Unterhaltung und Einkaufserlebnissen alles aus einer Hand anbieten.

Wer dies technisch und inhaltlich aus eigener Kraft realisieren will, braucht finanziell ein dickes Polster, fachkundiges Personal und einen langen Atem. Gemessen an den potenziell zu erzielenden Erlösen sind derartige Investitionen vielfach überhaupt nicht zu rechtfertigen. Als Alternative bieten sich zugelieferte Inhalte und Kooperationen an. Grundsätzlich lassen sich drei „CC"-Formen unterscheiden:
– Partner liefern Komponenten, die allenfalls bei genauer Betrachtung als nicht von der jeweiligen Zeitungssite produziert zu identifizieren sind;
– Partner liefern Komponenten, die als fremde Inhalte klar erkennbar sind;
– Sowohl Partner als auch die Zeitungssite liefern Komponenten, die als Gemeinschaftsangebot gekennzeichnet werden („Cobranding") und zum Teil wechselseitig – gemäß den getroffenen Vereinbarungen – verwendet werden können.

Modell eins: Zugekaufte Inhalte

Modell eins ist im deutschen Internet bekannt und weit verbreitet. Die Zeitung kauft – analog zur Print-Welt – Angebote, die in der Regel automatisch aktualisiert und ununterscheidbar in das Layout einer Zeitungssite eingebunden werden. Die zugelieferten Inhalte werden so zum integralen Bestandteil. Die Nutzer identifizieren sie mit der existierenden Marke der Zeitung beziehungsweise ihres Online-Auftritts. Der Grad der Integrierbarkeit der Fremdinhalte hängt davon ab, welche Möglichkeiten der Lieferant vorsieht beziehungsweise wieviel Programmieraufwand das jeweilige Zeitungshaus zu leisten bereit ist. Bestes Beispiel für ein voll integrierbares „CC-Pro-

Content-Cooperation – der Weg zu neuen Inhalten
Katja Riefler

dukt" sind die Angebote der Nachrichtenagenturen, die entweder als vordefiniertes Online-Produkt oder in einem für die eigene automatische Weiterverarbeitung vorbereiteten „Rohformat" geliefert werden, das jeder Verlag an beliebigen Stellen in sein Online-Produkt integrieren kann.

Bei den Gestaltungsmöglichkeiten müssen fast immer Kompromisse gemacht werden. Wer dazu bereit ist, kann auch in Deutschland unter einer Vielzahl von Angeboten wählen. Die drei großen Zeitungszusammenschlüsse ZET.NET/MBT Online KG, Online Marketing Service GmbH (OMS) und Pipeline bieten beispielsweise kostengünstige Contentpakete an. Dort gibt es etwa laufend aktualisierte Börseninformationen (OMS), überregionale Mantelnachrichten (ZET.NET/MBT Online KG und Pipeline) oder auch aktuelle Infos zu Kinofilmen mit Zugriff auf eine Datenbank, lokale und globale Wetterinformationen, Comics, Online-Grußkarten, Horoskope, individualisierbare Einstiegsseiten und vieles mehr. Auch innovative Internet-Dienstleistungen, wie zum Beispiel kostenlose E-Mail-Adressen (Webmail) oder der Versand von Short Message-Service-Nachrichten (SMS) zu Mobiltelefonen über das Internet können in das eigene Angebot integriert werden (ZET.NET/MBT Online KG).

Der Kauf von Inhaltskomponenten verhilft der jeweiligen Zeitungssite in der Regel dazu, voll über Werbeplätze, Gestaltung und präsentierte Inhalte zu verfügen. Der Preis ist um ein Vielfaches günstiger als die eigene Erstellung der jeweiligen Angebote. Ein Nachteil ist die mangelnde Exklusivität. In jedem Fall ist abzuwägen, ob der zugekaufte Inhalt wirklich zum eigenen Markenprofil passt und in die Bewerbung der Site integriert werden kann. Das beste zugekaufte Angebot wird nicht angenommen, wenn die Nutzer der aufgesuchten Site die entsprechende inhaltliche Kompetenz absprechen. Bisweilen kann es sinnvoll sein, für den neu zu integrierenden Inhalt einen Sponsor zu suchen, der eine Nähe zu dem Thema hat. So ist beispielsweise eine Bank bei den Börsennachrichten gut aufgehoben.

Content-Cooperation – der Weg zu neuen Inhalten
Katja Riefler

Modell zwei: Erkennbare Fremdinhalte

Die zweite Kooperationsform, die offenkundige Einbindung von Fremdmaterial, ist bislang bei größeren Zeitungssites kaum anzutreffen und generell weniger verbreitet. Sie ist für die Zeitungspartner in der Regel kostenlos, da man Inhalte mit Zugriffen verrechnet. Mitunter bringt sie sogar Einnahmen. Ein Anwendungsbeispiel: Die Zeitungssite integriert die Abfragemaske einer bekannten Suchmaschine oder eines Webkatalogs in die eigenen Word Wide Web-Seiten (WWW). In dem Moment, in dem die Suchmaschine die abgefragten Ergebnisse liefert, landet der Nutzer automatisch im Webauftritt des Kooperationspartners, der die Ergebnisseite auch werblich vermarktet. Sofern die Zeitungssite dem Partner substanziell Traffic – abzulesen an der Werbewährung Page Impressions – zuführen kann, kann es Vereinbarungen über die Teilung der Werbeeinnahmen geben. Für kleine Sites bleibt als einziger Anreiz das verbesserte Serviceangebot für die eigenen Nutzer.

In der E-Commerce-Variante dieser „CC"-Form kommen Transaktionsgebühren als zweite Einnahmemöglichkeit in Betracht. Vergleichsweise verbreitet sind derartige Kooperationen mit Online-Buchhandlungen und Reiseunternehmen. Derartige Unternehmen offerieren Partnerprogramme, die im Prinzip jedermann offen stehen. Die teilnehmenden Sites werden so Teil der Vertriebsstruktur des E-Commerce-Betreibers. Wird also beispielsweise über die Zeitungssite ein Auftrag erteilt, erhält die Zeitung eine Umsatzbeteiligung – die Transaktionsgebühr. Die erzielbaren Margen schwanken dabei je nach Umsatzvolumen und Verhandlungsgeschick zwischen fünf und 20 Prozent.

Kommerzielle Kooperationspartner

So erzielt beispielsweise das „Las Vegas Review Journal" durch Hotelbuchungen über den Partner Travelscape.com auf ihrer Site

Content-Cooperation – der Weg zu neuen Inhalten

Katja Riefler

http://www.lasvegas.com den Großteil ihrer Einnahmen. Bei der „New York Times" führte die Praxis, rezensierte Bücher per Mausklick bei Barnesandnoble.com unmittelbar bestellen zu können, zunächst zu heftigen Diskussionen. Kritiker sahen die redaktionelle Unabhängigkeit gefährdet beziehungsweise befürchteten, dass die Glaubwürdigkeit des Mediums leiden werde, wenn offenkundig finanzielle Interessen verfolgt würden. Der Bestellbutton blieb dennoch. Die in den Printausgaben von US-Zeitungen mit Nachdruck durchgesetzte Trennung von „Kirche und Staat" beziehungsweise redaktionellem Teil und Anzeigen wird nicht von allen US-Zeitungssites vergleichbar streng gehandhabt. Usatoday.com präsentiert beispielsweise auf der eigenen Homepage eine ganze Liste von bevorzugten kommerziellen Kooperationspartnern, bei denen die Nutzer unmittelbar einkaufen können. Durch Exklusivvereinbarungen erzielt das Unternehmen hohe Deckungsbeiträge.

Stellt sich die Frage: Was bringt letztlich die Präsentation fremder Inhalte auf der eigenen Site? Steigert sie in höherem Maße die Attraktivität der eigenen Marke oder die des Partners? Ist der finanzielle Ausgleich angemessen? Diese Fragen werden bei deutschen Zeitungssites derzeit offensichtlich häufig negativ beantwortet. Kaum eine Zeitung schafft in nennenswertem Umfang Links zu Fremdinhalten. Dabei ist dies aus Sicht der Nutzer eine Überlegung wert. Hier werden weitergehende Konzepte benötigt.

Höhere Wachstumsraten für Full-Service-Provider

Die Erfahrung zeigt, dass Portalseiten, die Nutzer mit allen für sie relevanten Informationen auf einer Seite versorgen, wesentliche höhere Wachstumsraten aufweisen als traditionelle Zeitungssites. Bei ersteren werden in der Regel Nachrichten aus den verschiedensten Quellen präsentiert. So bedient sich T-Online in seinem Nachrichtenteil unter anderem bei RP-Online (dem Online-Dienst der „Rheini-

Content-Cooperation – der Weg zu neuen Inhalten
Katja Riefler

schen Post"), bei Spiegel Online, der „Frankfurter Rundschau" und dem Fernsehsender N-TV. Der Trend bei den großen Portalen geht dahin, den Partnern die benötigten Inhalte abzukaufen, um die Nutzer im eigenen Dienst zu halten. Dass es auch anders geht, beweist der Dienst News.com von CNet: Durch die Erweiterung des E-Zines – des im Internet publizierten Magazins – zu einem Nachrichtenportal, das mit Artikeln zu „more news from around the web" gezielt verlinkt ist, ist CNet zu einer der wichtigsten Anlaufstellen für Technologieinformationen im englischsprachigen World Wide Web geworden.

Aufgrund der Tendenz zur „Portalisierung" von Internetangeboten sollten die Verlage ernsthaft überlegen, ob nicht auch regionale Informationssites Nachrichten aus den verschiedensten Quellen bündeln sollten. Dies wäre sicher im Interesse der Nutzer.

Bündelung von Nachrichten aus verschiedenen Quellen

Im Kleinen versucht dies zum Beispiel die Wochenzeitung „Irish Post" – zu finden unter http://www.irishpost.uk.co. Sie versammelt im Regionalteil ihres Angebots aktuelle Online-Veröffentlichungen aus den verschiedensten Quellen, die sich mit Irland befassen. Konkret werden Links zu Berichten verschiedener Zeitungen und Nachrichtenagenturen geschaffen. Allerdings gibt es keinen Link zum Konkurrenztitel „Irish Times" (http://www.ireland.com). Die Umsetzung ist soweit ein erster Ansatz. Beachtenswert ist dennoch, dass ein solches Portalkonzept nicht nur Medienunternehmen offen steht. Auch im deutschen Internet könnten in Kürze Zeitungsinhalte, Radionachrichten, Stadtmagazin- und Anzeigenblatt-Teile auf einer Seite kombiniert werden, die von keinem Medienunternehmen betrieben wird.

Noch vor einem Jahr wären derartige Ideen am technischen Aufwand gescheitert. Heute ist die entsprechende Software samt Dienstlei-

Content-Cooperation – der Weg zu neuen Inhalten
Katja Riefler

stung im englischen Sprachraum auf dem Markt und wird eingesetzt. Unter der Internetadresse http://www.moreover.com kann beispielsweise jedermann vorgefertigte Informationspakete beziehen und kostenlos in seine eigene Seite einbauen. Angeboten werden mehr als 240 Kategorien aus mehr als 1500 verschiedenen Quellen, darunter namhaften Online-Zeitungen. Aktualisiert wird rund um die Uhr. Die Informationspakete bestehen aus Schlagzeilen, die laufend vom Originalangebot des Inhalteanbieters geholt und dorthin zurückverlinkt werden. Innerhalb von Minuten lässt sich damit jede Firmenhomepage in ein Special-Interest-Nachrichtenportal transformieren, das 24 Stunden am Tag aktualisiert wird.

Auf Anfrage und gegen Gebühr stellt Moreover.com auch Informationspakete zusammen, die sehr spezielle Interessen abdecken. Ein Kunde ist zum Beispiel ein Finanzinformationsdienst für Homosexuelle. Niemals könnte eine Redaktion mit vertretbarem Aufwand eine so kleine Zielgruppe mit vergleichbar aktueller und relevanter Information versorgen. Für Medienunternehmen ist interessant, dass auch auf die Auswahl der einbezogenen Informationsquellen Einfluss genommen werden kann. Keine Site muss folglich auf Inhalte direkter Konkurrenten verweisen.

Wer statt Links zu fremden Inhalten lieber komplette Artikel mit Quellenangabe verwenden möchte, kann sich an Unternehmen wie Screamingmedia.com wenden. Gegen eine vom Nutzungsumfang abhängige Gebühr vermitteln diese Firmen Inhalte von Medienunternehmen zu maßgeschneiderten Interessenprofilen, die komplett im eigenen Onlinedienst präsentiert werden können. Welche Artikel tatsächlich übernommen werden, entscheidet die Redaktion. Platzierung und Überschrift können frei gewählt werden. Mit zur Lieferung gehört ein einfach zu handhabendes Online-Redaktionssystem. Fest steht: Durch diese Aktivitäten steigt der Konkurrenzdruck bei inhaltlichen Angeboten. Die Expansion solcher Systeme in den deutschen Markt ist nur eine Frage der Zeit.

Content-Cooperation – der Weg zu neuen Inhalten
Katja Riefler

Modell drei: Cobranding-Angebote

Die dritte „CC"-Form, so genannte „Cobranding"-Angebote, sind im vergangenen Jahr wie Pilze aus dem Boden geschossen. Sie spiegeln am ehesten die Funktionsweise der im Entstehen begriffenen Netzökonomie und ihrer eigenen Regeln wider. Oberstes Ziel ist die Positionierung der Marke in den Köpfen der Nutzer und die Generierung von höchstmöglichem Nutzwert. Risiko und Gewinnmöglichkeiten werden geteilt. Grundintension von Cobranding-Vereinbarungen ist, eine Win-Win-Situation für alle Beteiligten zu schaffen. Das typische Kooperationsmodell bei Cobranding-Angeboten setzt immer auf die gleichen Komponenten: Zulieferung überregionaler Inhalte, Anreicherung durch lokale Inhalte, Teilung der Anzeigen- und/oder Transaktionserlöse.

Nach den bisherigen Erfahrungen ist die Markenbekanntheit ausschlaggebend für den Erfolg im Internet. Überregionale Marken haben den Vorteil, ihre Websites mit geringen Streuverlusten bewerben zu können. Regionale Marken haben zwar in ihrer Region eine hohe Präsenz, finden jedoch überregional kein Beachtung. Durch die Koppelung einer lokalen mit einer überregionalen Marke können Synergieeffekte entstehen: Beide Partner bringen den Wert ihrer eigenen Marke in die Kooperation ein und wollen so den optimalen Nutzwert für die Nutzer schaffen. Die Zusammenarbeit mit einem regionalen Partner erschließt der überregionalen Marke neue Nutzerkreise. Durch die Einbindung der nationalen Marke beweist die regionale Site Kompetenz auf Gebieten, die in den Augen ihrer Nutzer nicht zu ihrem Kerngeschäft gehört haben. Zudem kann sie Inhalte anbieten, deren eigene Erstellung zu aufwendig wäre. Durch die Rückverlinkung von der überregionalen Site in das lokale Angebot kann der regionale Partner ebenfalls neue Nutzer für sein Angebot interessieren.

Content-Cooperation – der Weg zu neuen Inhalten
Katja Riefler

Vorreiter USA

Beispiele für erfolgreiche Cobranding-Initiativen gibt es vor allem in den USA. Das angebotene Themenspektrum reicht von technisch aufwendigen Verzeichnis- und Veranstaltungsdiensten – mit persönlichem Kalender und individuellen Startseiten – über Special Interest von Mode bis Reise bis hin zum interaktiven Hochzeitsplaner. Diesen kann die Zeitungssite mit Hilfe der Händler und Heiratswilligen vor Ort später mit lokalem Inhalt anreichern. Sportshuddle.com hingegen versorgt Zeitungen mit einem Highschool-Football-Nischenangebot. Die Verlage erhalten ein Programm, mit dem Sie sowohl die Print-Berichterstattung als auch ihren Online-Auftritt optimieren können. Das heißt: Das „Rahmenprogramm" rund um das Thema Highschool-Football wird von Sportshuddle geliefert. Die Zeitung wiederum ergänzt die lokalen Inhalte. Golfserve-Partner können Golfinhalte inklusive interaktiver Spiele, Golfkurse und ähnliches in ihr eigenes Angebot integrieren. Anzeigenkunden, die dieses finanzstarke und kauflustige Publikum ansprechen möchten, werden von Golfserve und/oder der beteiligten Zeitung gewonnen. Die Erlöse werden geteilt. Dieses Angebot können Zeitungssites auch direkt an einen Anzeigenkunden weiterverkaufen. So sind die Golfserve-Inhalte bei Usatoday.com beispielsweise über die Seiten eines unter den kommerziellen Kooperationspartnern gelisteten Golfshops erreichbar.

Immer wieder gibt es Initiativen, die aus dem Rahmen fallen. „E The People" ist beispielsweise ein Unternehmen, das US-Bürgern das Kontaktieren von über 170.000 Ansprechpartnern aus Politik und Verwaltung auf Bundes-, Landes- und kommunaler Ebene in 9000 Städten erleichtert. Das Angebot ist unter http://www.e-thepeople.com zu finden. Über „E The People"-Seiten, die im jeweiligen Zeitungssite-Layout gestaltet werden, können Petitionen gestartet, Abgeordnete kontaktiert oder auch Strafzettel für Falschparken bezahlt werden –

Content-Cooperation – der Weg zu neuen Inhalten
Katja Riefler

hierfür gibt es sogar eine Umsatzbeteiligung! Die Organisatoren sorgen dafür, dass die Anfragen bei der korrekten Stelle landen, auch wenn der Ansprechpartner keine E-Mail-Adresse hat: Der Betreffende wird dann per Fax informiert. Daneben gibt es Umfragen, Diskussionsforen, Informationen zu laufenden Gesetzgebungsverfahren und vieles mehr. Die interaktiven Tools können auch für lokale Themen eingesetzt werden. „E The People" kooperiert mittlerweile mit 150 Zeitungs-, Fernseh- und anderen Internetsites.

Deutsche Zeitungsverlage tasten sich vor

In Ansätzen gibt es Cobranding-Dienste auch in Deutschland: So bietet der Zeitungsverbund ZET.NET/MBT Online KG seit Mai 1998 Magazininhalte an, die in das jeweilige Online-Angebot einer Zeitungssite integriert und um lokale Inhalte erweitert werden können. Ein bekanntes Beispiel hierfür ist die Zet.net.unity – eine Community von mittlerweile rund 15.000 aktiven Nutzern aus den verschiedensten Teilen Deutschlands mit Chat, Foren und Interaktion. Weitere Beispiele sind das Schülerangebot „Spickzettel", der animierte Comic „Mo Maximum Online" sowie das Satireangebot „Frustclub". Die Seiten sind über die Homepages der beteiligten Zeitungen zugänglich und zusätzlich über eigenständige Uniform Resource Locator (URL) – wie man das Adressformat für Dokumente im World Wide Web nennt.

Nicht zustande kam bislang die 1999 angestoßene Initiative, eine eigene Suchmaschine der Verlage mit dem Arbeitstitel GET.ZET als Cobranding-Marke ins Leben zu rufen. Mehr in Richtung eines „Gattungsmarketings" für die Online-Auftritte von Zeitungen geht die Initiative, die Marke ZET.NET als festen Bestandteil der lokalen Marken von Zeitungssites zu etablieren. Eine Reihe von Zeitungen hat ZET.NET bereits in das Logo ihrer Site integriert. Derzeit gehen zwei

Content-Cooperation – der Weg zu neuen Inhalten
Katja Riefler

Zeitungen noch einen Schritt weiter. Das „Oberbayerische Volksblatt" (http://www.rosenheim.zet.net) und die „Mittelbayerische Zeitung" (http://www.donau.zet.net) verwenden die Dachmarke als Bestandteil der eigenen Internetadresse. Von dieser Initiative versprechen sich die Verantwortlichen einen Wiedererkennungswert der Zeitungsangebote über die Region hinaus.

Cobranding und E-Commerce bieten Zusatznutzen

Auf welche Art und Weise Cobranding-Angebote einen echten Nutzwert für den User und zusätzlich auch Einnahmen für die Kooperationspartner bringen, haben die oben genannten Beispiele bereits gezeigt. Noch deutlicher wird dieses Potenzial, wenn man sich gezielt E-Commerce-Anwendungen anschaut. Ein Beispiel sind die Online-Shops: Im Prinzip möchte jede Zeitungssite ihren lokalen und regionalen Werbekunden anbieten, einen virtuellen Laden auf einem von der Zeitung initiierten Online-Marktplatz zu eröffnen. Fraglich ist nur das Businessmodell: Angesichts vollkommen ungesicherter Umsätze schrecken monatliche Gebühren die meisten kleinen Einzelhändler ab. Jetzt kann eine Zeitung zwar den Weg der „Florida Times Union" (http://www.jacksonville.com) gehen und eine für Händler bis auf Transaktionsgebühren vollkommen kostenlose lokale Online-Mall ins Leben rufen: Mit 70 Läden, 1200 Kunden und 35.000 US-Dollar Umsatz in den letzten 12 Monaten erzielte die Zeitungssite ja auch ein beachtliches Ergebnis. Fraglich ist nur, ob dieses Modell letztlich auch das von den Nutzern bevorzugte Angebot sein wird. Was passiert beispielsweise, wenn der gewünschte Artikel nicht auffindbar ist? Mit solchen Fragen muss sich der Online-Anbieter auseinandersetzen.

Das Unternehmen Internet Tradeline hat hier eine Marktlücke erkannt und bietet Medienunternehmen wie Konsumenten mit Point &

Content-Cooperation – der Weg zu neuen Inhalten
Katja Riefler

Shop einen zusätzlichen Service an. Ohne eigenen Programmieraufwand können Zeitungssites eigene Shops einrichten, die Händler selber pflegen können. Point & Shop schult die Verkäufer vor Ort und stellt die Software sowie umfangreiche Marketingtools zur Verfügung. Zum Angebot gehört auch, den Absatz in den Online-Shops durch Einbindung in ein überregionales Händlernetzwerk zu fördern. Wer lokal nicht fündig wird, kann überregional suchen. Zusätzlich sind sämtliche Händler über die zentralen Point & Shop-Seiten auffindbar. Mit jedem neu aufgenommen Shop wächst die Attraktivität des Gesamtangebots für den Nutzer. Die kritische Masse für eine Vielzahl von Bedürfnissen wird so schnell, was mit vertretbarem Aufwand von einem einzelnen Zeitungsverlag einfach nicht geleistet werden könnte.

Information und Interaktion aus einer Hand

Auf eine vergleichbare Netzstruktur, wenn auch mit umgekehrten Vorzeichen für die Nutzer, setzt Buyerweb unter http://www.buyerweb.com. Bei diesem Modell werden Nutzer, die ein konkretes Kaufinteresse an einem Produkt haben, mit Händlern in Kontakt gebracht, die das Produkt zu den angegebenen Konditionen liefern wollen. Ausgangspunkt sind auch hier die Zeitungssites. Wenn ein Nutzer einen Kaufwunsch äußert, wird es den Händlern vor Ort – gegen eine geringe Gebühr – ermöglicht, auf diese Anfrage zu reagieren. Die eigentliche Kundenadresse beziehungsweise E-Mail wird jedoch nicht weitergegeben. Sollte kein lokaler Händler binnen einer festgesetzten Frist reagieren, erhalten Händler im gesamten Netzwerk die Anfrage. Auch sie können gegen eine geringe Gebühr reagieren. Durch diese Doppelstrategie wird sichergestellt, dass sowohl Nutzer wie Händler gute Chancen auf einen Geschäftsabschluss erhalten. An den Gebühren, die die Händler bezahlen, wird die jeweilige Zeitungssite beteiligt.

Content-Cooperation – der Weg zu neuen Inhalten
Katja Riefler

An diesen Beispielen zeigt sich in Ansätzen, wie eine Netzökonomie die Spielregeln vor Ort verändert. Den Dreh- und Angelpunkt der Informationsvermittlung im Internet bildet das Interesse der Nutzer. Nur Sites, die langfristig dieses Interesse treffen, werden sich finanzieren können. Einen nicht unerheblichen Teil des Nutzerinteresses können Zeitungssites binden, indem sie sich zu Informationsspezialisten in ihrer Region weiterentwickeln. Die Vernetzung in Kombination mit dem Cobranding-Konzept ermöglicht es, im Internet Information und Interaktion in einer Tiefe anzubieten, die den Nutzwert für alle Beteiligten erhöht. Cobranding könnte somit für Zeitungssites ein Mittel sein, das Eindringen fremder Anbieter in die längst nicht mehr unangreifbare Domäne der lokalen und regionalen Informationsanbieter zu verhindern oder zumindest deren Erfolg zu begrenzen. Der Umgang mit dieser neuen Konstellation erfordert neue Konzepte, unter Umständen auch die Kooperation mit ungewohnten Partnern. Von der Innovationskraft dieser Konzepte und ihrer gezielten Umsetzung wird der Erfolg abhängen.

3. Werbung

3.1 Mediaplanung im Online-Markt
Christian Bachem

Der Online-Werbemarkt in Deutschland hat sich in den vergangenen fünf Jahren rasant entwickelt. War das Marktvolumen 1995 noch verschwindend gering, so wurde mit den Zeitungsbeilagen im vergangenen Jahr erstmals eine klassische Mediagattung beim Umsatz überrundet. Doch dies ist nur der Auftakt für ein geradezu explosionsartiges Wachstum in den kommenden Jahren. Auguren wie das Baseler Marktforschungsinstitut Prognos sehen den mit Online-Werbung erzielten Umsatz innerhalb einer Dekade auf ein Drittel der Ausgaben für Fernsehwerbung steigen. Der Mediaplanung wird somit eine wachsende Bedeutung in diesem dynamischen Markt zukommen. Grund genug, im Rahmen dieses Kapitels die wesentlichen Aspekte der Mediaplanung im Online-Markt zu beleuchten. Dabei soll dem Ablauf der Mediaplanung gefolgt werden – von der Strategie über die Umsetzung bis zur Erfolgskontrolle. Auf diese Weise sollen wesentliche Potenziale, Anforderungen und Eigenarten der Mediaplanung im Online-Markt herausgearbeitet werden.

Strategische Überlegungen des Mediaplaners

Unter Mediaplanung im Online-Markt wird die strategische und kaufmännische Planung des Einsatzes von Werbemitteln auf Online-Werbeträgern verstanden. Als Werbemittel gelten insbesondere Werbe-Banner; als Werbeträger gelten jene Internetangebote von Dritten, die eine Platzierung von Werbemitteln zu geschäftlichen Zwecken vorsehen.

Mediaplanung im Online-Markt
Christian Bachem

Im Rahmen der strategischen Überlegungen müssen die Ziele, das Budget und der Zeitrahmen der werblichen Aktivitäten im Internet bestimmt werden. Die Mediastrategie leitet sich dabei aus der jeweiligen Marketing- und Kommunikationsstrategie ab.

Werbemedium Internet

So ist zunächst zu prüfen, ob das Internet überhaupt ein geeigneter Kanal für die werbliche Ansprache der vorgegebenen Zielgruppe ist. Dies ist aus zwei Perspektiven zu betrachten: aus Sicht der Zielgruppe und aus Sicht des Mediums. Die entsprechenden Fragen lauten: „Welchen Anteil meiner Zielgruppe kann ich online erreichen?" und „Welchen Beitrag zur Erreichung meiner Ziele kann das Internet leisten?".

Die erste Frage lässt sich durch die Analyse vielfältiger Marktforschungsergebnisse schnell beantworten. Zur Beantwortung der zweiten Frage, ist es notwendig, die geplanten werblichen Bemühungen in eines der vier Zielfelder der Werbekommunikation einzuordnen (siehe Abbildung 1).

Abbildung 1

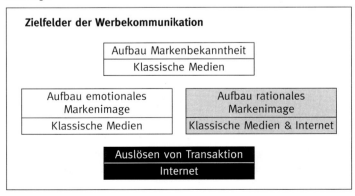

Mediaplanung im Online-Markt
Christian Bachem

... Markenbekanntheit:

Dient die Kampagne dem Aufbau der Markenbekanntheit, so kann das Internet in der Regel nur flankierend eingesetzt werden, da weit verbreitete klassische Medien wie Fernsehen, Zeitschriften oder Tageszeitungen größere Teile der Zielgruppe schneller erreichen als Online-Medien;

... Emotionales Markenimage:

Soll vorrangig ein emotionales Markenimage transportiert werden, so sind erneut einige der klassischen Medien zu bevorzugen. Fernsehen und Kino können aufgrund ihrer Multisensualität derzeit noch deutlich besser an die Gefühle des Publikums appellieren als das vermeintlich multimediale aber tatsächlich noch hochgradig starre und stumme Internet;

... Rationales Markenimage:

Zielen die werblichen Anstrengungen hingegen darauf ab, ein rationales Markenimage zu transportieren, so empfiehlt sich neben den Zeitungen und Zeitschriften das Internet, dessen Inhalte und Rezeption noch weitestgehend informationsorientiert sind;

... Transaktion:

Steht schließlich das Auslösen einer Transaktion im Vordergrund, so gibt es keine bessere Plattform als das Internet, da es Medium und Marktplatz zugleich ist. Kein anderer Kanal ermöglicht die Ausschöpfung der kompletten Kommunikationskette ohne Medienbruch: Von der Bekanntmachung eines Angebots, über den Aufbau des Markenimages bis zur direkten und unmittelbaren Initiierung des Kaufvorgangs kann im Internet der gesamte Kommunikationsprozess ohne Wechsel des Mediums gestaltet werden – mitunter sogar auf ein und demselben Werbeträger oder auch innerhalb nur eines Werbemittels.

Mediaplanung im Online-Markt
Christian Bachem

Die Entscheidung, ob eine Marken- oder Vertriebs-orientierte Strategie verfolgt wird, hat weitreichende Implikationen für die weiteren Schritte der Mediaplanung.

Die richtige Werbeträgerselektion

Aufbauend auf der Mediastrategie gilt es, unter Einbeziehung der Copy- und der Kampagnenkonzeption, die geeigneten Werbeträger und -umfelder auszuwählen und das verfügbare Budget sinnvoll auf diese zu verteilen. Zudem muss das konkrete Timing der Kampagne festgelegt und gegebenenfalls mit Aktivitäten in klassischen Medien in Einklang gebracht werden. Im Rahmen dieses Beitrags konzentrieren wir uns im Folgenden auf die Werbeträgerselektion.

Schon die Recherche nach geeigneten Werbeträgern kann sich zu einer Schnitzeljagd entwickeln. Dabei benötigt der mit Kampagnenbriefing und Mediastrategie ausgestattete Mediaplaner zunächst folgende Informationen:

- Welche Online-Werbeträger gibt es?
- Welche quantitativen und qualitativen Leistungsdaten bieten diese Werbeträger?
- Und zu welchen Konditionen werden diese Leistungen erbracht?

Diese Fragen genau zu beantworten, ist kein leichtes Unterfangen. Die sprichwörtliche Dynamik des Internets bringt es mit sich, dass alleine in Deutschland wöchentlich mehrere neue Content-Angebote (Inhalte) ans Netz gehen, die als Werbeträger fungieren. Ganz zu Schweigen von der kaum noch überschaubaren Menge semiprofessioneller Websites, die nicht selten eine stattliche und treue Nutzerschaft vorweisen können.

Mediaplanung im Online-Markt
Christian Bachem

Identifikation relevanter Online-Werbeträger

Dem Mediaplaner stehen bei seiner Recherche mehrere Hilfsmittel zur Verfügung. Da ist zunächst die Online-Media-Datenbank (OMDB) – zu finden unter der Adresse: http://www.omdb.de/start/search/search.frame.html. Sie hält ausführliche Werbeträgerbeschreibungen und Tarifinformationen kostenfrei zur Recherche und weiteren Bearbeitung im Internet bereit. Die OMDB ermöglicht es, den ersten Schritt der Mediaplanung ohne Medienbruch und mit der gebotenen Effizienz zu bewältigen, da die relevanten Daten direkt per Download in ein Excel-Formular übernommen werden können. Leider ist die OMDB von den Marktteilnehmern noch nicht in dem Maß angenommen worden, wie dies zur weiteren Vereinfachung der Mediaplanung im Online-Markt wünschenswert wäre. Des Weiteren kann der Mediaplaner auf gedruckte Verzeichnisse, wie das Netbook, der Media-Daten Verlagsgesellschaft, Walluf, zurückgreifen. Diese Kataloge bieten einen ersten Überblick. Doch – Papier ist geduldig – sie verlieren schnell an Aktualität. Der Mediaplaner muss die entstehenden Lücken daher durch fortwährende eigene Recherche füllen.

Die Beantwortung der Frage nach dem geeigneten Werbeträger wird zudem dadurch erschwert, dass die Frage falsch gestellt ist. Denn anders als beispielsweise bei Publikumszeitschriften, muss im Internet zuerst nach Umfeldern und nicht nach Titeln geplant werden. Keine leichte Aufgabe, wenn man bedenkt, dass Magazine, die unterschiedlichste thematische Umfelder in einem Werbeträger zusammenführen, das vorherrschende Format im Internet sind.

Nutzeraffinität zum Content-Umfeld entscheidend

Für die erfolgreiche Mediaselektion und Platzierung ist die Affinität des Nutzers zum Content-Umfeld und zum beworbenen Pro-

Mediaplanung im Online-Markt
Christian Bachem

dukt von herausragender Bedeutung. In die Überlegungen zur Einschätzung dieser Affinität sind natürlich auch die Interessen, Motivation und die Erwartungen des Nutzers einzubeziehen. So mag eine Platzierung eines Markenartiklers in einem Chat-Umfeld nicht hochgradig affin wirken. Bedenkt man aber, dass Nutzer chatten, um sich auf unterhaltsame Art und Weise die Zeit zu vertreiben und zugleich Neues kennen zu lernen, so kommt man der Logik einer derartigen Platzierung schon näher. Und es „klickt" spätestens dann, wenn einem bewusst wird, dass Chatter immer dann geneigt sind, einen Werbebanner anzuklicken, wenn sich niemand findet, mit dem sie chatten können. Hier stellt sich die vom Inhalt nicht befriedigte Erwartungshaltung des Nutzers als Affinitätspotenzial für den Werbe-Banner heraus.

Leistungsbewertung der Online-Werbeträger

Hat der Mediaplaner seine mühselige Recherche und Datensammlung erfolgreich abgeschlossen, so muss er die sich ergebenden Optionen planerisch bewerten, um sicherzustellen, dass er für seinen Kunden die optimale Investitionsentscheidung trifft. Dabei ist er auf einfache Algebra und schlüssige Plausibilitätsüberlegungen angewiesen. Planungsinstrumente, die über selbstgestrickte Datenbanken oder Excel-Arbeitsblätter hinausgehen, kommen mit Ausnahme der Ad-hoc-Planungsfunktionalitäten von Ad-Servern – also Servern, die die Banner von Werbekunden speichern und verwalten –, noch nicht zum Einsatz. Denn das Internet war von Anbeginn ein schwierig und aufwendig planbares Medium. Und dies wird es in weiten Teilen auch bleiben.

Immerhin besteht inzwischen Einigkeit und Klarheit bei der Definition und Bewertung der so genannten harten Planungskriterien zur Beschreibung der quantitativen Medialeistung. Hier hat die vergleichs-

Mediaplanung im Online-Markt
Christian Bachem

weise frühe Einführung des in den Grundzügen anerkannten IVW-Verfahrens einen wesentlichen Beitrag zur Entwicklung des Online-Werbemarktes in Deutschland geleistet. Die IVW definierte bereits 1997 zwei wesentliche quantitative Leistungskriterien von Online-Werbeträgern – Page Impressions und Visits:

- Page Impressions bezeichnen die Anzahl der Sichtkontakte beliebiger Benutzer mit einer potenziell werbungführenden HTML-Seite. Die Page Impressions liefern somit ein Maß für die Nutzung einzelner Seiten eines Angebots;
- Ein Visit bezeichnet einen zusammenhängenden Nutzungsvorgang (Besuch) eines WWW-Angebots. Er definiert den Brutto-Werbeträgerkontakt. Als Nutzungsvorgang zählt ein technisch erfolgreicher Seitenzugriff eines Internet-Browsers auf das aktuelle Angebot, wenn er von außerhalb des Angebots erfolgt.

Die IVW-Kriterien stecken den Rahmen ab, an dem sich ein Mediaplaner orientieren kann. Dabei sind die Page Impressions von größerer Bedeutung als die Visits mit ihrer eingeschränkten Aussagekraft. Mittels der Berechnung von Tausend-Kontakt-Preisen (TKP) auf Basis der Page Impressions relevanter Belegungseinheiten lassen sich intramediale Effizienzvergleiche anstellen. Teilt man die Page Impressions durch die Visits eines Online-Werbeträgers, so erhält man einen Anhaltspunkt für dessen Nutzungsintensität. Diese wiederum kann je nach Zielsetzung und Nutzenversprechen von Werbeträger zu Werbeträger enormen Schwankungen unterworfen sein. Dementsprechend individuell und differenziert muss dieser Koeffizient auch bewertet werden. So ist ein niedriger Koeffizient für eine Suchmaschine alles andere als ein schlechtes Zeichen, denn, was will ein Nutzer mehr, als beim ersten Seitenabruf sein Suchwort eingeben, um mit der nächsten Page Impression bereits fündig zu werden. Für ein feuilletonistisch angelegtes Online-Magazin ist ein niedriger Koeffizient bescheiden und für einen Online-Shop sogar ungenügend, weil eine Bestellung etwa mindestens acht Page Impressions erfordert. Doch natürlich lassen sich derartige qualitative

Mediaplanung im Online-Markt
Christian Bachem

Aspekte in der Bewertung von Online-Werbeträgern nicht in ein grobes quantitatives Raster pressen.

Fingerspitzengefühl gefragt

Dabei sind die vermeintlich weichen Faktoren bei der Bewertung der Online-Werbeträger von essenzieller Bedeutung für den Erfolg einer Planung. Doch es bleibt derzeit noch jedem Planer überlassen, sich ein möglichst klares Bild von der Güte potenzieller Werbeumfelder zu machen. Relevante qualitative Merkmale zur Bewertung von Werbeträgern sind dabei unter anderem:

- **... die Brand Equity** (Markenstärke):
  Wie groß ist die Bekanntheit des Werbeträgers? Wie ist sein Image?
- **... die UCP** (Unique Content Proposition):
  Verfügt der Online-Werbeträger über ein inhaltliches Alleinstellungsmerkmal?
- **... das Design:**
  Ist die Gestaltung des Werbeträgers ansprechend und dabei durchgängig am Corporate Design ausgerichtet? Unterstützt die Gestaltung den transportierten Inhalt und den Nutzungskontext?
- **... die Navigation:**
  Ist die Navigation des Online-Werbeträgers einfach, transparent und konsistent?
- **... der Inhalt:**
  Ist der Inhalt aktuell und attraktiv aufbereitet?
- **... die Life-Cycle-Stage** (Lebenszyklus):
  Steht der Online-Werbeträger kurz vor einem Relaunch – oder hat er gerade einen hinter sich?

Mediaplanung im Online-Markt
Christian Bachem

Diese Fragen sind um so wichtiger, weil die Art und die Qualität der Online-Werbeträger dem Mediaplaner Aufschluss über die jeweiligen Nutzer geben kann. Während sich die demographische Zusammensetzung der Mediennutzer beispielsweise in der TV-Planung dank der etablierten Instrumente der Zuschauerforschung hinreichend genau und tagesaktuell bestimmen lässt, ist dies im Internet nicht möglich. Zwar verfügen wir inzwischen über repräsentative Strukturdaten zur Beschreibung der globalen Internetnutzung in Deutschland. Doch bezogen auf einzelne Werbeträger können solche Daten aus verschiedenen systematischen und methodischen Gründen nicht oder bestenfalls nur für die reichweitenstärksten Online-Werbeträger erhoben werden. Die Mediaplaner im Online-Markt werden weiter auf statistisch fragwürdige Tendenzaussagen zur Beschreibung der werbeträger- und umfeldbezogenen Nutzergruppen angewiesen sein, die sie zur Absicherung ihrer Plausibilitätsüberlegungen zu Rate ziehen können. Eine methodisch fundierte und automatisierbare Zielgruppenplanung wie sie im TV-Sektor Usus ist, kann im Internet nicht zur Anwendung kommen.

Abrechnungsmodalitäten der Online-Werbeträger

Ist es dem Mediaplaner gelungen, sich ein Bild von den relevanten Werbeträgern beziehungsweise -umfeldern für die von ihm betreute Kampagne zu machen und hat er recherchiert, wie diese in punkto quantitativer und qualitativer Leistungserbringung einzuordnen sind, so muss er zwei weitere offene Fragen beantworten: Zum Einen muss er klären, ob die gewünschten Belegungseinheiten verfügbar sind. Zum Anderen muss er prüfen, zu welchen Konditionen die Abrechnung erfolgt. Als anektdotisches Beispiel sei an dieser Stelle an die erste Preisliste von Focus online erinnert, die zwischen einem TKP und einem iTKP (interaktiver TKP) unterschied. Der – deutlich teurere – iTKP galt, wenn ein Banner mit einem Link hinter-

Mediaplanung im Online-Markt
Christian Bachem

legt war, was seinerzeit noch die Ausnahme darstellte. Derartige Vorstöße alternativer Preisgestaltung sind nur von kurzer Dauer gewesen. Dennoch ist die Diskussion um variable oder flexible Abrechnungsmodelle noch keineswegs beendet. Denn das Internet ist Informations-, Kommunikations- und Transaktionskanal in einem. Online-Mediaplanung wird somit zur Kampagnenplanung und zur Marketingplanung. Während sich Erstere an Medialeistungen wie Kontakthäufigkeiten orientiert, kalkuliert die zweite Planung bereits den Kampagnenerfolg. Dies geschieht beispielsweise anhand von AdClicks, das sind Klicks auf einen werbungtreibenden Hyperlink, der zur Website oder zu Informationen des Werbungtreibenden führt. Der Kampagnenerfolg kann auch durch die generierten Leads, also die verwertbaren Anfragen potenzieller Kunden, sichtbar werden. Die Marketingplanung versucht folglich, den Verkaufserfolg zu steuern. Die für die Gestaltung und Optimierung einer solchen Planungskaskade notwendigen Entscheidungsparameter werden bislang noch in keinem generalisierten Modell – geschweige denn Instrumentarium – abgebildet. Ein Planer muss sich seiner filigranen Laubsägearbeit daher noch mit dem Schneidbrenner nähern – und mit viel Erfahrung und Fingerspitzengefühl.

Technische Expertise, detektivisches Gespür und inquisitorischer Drang bei der Identifikation relevanter Umfelder, der Ermittlung und Einschätzung von Leistungswerten und der Bewertung von Abrechnungsmodellen sollten daher weiterhin zum Handwerkszeug eines Mediaplaners im Online-Markt gehören.

Zwischen Erfolgskontrolle und Optimierung

Eine der wesentlichen Stärken der Online-Werbung liegt in der integrierten Erfolgskontrolle und der Möglichkeit der unmittelbaren Optimierung von laufenden Kampagnen. Im Internet kann jeder

Mediaplanung im Online-Markt
Christian Bachem

Nutzungsvorgang en passent und just in time erfasst werden. Entsprechend aufbereitet dienen diese anonymen Nutzungsprotokolle sowohl zur ex ante-Bewertung der Werbeträgerleistung, als auch zur ex post-Erfolgskontrolle der Kampagnenleistung. Wobei – im Gegensatz zu klassischen Medien – ex post im Falle der Online-Werbung bedeutet, dass die Erfolgskontrolle unmittelbar nach der Schaltung des Werbemittels einsetzen kann.

Die technisch äußerst vorteilhaften Voraussetzungen, die das Internet für eine Erfolgskontrolle bietet, werden – wie bereits dargestellt – inzwischen von eindeutigen Messkriterien und Kennzahlen flankiert. Somit ist Online-Werbung auf drei aufeinander aufbauenden Wirkungsebenen kontrollier- und steuerbar:

1. **Dem Werbeträger- beziehungsweise Werbemittelkontakt:**

    – Relevante Wirkungsgröße ist hier die potenzielle Betrachtung durch den Nutzer.

    Die entsprechende Kennzahl ist die Page Impression, wenn ein Kontakt mit einer potenziell werbungführenden Website stattgefunden hat, oder die AdImpression, wenn ein Kontakt mit einem Werbemittel stattgefunden hat.

    Aus Sicht der Werbungtreibenden sind AdImpressions für die Bewertung der Kampagnenleistung aussagekräftiger.

    Das Effizienzkriterium für den Kontakt ist der TKP – bezogen auf die AdImpressions.

2. **Der Interaktion mit dem Werbemittel:**

    – Relevante Wirkungsgröße ist hier die erfolgreiche Ansprache des Nutzers, die dazu führt, dass auf die Betrachtung des Werbemittels eine aktive Hinwendung zum Werbemittel folgt.

Mediaplanung im Online-Markt
Christian Bachem

Das Messkriterium, das derartige Interaktionen definiert, ist im Regelfall der Mausklick auf das Werbemittel, der AdClick. Bei sogenannten Nanosites, einer innovativen Bannerwerbeform, die es dem Nutzer erlaubt, innerhalb des Banners zu agieren ohne direkt auf die dahinter liegende Zielseite des Werbungtreibenden zu gelangen, wird das Involvement mit dem Werbemittel gemessen.

Effizienzkriterien für die Interaktion sind Cost-per-AdClick und die AdClick-Rate. Hierunter versteht man das Verhältnis von AdClicks zu AdImpressions.

3. **Dem Involvement mit der Zielseite:**

- Relevante Wirkungsgröße sind die Aktivitäten des Nutzers auf der Zielseite des Werbungtreibenden, die der Nutzer per AdClick erreicht hat. Die Aktivitäten können entlang des „Dreiklangs des Online-Marketings" gestaltet sein und die Nutzung von Informations-, Kommunikations- oder Transaktionsangeboten umfassen.

Die Messkriterien für den Grad des Involvements sind abhängig von den auf der Zielseite angelegten Funktionen und können von der Anzahl an Page Impressions über den Austausch von E-Mails bis zur Höhe der getätigten Transaktionen reichen.

Zur Effizienzmessung eignen sich, je nach Art des Involvements, unter anderem die Kriterien Cost-per-Visit, Cost-per-Lead, Cost-per-Order oder Cost-per-Customer.

Mediaplanung im Online-Markt
Christian Bachem

Tracking von Werbeträger, Werbemittel und Website

Um adäquate Aussagen und Schlussfolgerungen zu ermöglichen, sollte die Erfolgskontrolle von Online-Werbung daher das Tracking der Werbeträger, der Werbemittel und das der dahinterliegenden Website umfassen. Diese Vorgehensweise ist insbesondere bei Vertriebs-orientierten Online-Kampagnen unabdingbar, um beispielsweise den Einfluss der Bannerwerbung auf den Abverkauf nachzuvollziehen.

Der Einsatz so genannter Session-IDs erleichtert eine derart integrierte Vorgehensweise. Dabei werden Werbebanner mit – für den Nutzer nicht erkennbaren – ID-Codes markiert. Klickt der Nutzer einen Banner an, so wird dessen Code auf die Website des Werbungtreibenden mitgeführt. Dort kann er an definierten Punkten ausgelesen werden. Für den Werbungtreibenden ist nun transparent, welches Werbemittel auf welchem Werbeträger zu welchem Zeitpunkt zu welcher Aktion geführt hat. Das Internet macht es möglich, den gesamten Kommunikationsprozess – von der werblichen Ansprache bis zum online getätigten Kauf – bruchlos abzubilden.

Bisherige Erfahrungen mit Online-Werbung für E-Commerce-Angebote belegen, wie notwendig eine derart integrierte und umfassende Erfolgskontrolle ist. Denn die enge Fokussierung auf den AdClick als Indikator für Vertriebserfolg greift viel zu kurz. Eine gute AdClick-Rate impliziert noch keine entsprechend hohe Bestellrate. So kann es durchaus sein, dass Werbeträger, deren Leistungswerte auf den ersten Blick unattraktiv schienen, sich auf den zweiten Blick als sehr effizient herausstellen – etwa, wenn sie zwar nur relativ wenige AdClicks beisteuern, diese aber hochgradig wahrscheinlich zur Bestellung führen, der Rechnungsbetrag pro Bestellung hoch oder die Bestellhäufigkeit des Kunden überdurchschnittlich ist.

Mediaplanung im Online-Markt
Christian Bachem

Werden die Möglichkeiten der Erfolgskontrolle erkannt und ausgeschöpft, so eröffnen sich große Potenziale für die Kampagnenoptimierung. Analog zur Erfolgskontrolle ergeben sich auch für die ad hoc-Optimierung drei Ebenen:

1. **Optimierung des Werbeträgereinsatzes:**

... **Auswahl des Werbeträgers:**
Sind die Leistungswerte (Page Impressions, AdImpressions) eines Werbeträgers in der Kampagne unerwartet schlecht, so wird er nicht mehr oder nur reduziert belegt;

... **Auswahl des Belegungsumfeldes:**
Liefert das Umfeld, in dem das Werbemittel geschaltet ist (zum Beispiel Sport), eine unbefriedigende Performance, so kann innerhalb des belegten Werbeträgers nach einem alternativen Umfeld gesucht werden;

... **Auswahl der Platzierung:**
Stellt sich die Platzierung des Werbemittels als suboptimal heraus, so sollte sie im Rahmen der Feinjustierung innerhalb des Umfeldes geändert werden;

... **Steuerung des Werbedrucks:**
Werden die Planwerte vom Werbeträger deutlich übertroffen, so besteht die Gefahr, dass das Werbemittel zu schnell abnutzt. Es droht der Banner-Burn-out. Mit anderen Worten: Wird ein Vertriebs-orientierter Banner mehr als dreimal von einem Nutzer gesehen, so geht seine Interaktionswirkung bei jedem weiteren Kontakt mit diesem Nutzer gegen null. Die AdClick-Rate sinkt. Eine Reduzierung des Werbedrucks, hilft, den Banner-Burn-out zu vermeiden.

Mediaplanung im Online-Markt
Christian Bachem

2. **Optimierung des Werbemittels:**

... **Pretests:**

Eine Kampagne sollte optimiert werden, bevor sie überhaupt beginnt. Gerade bei Vertriebs-orientierten Kampagnen erweist es sich als sehr sinnvoll, verschiedene Bannervarianten zu entwickeln und im Vorfeld der Kampagne zu testen. Einige Werbeträger bieten derartige Testplatzierungen zu günstigen Konditionen und mit einem detaillierten Reporting an. In der Kampagne werden dann nur jene Banner eingesetzt, die im Test die besten Leistungswerte – sprich AdClicks – erzielt haben;

... **Verbesserung der Gestaltung:**

Im Pretest oder im Laufe einer Kampagne zeigt sich schnell, welche Gestaltungselemente einen positiven Einfluss auf die Interaktion mit dem Werbemittel haben. Dies kann die Verwendung von Bildelementen sein, der Grad und die Art der Animation, die Anordnung des Logos, die Farbgebung und einiges mehr (siehe Kapitel „Werbevielfalt im World Wide Web", S. 129 ff.);

... **Verbesserung der Ansprache:**

Ebenso zeigt sich, mit welcher Art der Ansprache man in welchem Umfeld eher auf den Punkt kommt. Dementsprechend können zum Beispiel der Textumfang, das Nutzenversprechen oder die Tonalität des Werbemittels optimiert werden;

... **Verbesserung der Kontextualität:**

Banner sind dann besonders erfolgreich, wenn sie einen möglichst direkten Bezug zum Werbeumfeld haben, in dem sie platziert sind. Ein Beispiel sind Keyword-Banner in Suchmaschinen. Auch diese kontextuelle Nähe zum Umfeld

Mediaplanung im Online-Markt
Christian Bachem

kann häufig anhand der Ergebnisse der Erfolgskontrolle verbessert werden.

3. Optimierung der Zielseite:

– Die besten Optimierungsansätze für Online-Werbung erweisen sich als wertlos, wenn nicht auch die Zielseite, zu der die Nutzer geführt werden, hinsichtlich ihrer Informations-, Kommunikations- und Transaktionsbedürfnisse optimal gestaltet ist. Da die Gestaltung der Zielseite hochgradig individuellen Kriterien unterworfen ist, soll an dieser Stelle beispielhaft auf Amazon.com verwiesen werden. Der Online-Händler hat sein Angebot – gestützt auf eine durchgängige Erfolgskontrolle – fortlaufend optimiert und verfügt inzwischen über eine intelligente, stromlinienförmige Shop-Dramaturgie. Sie zeichnet sich durch die stetige Reduktion von Optionen im Verlauf des Verkaufsprozesses aus. Das heißt, für den Nutzer vermindern sich durch geschicktes Frontend Management schrittweise die Navigations- und Selektionsmöglichkeiten, bis ein Kauf die naheliegende Wahl darstellt. In Verbindung mit dem One-Click-Ordering-Prinzip, das Einmalkäufer zum wiederholten Besuch animiert und in die Lage versetzt, mit nur einem Mausklick ein Buch zu bestellen, erreicht Amazon.com, was anderen Online-Shops bislang selten gelingt: Besucher zu Käufer und Käufer zu Kunden zu machen.

Erfolgreiche Online-Werbung durch Spiralprinzip

Die dargestellten Optimierungsansätze für Online-Werbung sind in Teilen bereits automatisierbar. Durch den Einsatz „intelligen-

Mediaplanung im Online-Markt
Christian Bachem

ter" Ad-Server kann die Einspielung von Bannern an Regeln geknüpft werden, die eine Optimierung entlang der Werbeträgerbelegung und der Bannerselektion ermöglichen. Verfehlt ein Werbemittel im Zeitverlauf beispielsweise das angestrebte AdImpression-Niveau, so kann es vom Ad-Server automatisch in ein anderes geeignetes Umfeld innerhalb des Werbeträgers gestellt werden, in dem mehr Sichtkontakte erreicht werden können. Sinken hingegen die AdClicks unter eine definierte Schwelle, so wählt das System einen neuen Banner aus einem vorab erstellten Pool aus und blendet diesen ersatzweise ein bis auch der neue Banner an Effektivität einbüßt. Derartige Ad-Server ermöglichen eine neue Form quasi evolutionärer Selbstoptimierung (siehe Kapitel „Kampagnenoptimierung durch Ad-Managementsysteme" in diesem Band).

Erfolgreiche Online-Werbung folgt einem Spiralprinzip: Durch minutiöse Planung, intelligente Umsetzung, integrierte Erfolgskontrolle, und fortlaufende ad hoc-Optimierung kann die Kampagnenleistung stetig verbessert werden (siehe Abbildung 2).

Abbildung 2

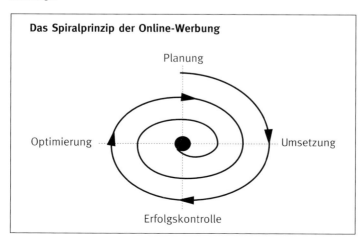

Mediaplanung im Online-Markt
Christian Bachem

Diese Potenziale können natürlich nur ausgeschöpft werden, wenn der Mediaplaner zeitnah über die erfolgsrelevanten Daten verfügt. Dank des zunehmenden Einsatzes leistungsfähiger Ad-Server und Banner-Managementsysteme, können immer mehr Werbeträger, ein tagesaktuelles Online-Reporting anbieten. Bezüglich dessen Form setzt sich inzwischen der von den Medienverbänden vorgeschlagene Reporting-Standard durch. Er ermöglicht es den Agenturen, die vielfältigen Daten schnell und einfach zu konsolidieren und weiterzuverarbeiten. Noch gleicht das Reporting bisweilen einem Devisenhandel, bei dem jeder Händler eine andere Rangfolge der Währungen festsetzt.

Die Dynamik des Marktes – somit kehren wir zum Ausgangspunkt dieses Beitrages zurück – hat sich bisher als bestes Regulativ erwiesen. Das Marktvolumen ist binnen drei Jahren auf das zehnfache angewachsen. Dabei wird der Wettbewerb unter den Werbeträgern nicht mehr nur über die günstigsten Mediakonditionen, sondern auch über Service geführt. Der Markt blickt einer rosigen Zukunft entgegen.

Literatur:
- Bachem, Christian: Online Werbung, in: Ulrich Glowalla, Eric Schoop (Hrsg.): Deutscher Multimedia Kongreß '96. Perspektiven multimedialer Kommunikation, Springer Verlag, Berlin, 1996, Seite 276-281.
- Bachem, Christian: Einfach schneller schalten! Online-Mediaplanung: Grundlagen, Potentiale und Trends, in: Netbook 1/97, Media-Daten Verlagsgesellschaft, Walluf, 1997, Seite 14-16.
- Bachem, Christian: Webtracking – Werbeerfolgskontrolle im Netz, in: Dietmar Fink, Christoph Wamser (Hrsg.): Electronic Marketing – Marketing-Management im Zeichen der Neuen Medien, Gabler-Verlag, Wiesbaden, 1997, Seite 189-198.
- Bachem, Christian: Online-Werbung erfolgreich gestalten – das Beispiel Conrad Electronic, in: Das innovative Unternehmen, Gabler-Verlag, Wiesbaden, 1998, Seite 7-9 und 10-12.
- Bachem, Christian: Drei Jahre Online-Mediaplanung. Ein vorausschauender Rückblick, in: Netbook 1/99, Media-Daten Verlagsgesellschaft, Walluf, 1999, Seite 18-20.
- Bachem, Christian, Stein, Ingo: Online-Marketing: Strategien, Kosten und Controlling, in: K. Merten, P. Zimmermann: Das Handbuch der Unternehmenskommunikation, Ueberreuter, Frankfurt, 1998, Seite 18-26.

Mediaplanung im Online-Markt
Christian Bachem

- Bachhofer, Michael: Wie wirkt Werbung im Web? Gruner+Jahr, Hamburg, 1998.
- European Communication Council (Hrsg.): Die Internet-Ökonomie. Strategien für die digitale Wirtschaft. Springer-Verlag, Berlin, 1999.
- Jarchow, Christian: Wie müssen Werbebanner im World Wide Web gestaltet sein, um hohe AdClick-Raten zu generieren? Ergebnisse einer empirischen Studie, in: „Planung & Analyse", 2/99, Deutscher Fachverlag, Frankfurt, 1999.
- Sterne, Jim: What Makes People Click? Advertising on the Web, Que Education & Training (Verlag), Santa Monica, 1998.
- Werner, Andreas: Site Promoton. Werbung auf dem WWW, 2. Auflage, dpunkt-Verlag, Heidelberg, 2000.

3.2 Vermarktungskonzepte für regionale und nationale Kunden

Jürgen Degethoff

Der zunehmende Wettbewerb im Internet zwingt die Zeitungsverlage dazu, ihre Vermarktungsstrategien zu überdenken. Basis für den wirtschaftlichen Erfolg ist eine sinnvolle Verzahnung der regionalen und nationalen Vermarktung zeitungsabhängiger Online-Dienste. Darüber hinaus ist eine adäquate Preis- und Produktpolitik unerlässlich. Das folgende Kapitel zeigt die Elemente auf, die für eine erfolgreiche Online-Vermarktung wichtig sind.

Schaffung strategischer Geschäftsfelder

Vor rund fünf Jahren begannen viele Zeitungsverlage das Internet als neues Kommunikationsmedium für ihre Inhalte zu entdecken. Die einen brachten ihre Zeitung ins Netz, andere bauten echte Internet-Redaktions-Dienste auf, um den Aktualitätsanforderungen und Bedürfnissen der Internet-Nutzer gerecht zu werden. Etwa zwei Jahre später stellte sich für viele Internet-Auftritte die Wirtschaftlichkeitsfrage. Heute stehen drei strategische Ausrichtungen der Dienste im Mittelpunkt der Vermarktungsbemühungen:

... Schaffung neuer strategischer Geschäftsfelder:
Hier sind vor allem Transaktionsbeteiligungen an Handels- und Vermittlergeschäften zu nennen[1], die die Verlage aus ihren angestammten Geschäftsfeldern „Informations- und Werbeflächenverkauf" hinaus führen;

Vermarktungskonzepte für regionale und nationale Kunden
Jürgen Degethoff

... die Bewahrung und Sicherung des Anzeigengeschäfts:
Bislang haben die Zeitungsverlage das Anzeigengeschäft für sich allein beansprucht. Mittlerweile brechen immer mehr branchenfremde Wettbewerber in diese Domäne ein;

... das Besetzen von Marktpositionen:
Diese Strategie ist notwendig, um das angestammte Informationsmonopol zu behalten und die starke Informationskompetenz auch im Internet zu behaupten.

Neben dem klassischen Banner- und Buttonverkauf leiten sich hieraus zwei Vermarktungsstrategien ab: Zum Einen müssen die zeitungsbasierten und unabhängigen Anzeigenmärkte im neuen Medium vermarktet werden. Zum Anderen sollten sich die Verlage um den Aufbau des elektronischen Handels (E-Commerce) bemühen, um für die – über die eigenen Sites vermittelten Transaktionen – Gebühren und damit zusätzliche Einnahmen zu generieren. Für die zeitungsbasierten Internet-Dienste entstanden folgende Angebotsstrukturen:

... Redaktioneller Inhalt:
bestehend aus Nachrichten, Reportagen, diversen Rubriken, die aus der Zeitung übernommen oder selbst recherchiert wurden;

... Service-Inhalts-Bereiche:
bestehend aus TV-Programm, Veranstaltungskalender, Nachschlagewerken, Suchmaschinen und ähnlichen Angeboten;

... Anzeigenmärkte:
bestehend aus Fließsätzen und gestalteten Anzeigen aus der Zeitung oder aus echten Online-to-Online-Anzeigenmärkten. Bei Letzteren wird keine Anzeige mehr von der Zeitung ins Internet übertragen. Man inseriert vielmehr direkt im Online-Medium;

Vermarktungskonzepte für regionale und nationale Kunden
Jürgen Degethoff

... E-Commerce-Bereiche:
bestehend aus Shop-Plattformen, Auktionen, Werbeflächenvermarktung, Sonderwerbeformen oder Eintragslisten. Unter Letzterem versteht man eine Art „Gelbe Seiten"-Eintrag im jeweiligen Marktumfeld. Diese Werbeformen sind zwischen Bannern und Online-to-Online-Angeboten anzusiedeln.

Produktpolitik bei Online-Vermarktung

Ein erster für die Vermarktung entscheidender Faktor ist die Produktpolitik und Produktentwicklung. Grundsätzlich gilt: Beim Aufspüren von Produktfeldern und -ideen muss immer auf die Qualität der Zielgruppe und die Bedürfnisse der potenziellen Werbekunden Rücksicht genommen werden[2]. Dies ist für die regionale oder nationale Werbevermarktung von entscheidender Bedeutung. So wird ein Markenartikler immer eine nationale Plattform oder einen nationalen Verbund regionaler zielgruppenspezifischer Inhalte für seine Werbung bevorzugen. Ein regionaler Anbieter mit einer regionalen Marke sucht dagegen entsprechend starke regionale Inhalte-Plattformen. Ein Beispiel wäre die Site eines vor Ort ansässigen Immobilienmaklers. Hier kann aufgrund der innerstädtischen Mobilität eine hohe Zugriffsrate erzielt und damit ein geeignetes Umfeld genutzt werden.

Fallbeispiel: RP-Online

Ein Beispiel für ein vermarktungstechnisch erfolgreiches redaktionelles Produkt ist RP-Online – das Online-Angebot der „Rheinischen Post". RP-Online hat sich als Online-Nachrichtendienst positioniert. Neben Service- und Marktbereichen bietet der Dienst Rubriken wie Weltnachrichten, Wissenschaft, Multimedia, Wirtschaft, Kultur und Regiona-

Vermarktungskonzepte für regionale und nationale Kunden
Jürgen Degethoff

les an. Angesprochen werden sollen Männer zwischen 25 und 40 Jahren, mit gehobenem Einkommen und hoher Bildung. Circa zwei Drittel der Nutzer sind außerhalb des Verbreitungsgebiets der „Rheinischen Post" ansässig. Sie stellen damit eine überregionale Nutzerschaft dar.

Die Werbevermarktung von RP-Online ist national ausgerichtet. Möglich wird dies durch die Zusammenarbeit mit der Online Marketing Service GmbH (OMS). Sie betreibt als nationale Vermarktungsorganisation die überregionale Werbeflächenvermarktung von rund 50 Internet-Diensten von Zeitungsverlagen.

Doch auch auf die regionale Vermarktung wird natürlich nicht verzichtet. Die regionalen redaktionellen Produktbereiche wie beispielsweise Kultur, das Portal Düsseldorf Today, regionale Events und News betreut RP-Online selbst. Hier kann die vor Ort bestehende Kundennähe besser genutzt werden. In diesem Zusammenhang gewinnt die Trennung der lokalen und regionalen von den nationalen Inhaltsbereichen in zwei getrennte Angebote große Bedeutung für die Vermarktung: Sie ermöglicht eine unterschiedliche Zielgruppenansprache.

Zielgruppenausweitung durch neue Inhalte

Die Schaffung neuer Zielgruppen muss das Ziel eines erfolgsorientierten Online-Angebots sein. Aus heutiger Sicht besteht für RP-Online ein national und auch regional werberelevantes Potenzial bei den jungen Alten (ab 55 Jahren), den jungen Frauen im Themenbereich „Beauty" sowie in den großen Special Interest-Bereichen Haustier, Auto und Multimedia[3]. Hier wäre es sinnvoll, eine Wachstumsstrategie im angestammten redaktionellen Kompetenzumfeld zu verfolgen, bei der RP-Online Kooperationen mit kompetenten Partnern eingeht. Ein solches Vorgehen würde die Netzwerk- und Agglomerati-

Vermarktungskonzepte für regionale und nationale Kunden
Jürgen Degethoff

onsthese unterstützen: Danach sind erfolgreiche Internet-Dienste und Portale nur noch durch die zielgruppengerechte und „vollständige" Nutzerbedarfsabdeckung zu realisieren[4].

Der Erfolg eines Online-Angebots hängt zudem von der Bereitstellung einer breiten Werbemittel-Palette ab. Neben dem hochinteressanten Sponsoring von Inhaltsrubriken können Personalisierungs-Targeting und kontextsensuelle Funktionen die zielgruppengenaue Werbeplatzierung verbessern[5]. Bei kontextsensuellen Funktionen werden Werbung beziehungsweise andere Dienstleistungen eines Werbungtreibenden an den inhaltlichen Kontext angebunden – etwa die Werbung eines Maklers im Immobilienbereich.

Anzeigenmärkte als Produkte der Internetvermarktung

Bei Internet-Diensten von Zeitungsverlagen besteht die glückliche Situation, dass man die Anzeigen der Zeitungsmutter zum Online-Produkt formen und sie im Internet vermarkten kann. Dabei handelt es sich nicht um die Kannibalisierung des Zeitungsrubrikenmarktes durch die Online-Tochter. Vielmehr ist es der Versuch, das sonst völlig dem Verlag – durch verlagsfremde Wettbewerber – verloren gehende Anzeigengeschäft über eigene Online-Angebote im Haus zu behalten und auch im Netz „Anzeigenmarkt-Kompetenz" zu beweisen.

Die Online-Anzeigenmärkte entstehen in Abstimmung und Kooperation zwischen der Anzeigendirektion und der Marketingabteilung des verlagseigenen Internetdienstes. Zu den zeitungsgebundenen Online-Angeboten gehört die bereits erwähnte Übernahme von Fließsatzanzeigen und gestalteten Anzeigen aus der Zeitung. Vielfach kommen online-spezifische Produktvarianten in Form von multimedialen Zusatzfunktionen wie beispielsweise Fotoanhängen, der Einbindung von Firmenlogos, Links zu Firmenpages oder E-Mail-Rückantworten hinzu.

Vermarktungskonzepte für regionale und nationale Kunden
Jürgen Degethoff

Online-to-Online-Anzeigenmärkte

Unter dem Marktdruck verlagsungebundener Wettbewerber entstehen bei den Internet-Diensten der Zeitungsverlage die ebenfalls genannten Online-to-Online-Anzeigenmärkte. Sie generieren neue Wertschöpfungspotenziale. So kann der Verlag im Segment des Stellenmarktes beispielsweise Dienstleistungen wie die Vorauswahl von Bewerbungen, die Beratung der Unternehmen oder die Benachrichtigung der Bewerber anbieten. Neben Bannern offerieren die Verlage Eintragslisten und so genannte Microsites. Bei RP-Online sind Microsites große navigierbare – mit Online-Anzeigen und -Angeboten des Werbekunden – verbundene Werbeflächen im Anzeigenumfeld. Die regionale Reichweite der Online-Anzeigen hängt grundsätzlich vom Inhalt ab. So besitzt das 20-Mark-Fahrrad aus dem „Online-Flohmarkt" sicherlich eine geringere Angebotsreichweite als der Jahreswagen aus dem „Online-Gebrauchtwagenmarkt".

Regionale Online-Angebote auch für nationale Kunden interessant

Neben einer Segmentierung nach Produktpreisen erfolgt eine Segmentierung nach der regionalen Reichweite der Angebote. Betrachtet man die Online-Anzeigenmärkte, so stellt man fest, dass wenigstens 80 bis 90 Prozent der Offerten regionale Reichweiten haben.

Hieraus leitet sich zwar grundsätzlich eine regionale Vermarktungsstrategie für den Online-Anzeigenverkauf ab. Aber schon bei der Bannerflächenvermarktung wird dieses Feld auch für nationale Markenartikler interessant. Man denke nur an Autohersteller, Reiseanbieter oder Versicherungs- und Finanzdienstleister. Für sie sind prak-

Vermarktungskonzepte für regionale und nationale Kunden
Jürgen Degethoff

tisch alle adäquaten deutschen Märkte als Werbe- und Angebotsplattform interessant – auch wenn sie von nationalen zeitungsunabhängigen Anbietern kommen.

Dem nationalen Werbeauftritt hat der einzelne Internet-Dienst kaum etwas entgegen zu setzen. An dieser Stelle ist der Gedanke eines Zusammenschlusses mehrerer regionaler Anzeigenmärkte nahe liegend. Die Beispiele OMS, GWP oder DoubleClick zeigen, welche Kraft in einer nationalen Vermarktungsorganisation stecken kann. Dabei fällt einem nationalen Anzeigenpool der Zeitungen im Kern die Aufgabe zu, überregionale Markenartikler für eine Anzeigendachmarke zu interessieren und für bestimmte thematische Umfelder die richtige nationale Plattform anzubieten. Die Bündelung der regionalen und nationalen Vermarktung in einem nationalen Online-Anzeigen-Pool stellt die Verlage aber auch vor eine große Herausforderung: Sie müssen die regionale Kundennähe und das lokale Geschäft mit der Vermarktung einer nationalen Plattform sowohl vertrieblich als auch technisch – bezogen auf das Geschäftsmodell – umsetzen. Letztlich geht es darum, das zentrale Großkunden-Key-Accounting und die Anpassung der Produkte an die Bedürfnisse der nationalen Kundschaft mit dem regionalen Vertrieb der Online-Dienste nutzbringend zu verzahnen. Eine so große und starke Anzeigenplattform bereitet auch das Feld für eine weiterführende Vermarktung von E-Commerce-Produkten oder Nachrichteninhalten.

E-Commerce als Produkt für die Werbevermarktung

Derzeit hat der endkundenbezogene E-Commerce in Form von Shops oder Auktionen in der Mehrzahl der Fälle keinen oder nur einen sehr zweifelhaften kommerziellen Erfolg in Deutschland. Eine Ausnahme ist der Business-to-Business-Bereich, bei dem es sich jedoch um eine Art internetgestütztes Bestellwesen zwischen Ge-

Vermarktungskonzepte für regionale und nationale Kunden
Jürgen Degethoff

schäftspartnern handelt (siehe Kapitel „E-Commerce – Zukunftsmarkt mit Hindernissen", S. 171 ff.).

Dennoch bieten die zum Teil hohen Zugriffszahlen bei Auktionen ein interessantes Werbeumfeld. Auch wenn Shop-Plattformen, Branchenverzeichnisse mit Shop-Funktion und Auktionen für Internet-Dienste derzeit eher eine Marketingfunktion für das Gesamtangebot haben, sind die Prognosen nicht schlecht: In Zukunft wird der Verkauf von Shop-Platzierungen in interessanten Umfeldern zu guten Erträgen führen[6]. Der Vorteil des E-Commerce für den lokal tätigen Anbieter liegt auf der Hand: Durch den Internet-Shop bekommt er eine nationale oder gar internationale Reichweite – je nachdem, welche Plattform er wählt.

Noch unterdurchschnittliche Anzeigenpreise

Wie bei anderen Dienstleistungen und Wirtschaftsgütern ergibt sich der Marktpreis für Internet-Werbeträger aus Angebot und Nachfrage. Ein Leistungsmerkmal beim Verkauf von Internetwerbeflächen ist der erzielbare Tausend-Kontakt-Preis (TKP). Er wird wie im klassischen Mediengeschäft verwandt und bezieht sich auf die Währung Page Impressions, die den Aufruf einer werbungtragenden Internetsite widerspiegelt. Darüber hinaus wird durch den zählbaren „Click-Through" auf die Werbung sogar die interaktive Wahrnehmung im Online-Angebot messbar. Die Click-Through-Ratio erhält man, indem man die Zahl der AdClicks – der Klicks auf einen werbungtragenden Hyperlink – ins Verhältnis zur Anzahl der Sichtkontakte mit einer Online-Anzeige, den so genannten AdImpressions, setzt (siehe Kapitel „Von der Nutzung zum Nutzer: Marktforschung im Internet", S. 35 ff.). Auf dieser Grundlage werden bei Internet-Online-Diensten inzwischen TKPs zwischen zehn und 120 Mark erhoben.

Vermarktungskonzepte für regionale und nationale Kunden
Jürgen Degethoff

Zunehmend wird der „Click-Through" auch als Bewertungsmerkmal für die Qualität des jeweiligen Banners und der Werbeplatzierung herangezogen. Aus Sicht des Online-Anbieters ist eine Preisfindung allein über den „Click-Through" und der damit erfolgsabhängigen Bezahlung nicht von Vorteil. Der Grund: Der Werbeträger ist weder für die Attraktivität des beworbenen Produktes noch für dessen Preis oder die zum Teil schlechte Anzeigengestaltung verantwortlich. Folglich kann er auch nicht an dem Erfolg oder Misserfolg der Produktvermarktung beteiligt sein.

Erlösoptimierung durch Micro-Payments

Die spezielle Leistung des Werbeträgers besteht allein in der Reichweite und der Zielgruppengenauigkeit seines inhaltlichen Angebots. Nur hiernach können die TKPs differenziert werden. Es ist nahe liegend, dass regionale oder spezielle interessengebundene Inhaltsangebote einen höheren TKP erzielen als allgemeine Inhalte, die mit größeren Streuverlusten zu kämpfen haben.

Vergleicht man das Preisniveau der Online-Anzeigenmärkte mit dem Preisniveau der dazugehörigen Zeitungsanzeigen, stellt man große Unterschiede fest: Das im Internet erzielbare Preisniveau liegt im Vergleich bei 1:100. Heute lassen sich im Markt lediglich Internetaufschläge von ein bis acht Mark – für die zusätzliche Online-Veröffentlichung einer Kfz- oder Immobilienanzeige – beziehungsweise 50 Mark bei einer Stellenanzeige durchsetzen.

Auch in den Online-to-Online-Anzeigenmärkten schwanken die Preise einer Wochenplatzierung deutlich. Sie reichen von kostenlosen Einstiegsangeboten bis hin zu Angeboten, die – je nach Produktumfang – zwischen 80 und 800 Mark liegen. Für den User ist die Nutzung dieser Märkte kostenfrei, sofern er keinen Such- und Benachrichtigungsdienst oder einen Auswertungsservice abonniert hat.

Vermarktungskonzepte für regionale und nationale Kunden
Jürgen Degethoff

Doch auch hier werden erste Weichen gestellt: Mit der Einführung der so genannten Micro-Payments – der Abrechnung von Kleinbeträgen über das Netz – wird es möglich, den Nutzer für den Blick in einen Anzeigenmarkt zumindest ein paar Pfennige abzuknöpfen. Auch bei den Werbungtreibenden kann man leichte Preiserhöhungen durchsetzen: Denn sind in einem Anzeigenumfeld ein Werbeauftritt – in Form von Microsite-Bannern oder Umfeldeinträgen – mit Online-Angeboten der jeweiligen Werbungtreibenden verbunden, so kommen zu den TKP-bezogenen Platzierungskosten auch noch Insertionskosten je Angebot hinzu. So zahlt heute ein Werbekunde bei RP-Online für ein – hinter einem Microsite-Banner liegendes – Gebrauchtwagenangebot bis zu zwei Mark je Angebot und Woche.

Vermarktung von Shop-Eintragungen und Auktionsplattformen

Bei der Vermarktung von Shop-Eintragungen auf entsprechenden E-Commerce-Plattformen liegen die Platzierungspreise zwischen 20 und 250 Mark im Monat. Vielfach lassen sich die Anbieter von Shopping-Plattformen auch an den dort getätigten Verkäufen prozentual beteiligen. Hier liegen die Provisionen zwischen drei und 25 Prozent je nach Artikelgruppe und Umsatzvolumen.

Vergleichbare Bedingungen gelten im Online-Auktionsgeschäft: Hier verdient der Auktionsbetreiber nur, wenn er selber Ware erwirbt und sie mit Aufschlag versteigert. Er verdient ferner, wenn er für andere eine Versteigerung gegen Verkaufsprovision tätigt. Auch hier liegen die Provisionsmargen im einstelligen Bereich.

Fazit: Für die Mehrzahl der Online-Werbemittel haben sich am Markt bereits Preise eingependelt. Da wir uns noch im Anfangsstadium des Internetmarktes befinden und das Geschäftsvolumen sowie die Reich-

Vermarktungskonzepte für regionale und nationale Kunden
Jürgen Degethoff

weiten vielfach noch gering sind, ist auch das Preisniveau relativ niedrig. Die Entwicklung wird hier jedoch für Veränderungen sorgen.

Vertriebs- und Verkaufsstrukturen

Bei der Betrachtung von Vertriebsstrukturen und Verkaufsorganisationen für die Internet-Werbeträger spielt die Frage nach der Regionalität des Vertriebes eine große Rolle. Der größte Vorteil der zeitungsbasierten Internet-Dienste ist die über das Mutterblatt vermittelte starke Marke und die enorme Vertriebsstärke im regionalen Bereich. Nahezu alle kennen die Regionalzeitung, die meisten Haushalte beziehen sie und das regionale Gewerbe wird wöchentlich vom Anzeigenverkauf besucht. Hinzu kommt noch das seriöse und vertraute Markenimage, das auf den Online-Dienst übertragen wird.

So kann der Online-Dienst bei der regionalen Vermarktung auf die Kundenkontakte der Zeitung zurückgreifen. Zusätzlich haben viele Online-Dienste eigenes Verkaufs-Personal eingestellt und geschult, um dem spezifischen Beratungsbedarf und den hohen Kenntnisanforderungen gerecht zu werden. Zunehmend und schrittweise wird auch der Zeitungs-Anzeigenverkauf in die Online-Vermarktung mit aufgenommen, um einen Wissenstransfer von Online zu Print zu leisten. Ziel ist es, die Kundenkontakte zu erhöhen und den klassischen Außendienst an die neuen Online-Geschäfte heran zu führen.

Defizite in der Marktkommunikation

Bislang blieb den Vermarktungsbemühungen der Internet-Dienste der durchschlagende wirtschaftliche Erfolg allerdings verwehrt. Obwohl es bald 20 Millionen Internet-Nutzer in Deutschland

Vermarktungskonzepte für regionale und nationale Kunden
Jürgen Degethoff

gibt, sind die Zugriffe und die erzielten Umsätze im Werbeverkauf und dem E-Commerce unterentwickelt. Ein Hauptgrund scheint in der schlechten und ungenügenden Marktkommunikation der Internet-Produkte zu liegen.

Doch was macht die Vermittlung von neuen Online-Produkten so schwierig? Eine große Rolle spielt die Tatsache, dass die Internet-Produkte vielfach erklärungsbedürftig sind, auf Verständnisschwierigkeiten stoßen[7]. Die technikgetriebene Produktentwicklung mit ihrem hohen Innovationstempo sowie die Informationsflut und das Informationschaos im Netz erschweren zusätzlich den Umgang mit dem neuen Medium. Nutzer fühlen sich schnell von der Entwicklung überfordert. Abhilfe schafft eine verbesserte Produktkommunikation, die den Nutzen des Online-Angebots klar herausstellt. Sie muss die bekannten Zugangsbarrieren des Nutzers abbauen. Nur so kann auf lange Sicht auch die Basis für eine wirtschaftliche Nutzung der Angebote geschaffen werden.

Kommerzieller Erfolg wird sich einstellen

Die Zeitungsverlage stehen noch am Anfang der Internet-Vermarktung. Dies spiegelt sich in den niedrigen Marktpreisen, den noch unvollkommenen Vertriebsstrukturen, den Schwierigkeiten mit der Marktkommunikation sowie dem hohen Tempo, in dem neue Werbeträger entstehen, wider. Mit der zielgruppengenauen Personalisierung und Ausweitung von Internet-Angeboten, der Einführung von Micro-Payments, der Teilhabe an Transaktionen, der zunehmenden Entwicklung des Internets als Werbemedium sowie der Bildung marktstrategischer Koalitionen wird auch der kommerzielle Erfolg nicht ausbleiben.

Vermarktungskonzepte für regionale und nationale Kunden
Jürgen Degethoff

1) Vgl. Becker, Andreas und Ziegler, Marc: Strategiekompass für erfolgreiches Internet-Business im Verlagsumfeld. Studie, Visionen für die Publishing-Landschaft im neuen Millennium, Diebold Deutschland GmbH (Hrsg.), Eschborn, 1999, Seite 62-84, 102-123.
2) Vgl. Degethoff, Jürgen: Neue Herausforderungen für Marketing und Kommunikation: Die neuen elektronischen Produkte CD-Rom, Online und Internet – Chancen, Erfahrungen und Empfehlungen, in: Deutsche Landwirtschafts-Gesellschaft (Hrsg): Den Absatz 1997 und 1998 verbessern – aber wie. Fakten und Trends. Beiträge zum Messe-Marketing, Frankfurt am Main, 1997, Seite 41-66, insbesondere 52-58.
3) Vgl. Raulfs, Alexander: Die Consumer-Anwender im Internet. Zielgruppen im Netz 1999, ComCult Research (Hrsg.), Berlin, 1999, Seite 29-64.
4) Vgl. Becker, Andreas und Ziegler, Marc: Strategiekompass für erfolgreiches Internet-Business im Verlagsumfeld. Studie, Visionen für die Publishing-Landschaft im neuen Millennium, Diebold Deutschland GmbH (Hrsg.), Eschborn, 1999, Seite 62-84.
5) Vgl. Becker, Andreas und Ziegler, Marc: Strategiekompass für erfolgreiches Internet-Business im Verlagsumfeld. Studie, Visionen für die Publishing-Landschaft im neuen Millennium, Diebold Deutschland GmbH (Hrsg.), Eschborn, 1999, Seite 158, 204.
6) Vgl. Dillmann, Ralf und Sioulvegas, Nikolaos: E-Commerce-Studie. Untersuchung der Eignung verschiedener Produktgruppen für den E-Commerce. www.webstudie.de. Verlag der Verfasser, Frankfurt, 1999.
7) Vgl. Degethoff, Jürgen: Marktkommunikation von zeitungsbasierten Internet-Diensten, in: Lokalredaktionsdienst. Wissenschaft für die journalistische Praxis, Heft 10, November 1999, Seite 5.

3.3 Werbevielfalt im World Wide Web
Andreas Werner

Bei der Vermarktung von Shop-Eintragungen auf entsprechenden E-Commerce-Plattformen, liegen die Platzierungspreise zwischen 20 und 250 Mark im Monat. Vielfach lassen sich die Anbieter von Shopping-Plattformen auch an den dort getätigten Verkäufen prozentual beteiligen. Hier liegen die Provisionen zwischen drei und 25 Prozent je nach Artikelgruppe und Umsatzvolumen.

Vergleichbare Bedingungen gelten im Online-Auktionsgeschäft: Hier verdient der Auktionsbetreiber nur, wenn er selber Ware erwirbt und sie mit Aufschlag versteigert. Er verdient auch, wenn er für andere eine Versteigerung gegen Verkaufsprovision tätigt. Auch hier liegen die Provisionsmargen im einstelligen Bereich.

Fazit: Für die Mehrzahl der Online-Werbemittel haben sich am Markt bereits Preise eingependelt. Da wir uns noch im Anfangsstadium des Internetmarktes befinden und das Geschäftsvolumen sowie die Reichweiten vielfach noch gering sind, ist auch das Preisniveau relativ niedrig. Die Entwicklung wird hier jedoch für Veränderungen sorgen.

Vertriebs- und Verkaufsstrukturen

Bei der Betrachtung von Vertriebsstrukturen und Verkaufsorganisationen für die Internet-Werbeträger spielt die Frage nach der Regionalität des Vertriebes eine große Rolle. Der größte Vorteil der zeitungsbasierten Internet-Dienste ist die über das Mutterblatt ver-

Werbevielfalt im World Wide Web
Andreas Werner

mittelte starke Marke und die enorme Vertriebsstärke im regionalen Bereich. Nahezu alle kennen die Regionalzeitung, die meisten Haushalte beziehen sie und das regionale Gewerbe wird wöchentlich vom Anzeigenverkauf besucht. Hinzu kommt noch das seriöse und vertraute Markenimage, das auf den Online-Dienst übertragen wird.

So kann der Online-Dienst bei der regionalen Vermarktung auf die Kundenkontakte der Zeitung zurückgreifen. Zusätzlich haben viele Online-Dienste eigenes Verkaufs-Personal eingestellt und geschult, um dem spezifischen Beratungsbedarf und den hohen Kenntnisanforderungen gerecht zu werden. Zunehmend und schrittweise wird auch der Zeitungs-Anzeigenverkauf in die Online-Vermarktung mit aufgenommen, um einen Wissenstransfer von Online zu Print zu leisten. Ziel ist es, die Kundenkontakte zu erhöhen und den klassischen Außendienst an die neuen Online-Geschäfte heran zu führen.

Defizite in der Marktkommunikation

Bislang blieb den Vermarktungsbemühungen der Internet-Dienste der durchschlagende wirtschaftliche Erfolg allerdings verwehrt. Obwohl es bald 20 Millionen Internet-Nutzer in Deutschland gibt, sind die Zugriffe und die erzielten Umsätze im Werbeverkauf und dem E-Commerce unterentwickelt. Ein Hauptgrund scheint in der schlechten und ungenügenden Marktkommunikation der Internet-Produkte zu liegen.

Doch was macht die Vermittlung von neuen Online-Produkten so schwierig? Eine große Rolle spielt die Tatsache, dass die Internet-Produkte vielfach erklärungsbedürftig sind, auf Verständnisschwierigkeiten stoßen. Die technikgetriebene Produktentwicklung mit ihrem hohen Innovationstempo sowie die Informationsflut und das Informationschaos im Netz erschweren zusätzlich den Umgang mit dem

Werbevielfalt im World Wide Web

Andreas Werner

neuen Medium. Nutzer fühlen sich schnell von der Entwicklung überfordert. Abhilfe schafft eine verbesserte Produktkommunikation, die den Nutzen des Online-Angebots klar herausstellt. Sie muss die bekannten Zugangsbarrieren des Nutzers abbauen. Nur so kann auf lange Sicht auch die Basis für eine wirtschaftliche Nutzung der Angebote geschaffen werden.

Kommerzieller Erfolg wird sich einstellen

Die Zeitungsverlage stehen noch am Anfang der Internet-Vermarktung. Dies spiegelt sich in den niedrigen Marktpreisen, den noch unvollkommenen Vertriebsstrukturen, den Schwierigkeiten mit der Marktkommunikation sowie dem hohen Tempo, in dem neue Werbeträger entstehen, wider. Mit der zielgruppengenauen Personalisierung und Ausweitung von Internet-Angeboten, der Einführung von Micro-Payments, der Teilhabe an Transaktionen, der zunehmenden Entwicklung des Internets als Werbemedium sowie der Bildung marktstrategischer Koalitionen wird auch der kommerzielle Erfolg nicht ausbleiben.

Die Werbevielfalt im Internet kennt keine Grenzen mehr. Neben den altbekannten Banner sind innovative Werbeformen getreten, die den Werbungtreibenden eine optimale Werbewirkung versprechen. Das vorliegende Kapitel führt den Leser in die Welt der Banner, Interstitials oder Pop-ups und analysiert die Werbewirkung der wichtigsten Werbemittel.

Am Anfang stand der Banner

Werbung im World Wide Web (WWW) ist zweifellos eine wichtige Einnahmequelle zur Refinanzierung des Online-Engagements eines

Werbevielfalt im World Wide Web
Andreas Werner

Verlags. Der Umsatzanstieg in diesem Bereich war in den vergangenen Jahren durchaus viel versprechend. Auf der anderen Seite machten alarmierende Meldungen über den „Tod der Banner-Werbung" die Runde – ein Kuriosum für einen so jungen Markt. Ein Hauptgrund für diese Entwicklung liegt sicher darin, dass die Funktion von Bannern zunächst nur in der Bewerbung anderer Websites gesehen wurde. Durch Anklicken des Banners gelangte der Nutzer zur beworbenen Website. Anfangs konnten hiermit recht zufriedenstellende Ergebnisse erzielt werden: Bei jedem zwanzigsten Sichtkontakt mit einem Banner, wurde – so belegen Studien – einer angeklickt. Inzwischen müssen meist mehr als 200 Banner gezeigt werden, um einen Klick zu generieren.

Der Grund für diese schnelle Enttäuschung liegt auf der Hand: Banner werden inzwischen mit den geläufigen Werbemitteln gleichgesetzt. Für die Anbieter von Online-Werbeträgern wird es folglich immer wichtiger, sich mit den Formen der Banner-Werbung und ihrer Werbewirkung auseinander zu setzen – nicht zuletzt, um eine optimale Preispolitik fahren zu können. Daneben muss nach neuen Formen der Online-Werbung gesucht werden, um neue Einnahmequellen zur Refinanzierung des Online-Engagements zu erschließen.

Der Banner

Der Banner ist die verbreitetste Form der Mediawerbung im Internet. Banner-Werbung gibt es, seit der Online-Ableger des amerikanischen Kultmagazins „Wired" Mitte der 90er Jahre Werbung auf seiner Website zuließ. Sie ist – von wenigen Ausnahmen abgesehen – rechteckig und wirbt für Produkte, Marken oder Unternehmen.

Nach ersten Anfängen mit statischer Banner-Werbung, wurden die Werbemittel rasch animiert. Mit fortschreitender technischer Entwicklung kamen weitere Animationsformen hinzu: So wurde die Interak-

Werbevielfalt im World Wide Web
Andreas Werner

tionsleistung von Bannern vergrößert. Den Nutzern ist es nun möglich, im Banner zwischen verschiedenen Optionen auszuwählen oder Suchbegriffe einzugeben. Bei so genannten Rich Media-Bannern – Banner mit besonders aufwendiger Multimedia-Technik – ist es sogar möglich, ganze Geschäftsvorfälle abzuwickeln.

Allen diesen Darstellungsoptionen ist eines gemeinsam: Es gibt einen Werbeträger, der Werbeplatz in Form von Pixeln – elektronischen Bildpunkten – verkauft, um die Werbemittel in einem dafür vorgesehen Angebot – etwa einer Online-Zeitung oder einer Suchmaschine – zu zeigen.

Für Banner gibt es Standardgrößen. Nachdem anfänglich jeder Werbeträger selbst, entsprechend des selbst entwickelten Layouts, Formate für Werbemittel festlegte, war man sich schnell einig, dass dies für die Online-Werbungtreibenden ein unzumutbarer Kostenfaktor ist. Man einigte sich auf Standardgrößen, von denen die Folgenden in Deutschland eine wichtige Rolle spielen:

- 468 x 60
- 234 x 60
- 156 x 80
- 156 x 30
- 125 x 125

Die kleineren Formate werden auch als Buttons bezeichnet. Insgesamt dient der Begriff „Banner" jedoch als Überbegriff für diese Art der Werbung. Ungereimtheiten gibt es nur, wenn neuere Animationstechniken eingesetzt werden. Diese werden sehr schnell als neue Werbeform bezeichnet – nicht immer gerechtfertigterweise. Im Allgemeinen unterscheidet man zwischen statischen und animierten Bannern. Die statische Form wird kaum noch eingesetzt. Mittlerweile sind fast alle Banner animiert. Dabei gibt es die Standardform GIF89a und die bereits erwähnten Rich Media-Banner.

Werbevielfalt im World Wide Web
Andreas Werner

Der Standard GIF89a

Der standard-animierte Banner im klassischen Grafikformat GIF89a wird wohl noch recht lange das am meisten gebräuchliche Datenformat eines Banners sein. Diese Werbeform funktioniert immer nach dem Prinzip des Daumenkinos. Dabei werden verschiedene Bilder hintereinander gelegt, die sich im Motiv – meist wenig – voneinander unterscheiden. Indem die Bilder nacheinander gezeigt werden, entsteht der Eindruck einer Animation oder eines Films.

Gestalter können mittlerweile recht gut mit der neuen Aufgabenstellung umgehen und verfügen über einige nützliche Entwicklungswerkzeuge. Der Aufwand zur Erstellung dieser Banner hält sich indes in Grenzen. In den Archiven der Fachinformationsdienste sind bereits hunderte unterschiedlicher Motive zu bewundern. Die Agenturen sind längst in der Lage, verschiedenste Kommunikationsstrategien mit dem Format umzusetzen.

Die Preise in den Mediaunterlagen der Online-Werbeträger beziehen sich zudem meistens auf diese Standardwerbeform.

Der HTML-Banner

Auch der HTML-Banner hat meistens Standard-Formate. Der Banner besteht in der Regel aus mehreren grafischen Bestandteilen und einem Auswahlmenü. Diese Bestandteile werden in dem entsprechenden standardisierten Raum präsentiert.

Bei Bannern dieser Form weiß der Nutzer in der Regel, was ihn auf der angesteuerten Seite erwartet. Insofern ist die Interaktionsbereitschaft deutlich höher als bei herkömmlichen Bannern. Auf diesem Weg ist zudem der gefürchtete Banner-Burn-out-Effekt weit weniger tragisch. Hierunter versteht man, dass bei Bannern die Bereitschaft

Werbevielfalt im World Wide Web
Andreas Werner

zur Interaktion mit zunehmender Zahl der Kontakte abnimmt, während die Erinnerung daran, wie bei klassischer Werbung, zunimmt. Bei HTML-Bannern ist dieses Prinzip weniger stark ausgeprägt.

Für HTML-Banner wird neben dem Basispreis häufig noch eine Einrichtungspauschale berechnet, weil diese Banner hinsichtlich ihrer Funktionsweise und ihrer Verträglichkeit mit dem HTML-Code des Werbeträgers überprüft werden müssen. Es handelt sich dabei in der Regel um 200 bis 250 Mark.

Der Flash-Banner

Flash ist eine Animationstechnik, die die Vorteile des pixelorientierten Banners und die Potenziale zur Einsparung von Datenmengen der Vektorgrafik in sich vereint. Ab der Version 4.xx ist ein entsprechendes Plug-in in der Standard-Browser-Software von Microsoft und Netscape enthalten, das die Anwendungsmöglichkeiten des Browsers erweitert. Ein Großteil der Nutzer kann folglich dieses Banner-Format sehen, ohne dass eine Zusatzsoftware geladen werden muss. Auf diesem Weg können sehr viel hochwertigere Animationen als mit GIF89a-Bannern erstellt werden. Solche Werbemittel werden – bei entsprechender Gestaltung – erheblich stärker beachtet, auch die Interaktionsraten sind häufig höher. Als Inhalt werden häufig kleine Spiele und mitunter auch Töne gewählt.

Flash-Banner müssen ebenso wie HTML-Banner auf ihre Funktionsweise hin überprüft werden. Deshalb wird auch dafür normalerweise eine Einrichtungspauschale verlangt.

Enliven

Während sich der Gestalter bei der vorher genannten Werbeform eine Software kauft, um einen Banner zu entwickeln, der als

Werbevielfalt im World Wide Web
Andreas Werner

Datei oder über einen – die Banner von Werbekunden speichernden – Ad-Server in die Website der Werbeträger eingebunden wird, benötigt man für Enliven Dienstleister, die das Banner auf das Web befördern. Die Werbemittel selbst sind meist stark animiert. 1999 waren besonders Spiele und Erklärungen komplexer Abläufe modern.

Aus diesem Grund ist der Einsatz solcher Rich Media-Formate für den Werbekunden erheblich teurer als der Einsatz von Standard-Bannern. Es müssen meistens eine Kreativ-Agentur, der Rich Media-Dienstleister und der Werbeträger bezahlt werden. Die Investitionen können sich dennoch lohnen: Vor allem dann, wenn man Werbung auf Seiten mit langen Interaktionszeiten bucht. Nur dann können diese sehr datenintensiven Werbeformen ihr Potenzial – zur Herbeiführung von Interaktionen – voll ausspielen. In anderen Fällen läuft der Werber Gefahr, einen Werbeplatz zu buchen, auf dem der Banner nur selten zu sehen ist, weil der Nutzer schon längst weitergeklickt hat, bevor das Werbemittel erscheint. Auch für den Werbeträger ist das ärgerlich, weil der Nutzer der Site mitunter nur eine leere Fläche sieht oder vorher ein Platzhalter geladen werden muss.

Interstitials

Unterbrecherwerbung im WWW wird als Interstitial bezeichnet. Dabei handelt es sich meist um eine dem Content-Angebot des Werbeträgers vorgeschaltete Seite, die relativ großflächig für wenige Sekunden die Werbung eines Kunden präsentiert.

Vorschaltseiten sind mittlerweile recht häufig. Die Nutzer wissen, dass es sie gibt. Sie dienen auch dazu, die Konfiguration des Nutzer-Browsers auszulesen, um seinen Inhalt entsprechend anzupassen. Es wäre also nur konsequent, diese Seite auch mit Werbung zu versehen. Allerdings scheint dies – mit wenigen Ausnahmen – nicht

Werbevielfalt im World Wide Web

Andreas Werner

so sehr im Sinne der Nutzer zu sein. Meist hagelt es Beschwerden, wenn Werbeträger diese Werbeform einsetzen. Der Nutzer fühlt sich behindert. Es mag sein, dass sich Nutzer dennoch an die Werbeform gewöhnen. Wenn nicht, muss der Werbeträger vom Angebot der Interstitials Abstand nehmen.

Bei den Interstitials handelt sich um eine durchaus ernstzunehmende Sonderwerbeform, die allerdings wenig datenintensiv ist: Missgestimmte Rezipienten, die lange auf den Inhalt warten müssen, werden die Werbung daher sicher nicht positiv aufnehmen. Die Interstitials lassen sich am ehesten mit Werbung auf einer Umschlagseite vergleichen. Der Vorteil: Das Publikum kann durch die Besucher des Objekts qualifiziert werden. Aus diesem Grund – und weil kein Inhalt bei der Rezeption der Werbebotschaft „stört" – sollte die Werbeform teurer als Banner-Werbung sein. Insgesamt hat man mit den Interstitials allerdings noch zu wenig Erfahrung, um sichere Prognosen zu ihrer Werbewirkung abgeben zu können.

Pop-ups

Neben den Bannern spielen Pop-ups eine immer größere Rolle auf dem Online-Werbemarkt, auch wenn man sie wohl eher als Sonderwerbeform bezeichnen sollte. Es handelt sich dabei um ein zusätzliches Browser-Fenster, das über der vom Nutzer geöffneten Site geöffnet wird. In der Regel ist es erheblich kleiner als das Browser-Fenster, in dem der Inhalt des Werbeträgers erscheint. Es handelt sich damit um eine eigene, mildere Form des Interstitials.

Nachdem diese Werbeform von den Nutzern zunächst kaum akzeptiert wurde, scheint sie mittlerweile nicht mehr als stark störend empfunden zu werden. Die Nutzer mussten anscheinend zunächst lernen, um was es sich handelt.

Werbevielfalt im World Wide Web
Andreas Werner

Das Werbefenster selbst muss sich nicht so fest ins Layout der Werbeträger einfügen wie die Banner. Das heißt, dass Werbungtreibende die Größe des Fensters – innerhalb bestimmter Parameter – mitbestimmen können. In den Mediaunterlagen der Werbeträger steht dann beispielsweise nicht mehr „468 x 60 Pixel", sondern „Breite 80 bis 256 Pixel, Höhe 60 bis 125 Pixel".

Hinzu kommen zwei weitere wichtige Parameter: Es geht dabei zunächst um die Art wie das Werbefenster auf den Bildschirm gelangt. Vorstellbar ist, es so schnell wie möglich sichtbar zu machen – also noch bevor der gesamte Content (Inhalt) der Seite sichtbar wird. Die Alternative dazu: Das Werbefenster erscheint erst nachdem der gesamte Content angezeigt wird. Im Sinne der Nutzer handelt es sich dabei sicher um die günstigere Lösung. Ein kleines Problem entsteht allerdings beim Einsatz von Pop-ups: Das Werbefenster verdeckt unter Umständen die Banner-Werbung anderer zahlender Werbekunden, die über das Verschwinden ihrer Werbung hinter einem Werbefenster wenig erbaut sein dürften. Aus diesem Grund ist es wichtig, das Pop-up so auf dem Bildschirm zu platzieren, dass andere Werbung wenig beeinträchtigt wird.

Ansonsten sind die Pop-ups im Handling einfach: In den Werbefenstern sind alle Dateiformate von GIF bis Enliven darstellbar. Da Pop-ups auffällig sind und hohe Interaktionsraten haben, sind etwas höhere Preise als für Banner-Werbung gerechtfertigt.

Superstitial

Der Superstitial ist eine besondere Form des Pop-ups. Er zeichnet sich vor allem durch die Art und Weise, wie er letztlich auf den Bildschirm gelangt, aus. Das Superstitial-Werbefenster wird durch den Besuch einer Werbeträgerseite hervorgerufen. Der Nutzer

Werbevielfalt im World Wide Web
Andreas Werner

nimmt erst einmal gar nichts wahr. Erst, wenn der Inhalt des Fensters vollständig geladen ist, wird es über das Browser-Fenster gelegt, das der Nutzer gerade geöffnet hat.

Der Superstitial verhindert also zunächst, dass der Nutzer ein zusätzliches Browser-Fenster auf seinem Bildschirm sieht, das gar keinen Content enthält. Es mindert folglich die Gefahr, dass er dieses sofort wieder wegklickt, weil er keinen Inhalt sieht. Damit eignet sich der Superstitial dazu, beliebige, auch sehr datenintensive Werbeinhalte in einem Pop-up zu präsentieren. Dazu gehört auch die Microsite – ein aktionsgebundener Teil einer Website.

Agenturen oder Werbeträger, die die Technik einsetzen möchten, kommen nicht an dem Unternehmen Unicast vorbei, das den Superstitial als Dienstleistung anbietet. Die Beteiligung Dritter führt dazu, dass diese Werbeform mehr kostet als die Standard-Banner-Werbung. Durch die geschickte Art der Einbindung ist der Superstitial zudem deutlich mehr wert als ein gewöhnlicher Pop-up. Somit ist es die teuerste, aber auch die erfolgversprechendste der hier behandelten Werbeformen.

Textlinks

In Zeitungen gibt es Textanzeigen. Im WWW haben sie eine etwas andere Ausprägung. Es handelt sich in der Regel um Einzeiler, die vollständig als Link präsentiert werden. Diese weisen auf das Angebot eines Werbekunden hin. Manchmal werden Textlinks auch als Paket zusammen mit einem Logo angeboten. Dann muss der Kunde beispielsweise ein Logo und drei Links buchen.

Textlinks werden häufig links und rechts neben der Exklusivplatzierung eines Banners präsentiert. Dabei dient das Wort „Exklusivplatzierung"

Werbevielfalt im World Wide Web
Andreas Werner

quasi dazu, einen höheren Preis für den Werbeplatz zu rechtfertigen. Textlinks werden – im Vergleich zu Bannern – dagegen recht schlecht bezahlt. Dafür werden sie häufig für längere Zeiträume gebucht, was den Vermarktungsaufwand reduziert.

Die Platzierung von Textlinks ist inzwischen Usus: Viele Werbeträger sind zu einem dreispaltigen Layout ihrer Websites übergegangen. So befindet sich häufig links und rechts auf der Website eine Navigationsleiste, während der Content in einer breiteren Spalte in der Mitte dargestellt wird. Diese Aufbereitung verbessert die Lesbarkeit der Texte und schafft in der rechten Navigationsspalte Platz für Werbung – etwa für Textlinks.

Sponsoring

Banner-Werbung wurde 1995 noch als Sponsoring bezeichnet. Die geringen Ausmaße der Werbemittel waren dabei wohl entscheidend. Mittlerweile wird der Begriff Sponsoring für zwei Sachverhalte genutzt: Zunächst gibt es das „echte" Sponsoring, bei dem vor allem technische Dienstleistungen verbilligt an einen Werbeträger abgegeben werden. Im Gegenzug bindet dieser das Logo des Sponsors in seine Website ein. Zum anderen gibt es das Content-Sponsoring. Hierbei handelt es sich um die wirtschaftlich relevantere Form.

Beim Content-Sponsoring werden bestimmte Inhaltsbereiche, die besonders gut mit dem Angebot eines Werbekunden korrespondieren, zum Sponsoring angeboten. Das können beispielsweise Börsennachrichten sein, die mit einer Bank präsentiert werden, oder Ernährungsstipps, bei denen ein Lebensmittelhersteller als Sponsor fungiert. Bei dieser Art des Sponsorings werden in der Regel längerfristige Verträge ausgehandelt – mit Laufzeiten ab sechs Monaten. Die Ausnahme stellen aktionsgebundene Inhalte dar, die gemeinsam prä-

Werbevielfalt im World Wide Web
Andreas Werner

sentiert werden. Hierbei handelt es sich um Sonderrubriken, die zu Messen erscheinen oder jahreszeitlich bedingt sind.

Die Einbindung ist einfach: Der Sponsor ist mit seinem Logo im Content-Umfeld vertreten. Auf diese Weise kann er von der positiven Ausstrahlung des Umfeldes profitieren. In einigen Fällen möchten die Sponsoren auch eigene redaktionelle Inhalte präsentieren. Dabei handelt es sich um die aufwendigste Form des Content-Sponsoring. Im Klartext: Der Werbeträger ist für den Inhalt verantwortlich, produziert ihn aber nicht selbst. Da der Inhalt nahtlos in den übrigen Content der Site übergehen soll, sind eine Reihe von Abstimmungsprozessen notwendig. Der Aufwand lohnt sich: Durch diese Form des Sponsoring können der Content des Werbeträgers aufgewertet und zusätzliche Einnahmen erzielt werden.

Affiliates

Unter Affiliates oder Affiliate-Programmen werden Partner-Programme verstanden, bei denen ein Werbeträger das Logo oder einen Textlink einer E-Commerce-Site in sein Angebot einbindet und für -Transaktionen bezahlt wird, die über diesen Link stattfindenden. Verbreitet ist diese Form der Werbung vor allem bei Buch- und CD-Händlern. Die visuelle Ausprägung ist der des Textlinks oder des Sponsorings ähnlich.

Affiliates unterscheiden sich hauptsächlich durch die Form des Business-Modells: Während sich private Nutzer beispielsweise bei Amazon als Affiliate-Partner registrieren lassen können und für Verkäufe, die über die – in ihre Site eingebundene – Logos oder Links erfolgen, eine Provision erhalten, schließen Werbeplatzanbieter Verträge mit kooperationsbereiten Unternehmen ab. Dabei wird manchmal lediglich eine Provision vereinbart; hier sind Werte zwischen 2,5 und

Werbevielfalt im World Wide Web
Andreas Werner

zehn Prozent üblich. Manchmal werden auch Platzgebühren verlangt; der Online-Verkäufer zahlt dabei eine Basisgebühr in Form eines Pauschalpreises oder eines geringen Tausend-Kontakt-Preises.

Werbung in Newslettern

Neben den genannten Werbeformen nimmt auch die Verbreitung von Newslettern stetig zu. Sie sind für Werbeträger eine relativ kostengünstige Möglichkeit, um Kontakte zu erzielen. Der Grund: Die Nachrichten landen in der Mailbox der Nutzer, folglich müssen sich diese nicht erst zum Besuch des Werbeträgers entschließen. Häufig dienen Newsletter auch dazu, die Nutzer über die aktuellen Inhalte eines Objekts zu informieren.

Newsletter können durchaus als Werbeträger genutzt werden, auch wenn es noch nicht für alle Varianten eine allgemein anerkannte Form des Leistungsnachweises gibt. Erschwerend kommt hinzu, dass man den Newsletter eigentlich nicht als Werbeform bezeichnen kann. Vielmehr mutet ein Newsletter selbst wie ein Werbeträger an: Wird der Newsletter als HTML-Datei verschickt, unterscheidet er sich nämlich kaum von einer normalen Website.

Für die Newsletter können praktisch alle angesprochenen Werbeformen eingesetzt werden – auch wenn es kaum ratsam sein sollte, Interstitials oder Pop-ups in einen Newsletter einzubinden. Werden Newsletter als normale Text-Mail verschickt, ist es auch möglich Textanzeigen einzubinden. Diese werden dann bis zu einer bestimmten Zeilenzahl – zum Beispiel zehn Zeilen – pauschal berechnet. Für jede weitere Zeile wird ein bestimmter Preis verlangt. Das Preismodell ist aus dem Rubrikengeschäft bekannt. Der Unterschied besteht lediglich darin, dass der Kunde meist eine Woche durchbuchen muss. Die Verbreitung des Newsletters wird durch die Anzahl der Abonnenten belegt.

Werbevielfalt im World Wide Web
Andreas Werner

Bisher scheinen Textanzeigen in Newslettern höhere Interaktionsraten zu erzielen als Banner-Werbung. Dies erstaunt um so mehr, als es sich bei den Abonnenten von Newslettern um regelmäßige Nutzer handelt – ähnlich den Lesern einer Zeitung. Da noch keine weiteren empirischen Ergebnisse vorliegen, kann man nur davon ausgehen, dass sich die Leser der Newsletter offensichtlich eingehender mit der Werbung beschäftigen und deshalb oft anklicken. Diese stärkere Beschäftigung mit dem Werbemittel sollte positive Auswirkungen auf die klassischen Wirkungsfaktoren wie beispielsweise die Awareness haben.

Synthese

Es gibt bereits eine Vielzahl von Werbeformen im Internet, die der Vielfalt im Printmarkt in nichts nachsteht. Allerdings ist die Einsatzfähigkeit so mancher Werbeform noch nicht abschließend geklärt. Vorläufig, so vermutet man, sind keine weiteren Werbeformen zu erwarten. Sollte sich dennoch eine neue Werbeform ankündigen, sollte man bei der Analyse auf ihre Tauglichkeit folgende Punkte beachten:

- Wird die neue Werbeform von den Nutzern meiner Site akzeptiert? Kurz oder langfristig?
- Wie technisch aufwendig ist es, die neue Werbeform auf meiner Site anzubieten?
- Welche Umsätze sind mit der neuen Werbeform zu generieren?
- Wie soll die neue Werbeform im Rahmen der Vermarktungsstrategie angeboten werden?

Noch immer ist es notwendig den Kunden neue Werbeformen mit Metaphern – oft aus der Print- oder Rundfunkwerbung – zu erklären. Trends zu neuen Werbeformen lassen sich am leichtesten auf den einschlägigen amerikanischen Diensten ablesen. Doch auch einige deutsche Zeitschriftenverlage testen neue Werbeformen auf ihren Si-

Werbevielfalt im World Wide Web
Andreas Werner

tes recht früh. Für regionale oder lokale Zeitungsverlage lautet das Motto: abwarten und vorbereitet sein. Erst wenn eine Werbeform von den deutschen Nutzern akzeptiert und die obigen Fragen positiv beantwortet worden sind, sollte die neue Werbeform angeboten werden. Das soll kein Postulat für eine abwartende Haltung der Zeitungsverlage sein. Die Einführung einer neuen Werbeform kostet Geld und die Budgets der Zeitungssites sind begrenzt. Deshalb ist bei der Auswahl neuer Werbeformen Vorsicht geboten – auch wenn dies bei einigen Häusern vielleicht zu groß geschrieben wird.

Allgemeine Informationen zu Werbeformen

Wer sich über die gängigen Werbeformen informieren möchte, kann dies über folgende Internetadressen tun:

- Werbeformen.de des Arbeitskreises Online-Marketing des Deutschen Multimediaverbandes (dmmv): http://www.werbeformen.de

- die AdRessource von internet.com. Sie bietet aktuelle Informationen zu Werbeformen und allgemeine Informationen zu Online-Werbung: http://adres.internet.com/advertising/

- die Turbo Ads, eine ausgezeichnete Quelle für aktuelle Informationen zu Rich Medias: http://www.turboads.com/

Weitere Informationen zu den genannten Werbeformaten erhält man unter:

- http://www.macromedia.com – zum Thema Flash
- http://www.narrative.com – zum Thema Enliven
- http://www.unicast.com – zum Thema Superstitial.

3.4 Kampagnenoptimierung durch Ad-Managementsysteme

Arndt Groth

Die Aufmerksamkeit zählt zu den wichtigsten Währungen im Internet. Durch ein aktives Bewerben der Websites soll das Interesse der Nutzer an den jeweiligen Online-Angeboten und Werbemitteln geweckt und von kompetitiven Inhalten weggelockt werden. Um den Erfolg des Internet-Advertisings zu überprüfen, kommen Ad-Server und Ad-Managementsysteme zum Einsatz. Das folgende Kapitel erläutert die Hauptfunktionen und den Entwicklungsstand dieser Kontrollinstrumente.

Mediawerbung ist unerlässlich

Anfang der 90-er Jahre wurde das Internet noch als Randerscheinung neben den klassischen Medien angesehen. Kaum ein Unternehmen dachte zu diesem Zeitpunkt ernsthaft über einen Auftritt in Form einer eigenen Website nach und so waren es auch die Printmedien[1], die Pionierarbeit[2] leisteten und ihre Inhalte in das weltweite Datennetz integrierten.

Die Zeit der ersten recht erfolgreich arbeitenden Ad-Server und den dazugehörigen Ad-Managementsystemen begann mit der Verbreitung der Firmenwebsites und der Notwendigkeit diese zu bewerben. Man erkannte das ungeheure Potenzial des Internets, aber auch die Schwierigkeiten, die sich durch einen unzureichenden Auftritt gegenüber den potenziellen Kunden in Zukunft ergeben könnten. Multimedia-Agenturen schossen wie Pilze aus dem Boden, um den schmalen Grat zwischen professionellem Auftritt und Wirtschaftlichkeit zu betreten. Dass dabei nur ein Bruchteil der Kosten für die Erstellung und Etablierung einer Website in die Mediawerbung floss, wurde vielen Fir-

Kampagnenoptimierung durch Ad-Managementsysteme
Arndt Groth

men erst bei der Auswertung der Besucher-Statistiken bewusst: Es gab nur eine unbefriedigend große Nutzerzahl oder die angestrebte Zielgruppe wurde nicht erreicht.

An dieser Stelle setzt das moderne Internet-Advertising an. Im Unterschied zu den klassischen Medien ist es nötig, den anvisierten Nutzer durch aktives Bewerben eines Inhaltes (Content) auf eine bestimmte Site zu bringen. Geschah das anfangs noch mit einfachen Bannern, entwickelten sich schnell neue Formen, auf die im weiteren Verlauf noch näher eingegangen wird.

Der große Vorteil des Internet-Advertisings ist die Chance des Direct Response: Während der Leser einer Werbung in einer Tageszeitung für weiteren Informationsbedarf zum Telefon beziehungsweise Fax greifen muss, erschließen sich im Internet ganz neue Wege. Umfangreiche Informationen liegen nur einen Mausklick entfernt, da Banner beziehungsweise andere Werbeformen des Internets immer mit einem Link unterlegt sind.

Internetmagazin Hotwired als Vorreiter

Die ersten Anzeigen dieser Art fanden sich 1995 in dem amerikanischen Kultmagazin Hotwired unter http://www.hotwired.com/. Von der Konzeption her waren diese anfangs noch sehr einfach und würden heute im World Wide Web als nicht mehr zeitgemäß gelten. Doch schnell zeigte sich, dass mit der Verlinkung eine große Anzahl an Nutzern auf eine Site aufmerksam gemacht werden konnte. Die Klickraten waren damals sehr hoch[3] und erste Untersuchungen verdeutlichten, dass animierte Banner diese sogar noch erhöhen konnten.

Wieder standen die Agenturen im Mittelpunkt des Geschehens. Neben dem Web-Auftritt des Kunden musste nun auch eine Media-Konzeption entwickelt werden, die den stetigen Zufluss an Nutzern zu den Sites der Kunden garantieren sollte. Auf das Internet spezialisier-

Kampagnenoptimierung durch Ad-Managementsysteme
Arndt Groth

te Vermarktungsfirmen wie Adlink oder DoubleClick übernahmen die Aufgabe, interessante und reichweitenstarke Websites zu bündeln.

Mit der Integration zahlreicher ähnlicher Websites in ein Netzwerk, das in Affinitätsgruppen aufgegliedert wurde, konnten Werbungtreibende Werbung auf den Seiten schalten, die für sie von besonderem Interesse waren. Kampagnen ließen sich von jedem Land der Welt zentral buchen und steuern, aber zugleich global platzieren und entsprechend den anvisierten Nutzern auswerten.

Einigung auf Standards verlief problemlos

Wie stand es aber mit den Standards, Normen und Regelungen, die sich im so oft propagierten rechtsfreien Raum des Internets zu entfalten begannen? Waren in den klassischen Medien unterschiedlichste Arten der Reglementierung seit Jahrzehnten Standard, musste spätestens jetzt ein Weg gefunden werden, den Wettbewerb und den Datenschutz auch im Internet in akzeptable Bahnen zu lenken. Während sich Gesetzgeber und institutionelle Organisationen in Deutschland zum Teil mit sehr unklaren Regelungen[4] und Urteilen[5] ins Abseits navigierten, hatte sich die Branche der Online-Vermarkter schnell und unkompliziert auf Standards geeinigt. So gehörte die detaillierte Berichtspflicht gegenüber Direktkunden und Agenturen über die einzelnen Kampagnen von Beginn an dazu und auch in Zukunft werden die Firmen selbst ihre Standards und Regeln weiterentwickeln, da sie am ehesten in der Lage sind, schnell und flexibel auf den Markt und die regionalen beziehungsweise globalen Bedürfnisse zu reagieren.

Das soll jedoch nicht bedeuten, dass sich staatliche oder globale Institutionen gänzlich aus diesem Bereich zurückziehen sollten. Mit der wachsenden Vorgabe von flexiblen Rahmenbedingungen und der Überwachung der Prinzipien des individuellen Datenschutzes werden staatliche oder globale Institutionen mit Sicherheit künftig eine viel größere Hilfe für die junge Werbebranche darstellen als bisher.

Kampagnenoptimierung durch Ad-Managementsysteme
Arndt Groth

Derzeit rund 30 Ad-Managementsysteme

Betrachtet man die Entwicklung der vergangenen Jahre wird schnell klar, dass sich der Markt der aktuellen Ad-Managementsysteme – trotz des immensen Aufschwungs der Online-Werbung – noch immer in einem überschaubaren Rahmen bewegt. Derzeit sind circa 30 Ad-Managementsysteme auf dem Markt.

Pionier in Sachen Entwicklung und Vermarktungschancen stellte dabei das DART-System von DoubleClick Inc. dar (siehe Abbildung 1). Ausgestattet mit einem Funktionsumfang, der bis heute nur von wenigen anderen Mitkonkurrenten erreicht wird, wird DART heute von mehr als 10.000 Websites weltweit genutzt.

Abbildung 1

Darstellung einer Ad-Managementoberfläche

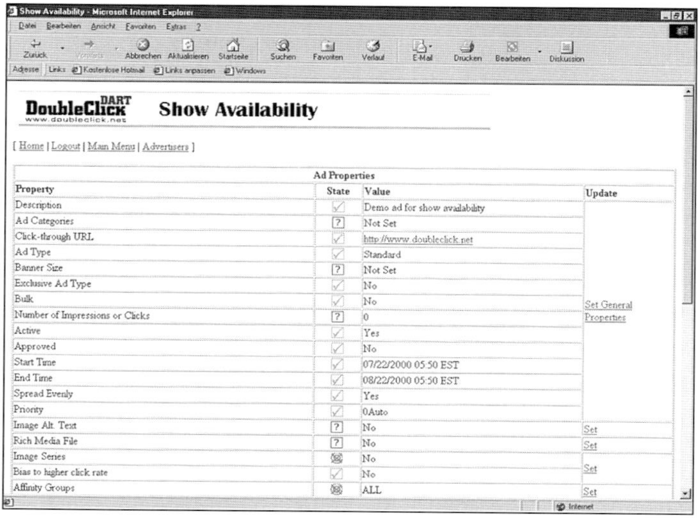

Quelle: http://www.doubleclick.net

Kampagnenoptimierung durch Ad-Managementsysteme
Arndt Groth

Aber die Konkurrenz schläft nicht, und so etablieren sich besonders in Europa und Amerika schnell neue Systeme, um zum Marktführer aufzuschließen und ihm Marktanteile streitig zu machen. Zählten bis vor zwei Jahren noch Open AdStream von RealMedia und Click Wise von DigitalNation zum engeren Konkurrentenkreis, sind es heute besonders die jungen Unternehmen der Branche, die ihre Chance wittern und ihre Produkte zum Teil kostenlos auf den Markt bringen.

Obwohl nur ein geringer Teil von ihnen nach Expertenmeinung erfolgreich sein wird, ist ihr Auftreten und Engagement ein wichtiger Motor bei der Weiterentwicklung der momentanen Systeme. Gehören heute noch Targeting, Rotation und ähnlichen Funktionen zu den populärsten und meist genutzten, werden bald mit großer Wahrscheinlichkeit Verknüpfungen zu Datenbanken und Entwicklungen im Hinblick auf alternative Formen der Bannerwerbung zum Alltag gehören.

Erhöhte Effizienz der Systeme durch neue Programmiersprache XML

Einen Meilenstein in diesem Sinne stellt wohl mit Sicherheit die stetige Durchsetzung von XML (Extensive Markup Language) als neuen Standard dar (siehe Abbildung 2). Ist heutzutage der größte Teil der Ad-Managementsysteme noch via HTML-Interface (HyperText Markup Language) mit den Servern online verbunden, wird XML die heutige Effizienz um ein Vielfaches übertreffen.

Durch den modularen Aufbau und den Zugriff auf identische Daten, können Ad-Server sofort an den jeweiligen Regionalmarkt angepasst werden, ohne dass es bei der Kommunikation mit anderen Systemkomponenten zu Engpässen oder gar ernsthaften Kompatibilitätsproblemen kommen wird.

Kampagnenoptimierung durch Ad-Managementsysteme
Arndt Groth

Auch hierbei spielt DoubleClick Inc. eine Vorreiterrolle. War bereits das „legendäre" DART-System seiner Zeit voraus, wird noch in diesem Jahr der Start einer neuen Version des Ad-Managementsystems erwartet.

Abbildung 2

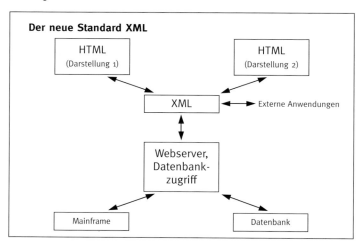

Quelle: DoubleClick, Hamburg

Hauptfunktionen und Entwicklungsstand moderner Managementsysteme

Ad-Server haben im Verlauf ihrer Existenz einen mindestens genauso großen Entwicklungssprung gemacht, wie das gesamte Internet selbst. Obwohl es sich bei Ad-Servern ausschließlich um eine spezielle Software handelt, die das Einbinden von Bannern oder anderen Werbeformen in die entsprechende Site erlaubt, sind sie auf-

Kampagnenoptimierung durch Ad-Managementsysteme
Arndt Groth

grund ihres Aufbaus und Funktionsumfanges ein nicht zu unterschätzendes Tool auf dem Weg zur exakten Zielgruppenansprache.

Die Struktur eines Ad-Servers besteht in der Regel aus einer Vielzahl von einzelnen Modulen, von denen der Server, der die Banner ausliefert, nur eines ist. Die Kommunikation zwischen den Modulen geschieht normalerweise über eine Datenbank. Diese hat neben der Primärfunktion der Bannerlieferung vor allem das Ziel, dedizierte Daten zu konservieren. Dies ist zum Beispiel die Klickrate oder die Uhrzeit der Bannerauslieferung. Diese Werte gehen in Berichte, Statistiken und spätere Planungen ein, die nachfolgende Werbekampagnen noch effektiver werden lassen. Dagegen versteht man unter einem Ad-Managementsystem ausschließlich die reine Verwaltung von Kampagnen. Diese Software liegt zum Teil sogar auf dem gleichen Rechner, von dem auch der Content ausgeliefert wird. Ein Ad-Server dagegen ist immer ein physisch völlig separates System.

Targeting

Die Funktion, die die Werbungtreibenden im Allgemeinen am meisten beeindruckt, ist das so genannte Targeting – die dynamische Zielgruppenansprache. Das im World Wide Web benutzte Protokoll HTTP (HyperText Transfer Protocol) ist in der Lage, einige technische und formale Daten der Nutzer wie Browserart, Domain-Typ und Ähnliches zu übertragen. Sie können dazu verwendet werden, Internetnutzer gezielt mit Werbung anzusprechen (Direct Targeting).

Noch interessanter wird dieses Targeting, wenn es eine größere Anzahl an Informationen zu den Nutzern gibt. Hiermit sind zum Einen die Online-Dienste gemeint, zum Anderen die Angebote, die ein spezielles Passwort beziehungsweise eine Anmeldung zum Abrufen der Inhalte[6] erfordern. In derartigen Systemen besteht durch die einmali-

Kampagnenoptimierung durch Ad-Managementsysteme
Arndt Groth

ge Registrierung und Wiedererkennung der Nutzer beim Login theoretisch die Möglichkeit, bei der Auslieferung der Werbemittel gezielt auf demographische Faktoren oder individuelle Vorlieben der Nutzer einzugehen. Man spricht hier auch vom One-to-One-Marketing.

Darüber hinaus gibt es weitere Formen des Targetings, die moderne Ad-Managementsysteme zu bieten haben. So sind Nutzerselektionen nach Unternehmensgröße, Browsertyp oder regionalem Ort schon heute selbstverständlich.

Keyword-Advertising

Eine weitere Form des Targetings stellt das bekannte Keyword-Advertising dar. Bei diesem Werbemittel handelt es sich um einen Verbund von klassischer Suchmaschine und Bannerwerbung. Wird zum Beispiel von Seiten des Nutzers der Suchbegriff „Versicherung" eingegeben, erscheint bei den Ergebnissen und unter der Voraussetzung, dass dieser Begriff vorher gebucht wurde, exakt das dazugehörige Werbemittel – meist in Form eines Banners. Grundsätzlich handelt es sich beim Keyword-Advertising um eine sehr dynamische Form, die aufgrund ihres Konstrukts einen großen Erfolg verspricht.

Rotation

Eine ganz andere Funktion, die ein Ad-Server der neuen Generation beherrschen muss, ist die Rotation. In ihrer einfachsten Form wird davon ausgegangen, dass es dem Ad-Server möglich sein muss, eine bestimmte Belegungseinheit auf eine Vielzahl von Werbekunden aufzuteilen. Damit soll garantiert werden, dass eine Bu-

Kampagnenoptimierung durch Ad-Managementsysteme
Arndt Groth

chung innerhalb eines Zeitraums gleichmäßig auf verschiedene Websites verteilt wird.

Ein weiteres Problem, das mit der Rotation behoben werden soll, ist als Banner-Burn-out bekannt. Es handelt sich hierbei um das rapide Nachlassen der Klickrate aufgrund der Tatsache, dass die Internet-Nutzer immer die gleichen Werbemittel vorgesetzt bekommen. Die Folge: Ab einem bestimmten Zeitpunkt wird das Werbemittel vom Nutzer nicht mehr wahrgenommen.

Werden jetzt über die gesamte Kampagne in bestimmten Abständen unterschiedliche Werbemittel geschaltet, hat der Nutzer das Gefühl, ständig mit neuer interessanter Werbung versorgt zu werden. Die Klickrate bleibt relativ konstant, und es wird eine sehr große Reichweite erzielt.

Verwaltung der Werbeplätze als Herausforderung

Neben diesen beiden Funktionen gibt es aber auch weitere, die bisher besonders in den USA für Aufmerksamkeit sorgten. Dort wurde schon ziemlich schnell das immense Kosteneinsparungspotenzial bei der Verwaltung der Werbeplätze erkannt, die durch die Ad-Server-Systeme fast reibungslos verläuft. Deshalb können sehr zielgruppenspezifische Content-Einheiten angeboten werden.

Dass diese Form des Advertisings aber nicht ganze ohne Probleme funktioniert, wurde den durchweg jungen Vermarktungsfirmen relativ schnell klar. Bei der Kontrolle der verkauften versus der vorhandenen Werbeflächen sah man sich damit konfrontiert, dass trotz des intelligenten Systems kleinere Belegungseinheiten, die von Seiten der Kunden nicht akzeptiert wurden, frei blieben. Von der manuellen Eingabe aus Kostengründen abgesehen, musste eine effizientere

Kampagnenoptimierung durch Ad-Managementsysteme
Arndt Groth

Form in die bestehenden Systeme integriert werden, um die knappen Ressourcen im Rahmen einer erfolgreichen Unternehmenspolitik einzusetzen. Freie „Restplätze" wurden nun mit Bannerplatzierungen versehen, die von den Kunden nur mit sehr vagen Spezifizierungswünschen geliefert wurden und sich problemlos verteilen ließen.

Die rasante Entwicklung des Internets wird aber weitergehen, und so wird mittlerweile neben diesen fast schon klassischen Funktionen immer Neues von den heutigen Ad-Managementsystemen erwartet. Lag die Zukunft der Werbebranche vor ein paar Jahren noch in der Bannerwerbung, gehen heute immer mehr Agenturen und Werbungtreibende andere Wege, um Internet-Nutzer anzusprechen. Durchgesetzt haben sich vor allem die in immer größerer Anzahl erscheinenden Flash-Banner oder ähnlich animierte Werbemittel.

Zukünftige Entwicklung

Vertraut man den Prognosen der Experten, wird für die gesamte Werbebranche eine Zeit anbrechen, die ohne die Nutzung des Internets nicht mehr denkbar ist. Schon heute verschieben sich jeden Tag Budgets im Millionenbereich in Richtung Internet und der Trend wird immer deutlicher.

Obwohl immer noch viele Punkte rechtlich ungeklärt sind und vieles von der allgemeinen Öffentlichkeit zum Teil in ungerechtfertigter Weise negativ beurteilt wird, sind die Weichen für eine erfolgreiche Zukunft dieser Branche längst gestellt. Mit der Einführung neuer beziehungsweise der Verbesserung existierender Systeme und der ständig erweiterten Verknüpfung mit Datenbanken, wird es erstmals in der Geschichte der Werbeindustrie möglich sein, mit Hilfe des Verbundes von Ad-Managementsystemen, Ad-Servern und Datenbanken von einem realen One-to-One-Marketing zu sprechen.

Kampagnenoptimierung durch Ad-Managementsysteme
Arndt Groth

Bedeutung von Netzwerken wird steigen

Neue Innovationen und ständige Verbesserungen im Bereich der Hard- und Software werden die Übertragung von immer umfangreicheren Online-Inhalten möglich machen, ohne dass der Nutzer Geschwindigkeitseinbußen oder Sicherheitsmängel hinnehmen muss. Schon heute zeigen bereits Flash-Animationen und Superstitials (siehe Kapitel „Werbevielfalt im World Wide Web", S. 127 ff.) das immense Potenzial neuartiger Werbeformen und mit den Fusionen bekannter Medienkonzerne wird auch das Fernsehen im Internet in Zukunft eine entscheidende Rolle spielen.

Aber auch die Bedeutung der Netzwerke wird in zunehmendem Maße steigen. Existieren heute noch zahlreiche kleine Anbieter, werden in ein paar Jahren Zusammenschlüsse zu erkennen sein, die eine deutliche Bereinigung des Marktes erwarten lassen. Den vollen Serviceumfang werden dann nur diejenigen bieten können, deren Netzwerke global ausgerichtet sind und durch ihre Größe eine Effizienz erreichen, die die Internetwerbung zu einem mehr als gleichberechtigten Instrument innerhalb des Marketing-Mixes werden lässt.

---

1) Vgl. „Der Spiegel" 12/2000, Seite 130.
2) Hier wären zum Beispiel www.spiegel.de und www.welt.de zu nennen.
3) Anzumerken sei hier, dass zum damaligen Zeitpunkt nur ein relativ begrenztes Site-Angebot im Internet herrschte und die Nutzer generell sehr interessiert waren. Es wurden zweistellige Klickraten erzielt.
4) Gesetz über die Nutzung von Telediensten (TDG – Teledienstgesetz).
5) OLG Bamberg zum Thema Bannerwerbung beim Keyword-Advertising: „... Absatzbehinderung darstellen und gegen § 1 UWG verstoßen...".
6) Zum Beispiel der Online-Dienst von „The New York Times" (http://www.nytimes.com).

4. E-Commerce

4.1 Neue Wege im Rubrikengeschäft
Georg Hesse

Der Markt der Rubrikenanzeigen erfährt im Internet einen grundlegenden Wandel. Einerseits sehen sich die Zeitungsverlage – nicht zuletzt durch branchenfremde Konkurrenten – mit einer verschärften Wettbewerbssituation konfrontiert. Andererseits verändert sich im Internetzeitalter die Funktion der Anzeigen: Sie müssen inzwischen mehr als nur die Aufmerksamkeit für ein Produkt erzeugen. Das vorliegende Kapitel analysiert den Markt der rubrizierten Kleinanzeigen im Internet und hinterfragt die künftige Entwicklung. Darüber hinaus werden die konkurrierenden Auktionsplattformen unter die Lupe genommen und der Stellenwert von Kooperationen im dynamischen Markt der Internet-Rubrikenanzeigen beleuchtet.

Ökonomische Analyse elektronischer Märkte

Aus ökonomischer Sicht ist die Untersuchung elektronischer Märkte, die auf die Infrastruktur des Internets zurückgreifen und den institutionellen Rahmen des Electronic Commerce (E-Commerce) bilden, von großer Bedeutung[1]. Folgende Strukturmerkmale sind für den elektronischen Markt im Internet charakteristisch:

- offener Markt;
- steigende Markttransparenz;
- niedrige Schranken für den Marktzutritt.

Neue Wege im Rubrikengeschäft
Georg Hesse

Im Vergleich zu einem konventionellen Markt nimmt die Zahl der Marktakteure in einem offenen elektronischen Markt zu: Der Grund liegt in den sinkenden Verbreitungs-, Recherche- und Informationskosten, die zu einer Markterweiterung führen. Die steigende Markttransparenz erfolgt durch die Entwicklung von intelligenten, personalisierten Such- und Bewertungswerkzeugen – wie zum Beispiel intelligente Agenten oder Suchmaschinen. Sie sind in der Lage, die digitalisierten Informationen nach Marktpartnern zu durchforsten. Allein diese beiden genannten Faktoren führen zu einer Steigerung der Wettbewerbsintensität. Eine stärkere Differenzierung der Produkte, das heißt eine stärkere Orientierung an den Kundenwünschen, kann den erhöhten Wettbewerbsdruck allerdings teilweise kompensieren. Denkbar ist hier eine zunehmende Personalisierung des Angebots.

Last but not least müssen auf den elektronischen Märkten bestimmte technische Voraussetzungen erfüllt werden, die zwar restriktiv, aber nicht diskriminierend wirken. Im Allgemeinen können daher niedrige Barrieren für den Marktzutritt vorausgesetzt werden. Unter Berücksichtigung dieser Annahme ist der potenzielle Wettbewerb groß und zwingt die etablierten Unternehmen zu statischer Effizienz. Auch dynamische Effizienz ist – infolge einer hohen Innovationsdynamik – angebracht. Nur so verhindert man, dass man innerhalb kürzester Zeit Marktanteile verliert beziehungsweise nicht am Wachstum der neuer Märkte partizipiert.

Interessant sind die Auswirkungen auf die Beziehungen zwischen Anbietern und Kunden: Im noch sehr diffusen institutionellen Umfeld elektronischer Märkte gilt es die Anbieter-Kunden-Beziehungen so zu gestalten, dass die neuen Möglichkeiten voll ausgeschöpft werden können. Early Mover – mit einem erfolgreichen Geschäftsmodell – können Wettbewerbsvorsprünge erzielen. Diese sind besonders attraktiv, weil für diese Marktformen ein starkes Wachstum prognostiziert wird.

Neue Wege im Rubrikengeschäft
Georg Hesse

Gravierende Strukturveränderungen für Verlage

Die elektronischen Märkte werden kurz- und mittelfristig zu einem hohen Anpassungsbedarf mit einschneidenden Strukturveränderungen führen. Betroffen sind vor allem Branchen, in denen Güter gehandelt werden, die auch elektronisch präsentiert werden können. Beispiele sind Verlagsprodukte, Finanzdienstleistungen und Reiseservices, bei denen bereits massive Umwälzungen eingetreten sind. Die Veränderungen vollziehen sich auf zwei Arten: Auf eher evolutionäre Art und Weise ändern sich die Verfahren und Anforderungen bei Produktion und Vertrieb. Andererseits nehmen die Veränderungen – durch die notwendige Neudefinition des Produktes beziehungsweise Geschäftsmodells – revolutionären Charakter an. Anbieter, die auf elektronischen Märkten aktiv werden wollen, werden nur dann Erfolg haben, wenn den Nutzern ein fühlbarer Zusatznutzen durch das Umschwenken auf das neue Medium verschafft wird. Die einfache Übertragung eines traditionellen Geschäftsmodells auf einen elektronischen Markt wird kaum zum erwünschten Erfolg führen, denn die Akteure haben es mit einem vollkommen anderen Markt zu tun.

Als Beispiel für die Herausforderungen, die dieses Umfeld für die Unternehmen darstellt, dient die Zeitungsbranche. Der Wandel der Verlagsprodukte, insbesondere der rubrizierten Kleinanzeigen, zu elektronischen Gütern lässt sich durchaus als revolutionär bezeichnen. Die genannten Strukturmerkmale elektronischer Märkte erleichtern branchenfremden Anbietern den Zutritt. Auch hier gilt: Der Erfolg auf den neuen Anzeigenmärkten hängt entscheidend von der Schaffung eines differenzierten, auf die Bedürfnisse des Kunden abgestimmten Produktes ab. Diese neuen Produkte eröffnen für die Zeitungsverlage völlig neue Marktchancen.

Neue Wege im Rubrikengeschäft
Georg Hesse

Empirische Analyse des Marktes der Rubrikenanzeigen im Internet

Das Internet entwickelt sich in Deutschland mit einer hohen Dynamik zu einem Massenmedium. Die aktuellen Prognosen verdeutlichen, dass die großen Potenziale noch nicht ausgeschöpft sind. So ist die Anzahl der Internet-Anwender in Deutschland laut Schätzung der Nürnberger Gesellschaft für Konsumforschung (GfK) allein von Mai/Juni 1999 bis Herbst 2000 von 9,9 Millionen auf 18 Millionen angestiegen.[2]

Als Motoren für diese Entwicklung lassen sich diverse Faktoren anführen: eine hohe Verbreitung der PC-Nutzung, eine Zunahme an beruflicher Sozialisation im Hinblick auf die Online-Nutzung, Kostensenkungen durch Wettbewerbsdruck im Telekommunikationsbereich, eine steigende Verbreitung von ISDN-Anschlüssen und die Erhöhung der Übertragungsbandbreiten der Internetanbindung: Die soziodemographische Struktur der Online-Anwender wird sich immer mehr der Bevölkerungsstruktur angleichen.

Einbruch branchenfremder Anbieter ins Anzeigengeschäft

Trotz dieser positiven Zahlen müssen die Zeitungsverlage wachsam sein. Der Eintritt der bereits erwähnten branchenfremden Anbieter in die Anzeigenmärkte tangiert die Zeitungsbranche in ihrem traditionellen Kerngeschäft der rubrizierten Kleinanzeigen. Kennzeichnend für die neue Wettbewerbssituation ist, dass die branchenfremden Konkurrenten nur im Internet agieren. Sie sind bisher überwiegend auf die wichtigsten Rubriken Immobilien-, Kfz- und Stellenmarkt-Anzeigen spezialisiert.

Neue Wege im Rubrikengeschäft
Georg Hesse

In der Rubrik Kfz existieren inzwischen einige Angebote mit einem beträchtlichen Anzeigenumfang. Anhand der Herkunft der Anzeigen lassen sich diese Angebote nochmals in zwei Gruppen einteilen: So haben beispielsweise die Kfz-Prüforganisation DEKRA mit dem Angebot Faircar.de und die Autofinanzierungsbank AKB mit dem Angebot Autoboersedeutschland.de zwei Angebote etabliert, die ihren Anzeigenbestand aus dem gesamten Angebot der angeschlossenen Autohändler füllen. Darüber hinaus sind diese Anbieter Kooperationen mit wichtigen Partnern eingegangen: Autoboersedeutschland.de liefert die Anzeigen für den Online-Dienst AutoBild; Faircar.de arbeitet mit einigen Finanzierungs- und Garantiepartnern zusammen, um in seinem Angebot zusätzliche Services anbieten zu können.

Zur zweiten Gruppe der Offerierenden gehören Autoscout24.de und Mobile.de. Diese Angebote stehen in direkter Konkurrenz zum klassischen Anzeigengeschäft der Zeitungen, da auch private Anbieter Anzeigen aufgeben können.

Auch in der Rubrik Immobilien haben übergeordnete Organisationen wie der Ring Deutscher Makler (RDM) und der Verband Deutscher Makler (VDM) Anzeigenplattformen aufgebaut. Beide Angebote bieten den angeschlossenen Maklern die Möglichkeit, Anzeigen zu inserieren. Gerade im Bereich der Immobilien ist in den vergangenen Monaten Vieles in Bewegung geraten. Einige Anbieter haben sich mit starken Partnern verbündet, Immoscout 24 mit Morgan Stanley, EstateNet mit der Deutschen Telekom. Außerdem sind eine Anzahl von Neuanbietern dazugekommen wie Immowelt, Immo Pool, Immo Seek und Property Gate. Interessant ist, dass auch einige große Unternehmen aus anderen Bereichen in diesem Bereich aktiv werden wollen. Dazu zählen beispielsweise die Deutsche Bank und SAP. Besondere Aufmerksamkeit sollte man den Plänen von Homestore, dem mit deutlichem Abstand größten US-amerikanischen Anbieter widmen, der kurz vor dem Markteintritt in Deutschland steht.

Neue Wege im Rubrikengeschäft
Georg Hesse

Größte Konkurrenz herrscht im Stellenmarkt

Die wichtigste branchenfremde Konkurrenz hat sich indes bei den Stellenanzeigen etabliert. Neben den weiterhin steigenden Anzeigenumsätzen der Printmedien hat sich im Internet – anfangs nahezu unbemerkt – ein neuer Anzeigenmarkt entwickelt, der zu Beginn hauptsächlich von Firmen aus der Informationstechnologie und dem Telekommunikationsbereich genutzt wurde. Mittlerweile werden diese Internet-Stellenbörsen immer stärker von den traditionellen Unternehmen in Anspruch genommen. Die bekanntesten und wichtigsten Beispiele sind Jobs & Adverts und Jobshop/Careernet – zwei internationale Anbieter, die mit bewährten Konzepten auch schnell auf dem deutschen Markt Erfolg hatten. Das Angebot Jobshop konnte allerdings erst durch die Fusion mit Careernet in die Spitzengruppe der Anbieter im Recruitment-Markt aufsteigen.

Die Frage, die sich stellt: Wie haben die Zeitungsverlage auf die drohende Substitution des traditionellen Anzeigengeschäfts durch Verlagerung ins Internet reagiert beziehungsweise wie wollen sie weiter dagegen vorgehen? Die großen überregionalen Zeitungshäuser haben erste Ansätze entwickelt, ihre Kompetenz im Stellenmarkt auch auf das Internet zu übertragen. Allerdings sind die bisherigen Ansätze verbesserungsbedürftigt, um mit den branchenfremden Anbietern konkurrieren zu können. Als relativ neues Angebot hat sich „Die Welt" mit ihrem Stellenmarkt „Berufswelt Online" auf dem Markt positionieren können. Mit hohem Marketingaufwand und einem durchdachten Konzept hat sich dieser Dienst nach eigenen Angaben innerhalb kurzer Zeit zu einem erfolgreichen Angebote auf dem deutschen Markt entwickeln können.

Und auch die regionalen Online-Dienste der Zeitungsverlage haben für das Online-Anzeigengeschäft Lösungsansätze entwickelt. Der Umfang der einzelne Anzeigenmärkte ist aufgrund des starken regiona-

Neue Wege im Rubrikengeschäft
Georg Hesse

len Bezugs nicht sehr groß. Obwohl hier eine relativ hohe Spannweite zu beobachten ist, sind auch die zugriffstärksten Dienste national nicht konkurrenzfähig. Auch wegen des hohen technischen Investitionsbedarfs, der zum Aufbau eines sich abhebenden Angebots notwendig ist, erscheint eine regional übergreifende Kooperation sinnvoll. Nur durch ein solches Vorgehen könnten Vorteile – hinsichtlich der Anzeigenmasse sowie der Kostendegressionseffekte – im Bereich der technischen Investitionen erzielt werden.

Zukünftige Entwicklung des Anzeigengeschäfts

Rubrizierte Kleinanzeigen werden sich durch die technischen Möglichkeiten des Internets grundlegend verändern.[3] Vierzeilige Rubrikenanzeigen im Fließtext oder auch gestaltete Anzeigen werden sich zu kundenorientierten Servicepaketen entwickeln. Nach Umfragen von Forrester Research unter Inserenten aus dem Business-Bereich wurden 1998 im Durchschnitt etwa 11 Prozent des Budgets für Rubrikenanzeigen (Classified Ads) in das Medium Internet investiert. Alle Befragten gaben gegenüber dem US-amerikanischen Marktforschungsinstitut an, in Zukunft mehr für die Buchung von Rubrikenanzeigen im Internet ausgeben zu wollen. Hierfür planen sie, das Budget für Tageszeitungen um etwa 22 Prozent zu kürzen. Die schon erwähnte Substitutionsgefahr des klassischen Anzeigengeschäfts durch Online-Anzeigenmärkte zeichnet sich bei den amerikanischen Business-Kunden also schon ab.

Der Hauptgrund für die Budgetverlagerung war nahe liegend: Das Inserieren im Internet sei kosteneffektiver, weil die Kosten für eine Schaltung deutlich geringer sind – so die Befragten. Darüber hinaus wurde auf bessere Möglichkeiten bei die inhaltlichen Gestaltung sowie höhere Geschäftsabwicklungsraten verwiesen. Das heißt: Durch die Funktionalität – zum Beispiel von E-Mails – kommt es zu mehr Kontakten und

Neue Wege im Rubrikengeschäft
Georg Hesse

damit zu mehr Geschäftsanbahnungen. Dennoch bleiben Herausforderungen: Das Management, die unzähligen Anfragen und der Aufbau dauerhafter Kundenbeziehungen müssen bewerkstelligt werden.

Einen weiteren empirischen Hinweis auf die Verlagerung des Anzeigengeschäfts liefern die Nutzer: Bei einer Umfrage unter Bewohnern von 8600 nordamerikanischen Haushalten fand Forrester Research heraus, dass der Nutzungsgrad von Online-Anzeigen maßgeblich mit der zur Verfügung stehenden Verbindungsgeschwindigkeit korreliert. Des Weiteren ist entscheidend, wie lange der Nutzer bereits einen Online-Zugang hat. So suchen beispielsweise 21 Prozent der Nutzer, die länger als 42 Monate einen Internetzugang haben, im Netz nach Stellen. Lediglich 10 Prozent der Nutzer, die weniger als 18 Monate einen Internetzugang haben, suchen online nach Jobs. Auf die Frage nach den wichtigsten Merkmalen eines Angebots wurde schwerpunktmäßig das Kriterium Anwendbarkeit, nicht der Anreiz des Angebots genannt. Die zwei wichtigsten Kernaussagen dieser Erhebung sind: Erstens: Die Dominanz der Zeitungen im Anzeigengeschäft sinkt. Zweitens: Die Nutzer verlagern ihr Interesse zum Online-Anzeigengeschäft hin.

Nach der Studie von Forrester Research werden Anzeigen im Internet in ihrer klassischen Form langfristig verschwinden. In Zukunft werden sie auch die weiteren Marketingstufen – Präferenzaufbau, Stimulierung zum Kauf und Aufbau von Loyalität – implizieren. Anzeigen werden den gesamten Kaufprozess begleiten. Dies wird nur über die Einbindung von Serviceelementen gelingen, die sich wiederum stark an den Kundenbedürfnissen orientieren.

Kooperationsmodelle im internationalen Vergleich

Schon existieren strategische Konzepte in den USA, Großbritannien und der Schweiz. Im Gegensatz zum deutschen Markt gibt es

Neue Wege im Rubrikengeschäft
Georg Hesse

in diesen Ländern schon seit längerer Zeit verschiedene Kooperationsmodelle regionaler Zeitungsverlage. Die wichtigsten Beispiele sind die Netzwerke Classified Ventures, PowerAdz.com und AdOne/ClassifiedWarehouse.com in den USA (siehe Kapitel „US-Zeitungsmarkt im Wandel", S. 195 ff.); des Weiteren Ad Hunter in Großbritannien und das Angebot der Pressweb AG, Swissclick, in der Schweiz.

Grundgedanke der Kooperationen ist die Zusammenführung der Anzeigenbestände der regionalen Verlage zu einem nationalen Pool. In allen genannten Modellen existieren Markenfamilien der wichtigsten Rubriken unter dem Dach der rubrikübergreifenden Marke. Der wichtigste Unterschied zwischen den einzelnen Ländermodellen liegt im uneinheitlichen Zusammenspiel der nationalen und regionalen Marken. So existieren in den USA und Großbritannien zwar nationale Marken, diese werden aber auch auf regionaler Ebene in die Online-Dienste der partizipierenden Zeitungsverlage eingebunden. Im Gegensatz dazu wurde in der Schweiz eine nationale Marke aufgebaut, die zwar regionale Suchfunktionen beinhaltet, aber nicht in die regionalen Online-Dienste eingebunden ist. Die Angebote aus den USA bieten im Vergleich zu den europäischen schon erheblich mehr Zusatzdienste, die über das klassische Anzeigengeschäft hinausgehen.

Strategische Ausrichtung regionaler Zeitungsverlage in Deutschland

Solche Kooperationsmodelle zur Etablierung nationaler Dachmarken machen auch auf dem deutschen Markt Sinn. Schließlich besteht noch die Möglichkeit, die Stärke der Printauflagen in einen Wettbewerbsvorteil gegenüber branchenfremden oder auch überregionalen Konkurrenten aus der Zeitungsbranche umzumünzen, indem die Printauflage den Umfang der Anzeigenmärkte auf nationaler Ebene begünstigt. Durch die zweiseitige Ausrichtung – sowohl auf

Neue Wege im Rubrikengeschäft
Georg Hesse

die regionale als auch auf die nationale Ebene – würde sich das Angebot außerdem vorteilhaft abheben. Zu guter Letzt könnten bei technischen Investitionen Kostendegressionseffekte erzielt werden.

Trotz aller Vorteile: Eine derartige Kooperation ist kein Allheilmittel. Es reicht nicht aus, klassische Strategien aus dem Printgeschäft einfach auf das neue Medium zu übertragen. Ziel muss es sein, dem Kunden im Internet ein Produkt zu bieten, mit dem er sein Verkaufs- oder Kaufgeschäft sicher tätigen kann – und das in jedem Falle mit dem Verlag als Partner. Ein Ziel, das nur durch eine hohe Anzeigenqualität erreicht werden kann. Dabei bedeutet Qualität zum Einen ständig aktualisierte, gepflegte Datenbestände und zum Anderen qualitativ hochwertige Serviceleistungen, die sich durch eine möglichst große Kundenorientierung auszeichnen. Der letzte Aspekt entscheidet im hohen Maße über die Wettbewerbsfähigkeit des Anzeigengeschäfts der Zeitungsverlage: Aufgrund der technischen Entwicklungen ist es mittlerweile möglich, Anzeigen sehr komfortabel zu gestalten. Beispiele sind Fotos, Mapping, virtuelle Rundgänge und ähnliches. Außerdem bietet es sich an, in die verschiedenen Rubriken Zusatzinhalte zu integrieren. Das könnten zum Beispiel Testberichte, Autonews, Versicherungsangebote oder andere Themen in der Kfz-Rubrik sein.

Kooperationen mit Dritten

Eine weitere essenzielle Komponente sind Kooperationen mit Dritten, die sich um die Abwicklung des Geschäftes kümmern, für Logistik, Zahlungsverkehr, Transportversicherungen und vergleichbare Tätigkeiten zuständig sind. Der Vorteil für die Zeitungsverlage liegt auf der Hand: Sie müssen sich nicht auf die Vermittlerrolle beschränken, sondern können ein Image als aktiver und zuverlässiger Partner aufbauen. Alle diese Features werden sich nach und nach aber auch in den Konkurrenzangeboten wiederfinden.

Neue Wege im Rubrikengeschäft
Georg Hesse

Ebenfalls unterentwickelt ist derzeit noch der Bereich der Personalisierung. Durch Einsatz von Personalisierungstools wie beispielsweise E-Mail-, Short Message-Service-Benachrichtigungen (SMS) oder My-Sites wird ein hoher Grad an Kundenorientierung und somit die Voraussetzung für Kundenbindung und One-to-One Marketing geschaffen. Schaffen es die Zeitungsverlage, bei dem Aufbau einer nationalen Anzeigenplattform all diese angeführten Komponenten zu berücksichtigen, besteht eine reelle Chance, die Kerngeschäfte rubrizierte Kleinanzeigen und Stellenanzeigen zu sichern und weiterzuentwickeln.

Annäherung des Anzeigen- und Auktionsgeschäfts

Eine weitere Bedrohung kommt von Seiten der Anbieter von Privat-zu-Privat-Auktionen (P2P) im World Wide Web (WWW). Das Angebot von Sites wie E-Bay/Alando, Ricardo und QXL setzt sich zu großen Teilen aus Produkten zusammen, die sich in den klassischen Printmedien unter der Rubrik „Vermischtes" finden.

Auf dem amerikanischen Markt haben zwei große Verlagszusammenschlüsse bereits auf diesen Trend reagiert: Classified Ventures und PowerAdz.com betreiben neben weiteren produktspezifischen Classifieds-Marken ihre Auktionsplattformen Auction Universe beziehungsweise Auction Hill, die als nationale Marken positioniert sind. Diese Marken treten als Cobrand der regionalen Online-Dienste auf, die das Gemeinschaftsangebot als Network-Partner in ihre Websites integrieren.

Der Eintritt US-amerikanischer und europäischer Auktionsanbieter in den P2P-Markt hat Konsequenzen: Längerfristig werden sich nur solche Anbieter etablieren beziehungsweise halten können, die sich durch zusätzliche Service- und Sicherheitsfeatures positiv von den anderen abheben. Gerade in Deutschland, wo Skepsis in Bezug auf Online-Zahlungsvorgänge herrscht, ist es wichtig, dieser Einstellung

Neue Wege im Rubrikengeschäft
Georg Hesse

im Auktionssektor Rechnung zu tragen. Dies könnte auch die eher kritische Haltung zu Internet-Geschäften weiter verbessern.

Um Geschäften mit anonymen Partnern über größere Distanzen hinweg Akzeptanz zu verschaffen, sollten Auktionsplattformen versuchen, modular Mehrwertdienste anzubieten, wie beispielsweise Escrowservice – zuständig für die Absicherung des Geschäfts durch eine Drittpartei –, beziehungsweise Logistikanbindungen und Qualitätsgarantien. Diese Angebote vermitteln dem Nutzer das notwendige Vertrauen in die Plattform. Abgesehen davon bieten sich auch hier die entscheidenden Ansatzpunkte für die Generierung von Erlösen im Auktionsmarkt an. Denn Kommissions- wie Werbeerlöse dürften zumindest mittelfristig nicht zur Refinanzierung der Angebote ausreichen.

Verlagerung des Auktionsgeschäfts in den B2C-Bereich

Die Beispiele QXL (Großbritannien) wie auch Auction Universe beziehungsweise Auction Hill (USA) zeigen, dass im Auktions-Bereich die Einbettung in den entsprechenden Inhalt eine wichtige Rolle für den Erfolg des Angebots spielt. Dessen ungeachtet stellen – neben den erwähnten Mehrwertdiensten – natürlich auch Umfang und Variationsfähigkeit des Angebots entscheidende Erfolgsfaktoren dar.

Inzwischen zeichnet sich ab, dass sich das Konzept einer flexiblen Preisfindung bei voller Markttransparenz auch in den klassischen drei Hauptrubriken Stellen-, Kfz- und Immobilienmarkt niederschlagen und damit eine zunehmende Verlagerung des Auktionsgeschäfts in den Business-to-Consumer-Bereich (B2C) stattfinden wird. Nach einer Prognose von Forrester Research wird die zurzeit vorherrschende Faszination an P2P-Auktionen längerfristigen und engeren Kundenbindungen im Bereich der B2C-Auktionen weichen. Der Anteil von B2C-Auktionen, die zurzeit etwa 30 Prozent des amerikanischen Online-Auktionsmark-

Neue Wege im Rubrikengeschäft
Georg Hesse

tes ausmachen, wird sich bis 2003 auf 66 Prozent erhöhen und ein Volumen von 12,6 Milliarden US-Dollar erreichen. Im P2P-Bereich beträgt das Umsatzvolumen 6,4 Milliarden US-Dollar.

Auktionsfunktionalitäten spielen immer größere Rolle bei Classifieds

In diesem Zusammenhang stellt das US-amerikanische Marktforschungsunternehmen Jupiter Communications in einer Studie fest, dass es in den USA bereits seit Mitte 1998 Beispiele für die Integration von Auktionsfunktionalitäten in vertikale Classifieds-Angebote gibt. Besonders im Kfz-Bereich zeichnet sich ab, dass Auktionsfunktionalitäten im Classifieds-Markt eine immer wichtigere Rolle spielen werden. Auch auf dem deutschen Markt gibt es erste zaghafte Versuche in dieser Richtung. Diese Ansätze sind zurzeit in erster Linie im Kfz-Bereich zu finden.

Prädestiniert: Kfz-, Immobilien- und Recruitment-Sektor

Diese Entwicklung scheint sich auf dem amerikanischen Markt – wesentlich schneller als erwartet – auch auf den Immobilien- und sogar den Recruitment-Sektor zu übertragen. So bietet das Angebot von Homebid.com nach einer virtuellen Tour das Feature, für zum Verkauf stehende Immobilien Gebote zu platzieren. Parallel besteht über die Plattform die Möglichkeit der direkten Kontaktaufnahme zum Makler.

Obwohl der Großteil menschlicher Arbeitskraft wohl auch auf längere Sicht nicht meistbietend versteigert werden wird, gibt es einige innovative Unternehmen, die sich diesem Modell annähern. Monster.com erweiterte sein Angebot um einen „Monster Talent Market", der sich hauptsächlich an die wachsende Zielgruppe der Freelancer richtet.

Neue Wege im Rubrikengeschäft
Georg Hesse

Insbesondere für zeitkritische Projekte in einem hochkompetitiven Arbeitsmarkt finden Unternehmen und Freiberufler hier bei einem dynamischem Preisfindungsmodell zusammen. Monster.com ist amerikanischer Marktführer im Recruitment-Markt. Ihm folgt das von den Classified Ventures-Verlagen getragene Angebot CareerPath. Interessant ist auch das überaus erfolgreiche Angebot von Priceline.com, eine der vier bekanntesten E-Commerce-Sites in den USA und Pionier auf dem Gebiet des Reverse Auction-Formates im B2C-Bereich. Hinter diesem Format verbirgt sich Folgendes: Zu Beginn des Prozesses nennt der Nutzer ein Preisgebot, das er, zum Beispiel für Flugtickets, Baufinanzierung und ähnliches zu zahlen bereit wäre. Dieses Angebot wird wiederum von – an das Back End angebundenen – Partnern abgefragt und gegebenenfalls mit einem passenden Angebot beantwortet. Für den Intermediär bietet sich hierbei nicht nur die Möglichkeit, über Verkaufskommissionen am Geschäft zu partizipieren, sondern auch über die Vergabe von Erstzugriffsrechten an Exklusivpartner Erlöse zu generieren.

Dieses in den USA entstandene Format, was neben Priceline.com auch von Auto-by-Tel.com und Buy.com eingesetzt wird, setzt sich zunehmend auch auf dem britischen und insbesondere dem skandinavischen Markt mit seinen Ländern Schweden, Norwegen und Finnland durch. Mit einer gewissen zeitlichen Verzögerung sind die ersten Anbieter auch auf den deutschen Markt getreten.

Gute Chancen für Intermediäre

Über das Rubrikenanzeigengeschäft hinaus bieten sich attraktive Perspektiven im E-Commerce-Bereich. Wie im klassischen Anzeigengeschäft tritt die Zeitung auch hier nur als Intermediär auf und kann dennoch neue Erlösquellen erschließen. Das Transaktionspotenzial wird aufgrund der stark wachsenden Bedeutung der virtuellen Märkte sehr hoch eingeschätzt.

Neue Wege im Rubrikengeschäft
Georg Hesse

Es bleibt anzumerken, dass der vielzitierte Trend zur Disintermediation im Internet kein Prinzip mit absoluter Gültigkeit ist. Auch langfristig werden Intermediäre gute Chancen im Markt haben, vorausgesetzt sie erfüllen ein paar wichtige Grundbedingungen. Wichtig sind: ein hohes Maß an horizontaler Differenzierung; ein Angebot, das umfangreich genug ist, um die Bedürfnisse des Nutzers umfassend abzudecken; Erlöse, die über Mehrwertdienste und Revenue Sharing mit Business-Partnern generiert werden, anstatt den Nutzer für kostenpflichtige Basisleistungen zur Kasse zu bitten.

Ausblick

Viele Tageszeitungsverlage tragen der wachsenden Bedeutung des Internets und seiner Möglichkeiten Rechnung, indem sie sich strategisch neu ausrichten. Unabdingbar ist die Erkenntnis, dass das Internet nicht in erster Linie eine Bedrohung der klassischen Printmärkte darstellt, sondern dass es eine Vielzahl von neuen Chancen und Perspektiven eröffnet. Nur mit einer offensiven Strategie ist es möglich, erfolgreich an den neuen Märkten zu partizipieren. Die neuen Herausforderungen haben die Verlage gezwungen und werden sie weiterhin zwingen, etablierte Geschäftsprozesse den Internetbedingungen anzupassen. Ein vielversprechender Ansatz ist darin zu sehen, dass sich im Bereich der Rubrikenmärkte Verlagskooperationen gebildet haben, die die neuen Herausforderungen annehmen und die neuen Märkte mitgestalten werden.

1) Vgl. Steyer, Ronald: Ökonomische Analyse elektronischer Märkte, in: Arbeitspapiere WI, Nr. 1/1998, (Hrsg.): Lehrstuhl für Allgemeine BWL und Wirtschaftsinformatik, Johannes-Gutenberg-Universtität, Mainz, 1998.
2) Vgl. GfK: Online-Monitor, 4. und 6. Welle, 1999 bis 2000.
3) Vgl. Charron, Chris; Bass, Bill; O'Connor, Cameron: Maraganore, Nicki: Goodbye To Classifieds, The Forrester Report, Forrester Research, Cambridge (USA), Oktober 1998.

4.2 E-Commerce – Zukunftsmarkt mit Hindernissen

Peter Kabel

Der elektronische Handel (E-Commerce) ist in aller Munde. Auch Verlage springen immer stärker auf den Zug auf. Doch die euphorischen Prognosen sind mit Vorsicht zu genießen. Analysten räumen dem E-Commerce-Geschäft im Business-to-Consumer-Bereich immer geringere Wachstumschancen ein. Künftig wird der Business-to-Business-Bereich – auch für Verlage – an Bedeutung gewinnen. Das vorliegende Kapitel untersucht, mit welchen Entwicklungen die Unternehmen in den kommenden Jahren rechnen müssen und stellt neue Geschäftsfelder und Handelskonzepte vor.

E-Commerce findet breitere Zustimmung

Bei traditionellen Unternehmen und E-Pionieren herrscht Goldgräberstimmung: Electronic Commerce (E-Commerce) heißt die magische Erfolgsvision, die gute Umsätze via Internet verspricht. Der Optimismus hat seinen Grund: Seit im Weihnachtsgeschäft 1999 amerikanische und europäische Nutzer erstmals im großen Stil zum Online-Shopping ansetzten und Waren im Wert von mehreren Milliarden Dollar orderten, schien der mentale Durchbruch auf Kundenseite erreicht: Der Nutzer sieht beim virtuellen Einkaufen endlich mehr Vor- als Nachteile, so die gängige Meinung. Gute Voraussetzung für ein entsprechendes Käuferpotenzial: In Deutschland waren 2000 nach Angaben der Nürnberger Gesellschaft für Konsumforschung (GfK) bereits rund 18 Millionen Nutzer zwischen 14 und 59 Jahren, 30 Prozent dieser Altersgruppe, ans Internet angeschlossen (GfK-Online-Monitor,

E-Commerce – Zukunftsmarkt mit Hindernissen
Peter Kabel

6. Welle). In den USA hat sogar jeder dritte Haushalt einen Internet-Zugang und bis zum Jahr 2003 rechnet man allein dort mit 53 Millionen Online-Surfern. Ein Potenzial, das auch die Verlage anzapfen wollen.

Wachstumsmarkt E-Commerce?

Kein Wunder, dass Marktforscher die Umsatzvorhersagen für den E-Commerce für die nächsten fünf Jahre ständig nach oben revidieren. Das renommierte US-Research-Institut Jupiter Communications rechnet zum Beispiel allein bis zum Jahr 2003 mit gut 40 Millionen amerikanischen Online-Shoppern. Jeder fünfte Amerikaner, jeder zehnte Europäer und jeder sechste Deutsche würde bis dahin im Internet einkaufen. Allein die deutschen Online-Einzelhandelskunden, so rechnet Jupiter Communications hoch, werden im Jahr 2003 gut sieben Milliarden Euro im Netz ausgeben. Ein Drittel davon entfallen auf das dann beliebteste E-Commerce-Angebot „Reisen". Die Vorhersage wird von der bisherigen Entwicklung im deutschen Online-Geschäft mit privaten Endkunden untermauert: Es hat sich nach Schätzungen der Unternehmensberater von Boston Consulting allein von 1998 auf 1999 auf rund eine Milliarde Euro vervierfacht. Rosige Zeiten für den E-Commerce also?

Erste Einbrüche im E-Commerce-Geschäft

Bevor man sich hektisch eine eigene E-Commerce-Linie ausdenkt und in einen teuren Web-Store investiert, sollte man sich die Sache etwas genauer anschauen. Umsatzwachstum allein ist nicht alles. Betrachtet man die Geschäftserfolge der E-Commerce-Pioniere einmal näher, so fällt auf, dass bei den meisten nicht nur die Umsät-

E-Commerce – Zukunftsmarkt mit Hindernissen

Peter Kabel

ze zur Jahrtausendwende drastisch stiegen, sondern auch die Verluste. Ein gutes Beispiel ist der Buchhändler und Publikumsliebling Amazon.com. Zum ersten Mal mussten viele E-Commercer Mitarbeiter im großen Stil entlassen. Die Finanzwelt revidierte, gerade als das Weihnachtsgeschäft 1999 auf dem Höhepunkt angelangt war, ihre Erfolgsprognosen für den Online-Handel mit privaten Endkunden (Business-to-Consumer, kurz: B2C) denn auch dramatisch nach unten. Viele Investoren zogen sich aus den E-Commerce-Unternehmen zurück. Die Aktienkurse sackten zur Jahrtausendwende rasant um teilweise bis zu 90 Prozent ab. Meryll Lynch warnt in einer Studie, dass die Gewinnerwartungen im E-Commerce noch wesentlich stärker zurück genommen werden müssten, als die Investoren bisher annahmen. Henry Blodget, Top-Internet-Analyst des amerikanischen Investmenthauses, fasst die Lage des B2C-Geschäfts pessimistisch und korrekt zusammen: „Vor ein paar Jahren war die Wiese noch saftig. Jetzt gibt es hunderte von Kühen, die sich um fünf Grashalme drängen." Will heißen: Die Zahl der E-Commercer ist wesentlich schneller als die Kundennachfrage gestiegen. Die Werbekosten nehmen im immer kompetitiveren Markt weit stärker zu als die Einnahmen. Die Margen sinken. Man kann unter diesen Umständen der Einschätzung der Web-Spezialistin Esther Dyson nur zustimmen, die im „Spiegel" zum Thema B2C-Commerce äußerte: „In Zukunft wird fast kein Geschäft Geld verdienen."

Hohe Investitionskosten im B2C-Commmerce

Die Fakten heute: Wer eine E-Commerce-Marke aufbauen will, muss bereits zehn Mal so viel investieren wie 1998, nämlich rund 50 bis 100 Millionen Dollar – Tendenz weiter steigend. Im Internet regiert die Attention Economy, ein Wettbewerb um Aufmerksamkeit, der online wesentlich teurer ist als im konventionellen Marketing. Der Grund liegt auf der Hand: Während man zum Beispiel im klassi-

E-Commerce – Zukunftsmarkt mit Hindernissen
Peter Kabel

schen Medium Fernsehen – zumindest in Deutschland – nur ein knappes Dutzend Werbeträger bedienen muss, erfordert das zersplitterte Internet Banner auf Hunderten von Portalen und Sites, um eine Zielgruppe flächendeckend zu erreichen. Online-Buchläden veranschlagen heute zum Beispiel für jeden Kunden bereits 30 bis 70 Dollar an Werbekosten, Spielzeughändler 30 bis 100 Dollar und Reiseagenturen bis zu 250 Dollar (siehe Tabelle 1).

Tabelle 1

Kosten für einen neuen Online-Kunden Angaben in US-Dollar	
Reisebüros	150-250
Bücher	30-70
Musik	40-80
Spielwaren	30-100
PC-Hardware	100-200
Software	50-100

Quelle: Jupiter Communications, 1999

Bei niedrigpreisigen Waren, die jeweils nur kleine Umsätze pro Kunden bringen, machen solche Marketingausgaben große Gewinne nahezu unmöglich. Der Online-Buchhändler Amazon zum Beispiel hat laut einer Umfrage von Jupiter Communications pro Kunde Werbekosten von 64 Dollar, nimmt aber bei einer Bestellung im Schnitt nur 40 Dollar ein. Beim Musikspezialisten CDNow ist die Negativspanne mit 40 Dollar Werbekosten und 32 Dollar Durchschnittseinnahme nicht viel geringer. Nur das Net-Auktionshaus E-Bay ist bisher noch so beliebt und unangefochten, dass die Werbekosten pro Kunden mit 17 Dollar wesentlich unter den Durchschnittseinnahmen von 47 Dollar liegen. Doch die Frage ist: Wie lange noch? Und: Kann man

E-Commerce – Zukunftsmarkt mit Hindernissen
Peter Kabel

bei diesen hohen Kosten für das Attention Marketing überhaupt Profite machen?

Geht man davon aus, dass zum Beispiel in Deutschland – laut einer GfK-Umfrage – 50 Prozent der privaten Online-Käufer weniger als 100 Mark ausgeben und nur 10 Prozent mehr als 500 Mark, sieht die Zukunft des E-Commerce im B2C-Bereich nicht sehr verlockend aus. Dieses Online-Business rechnet sich im Endeffekt nur, wenn Kunden immer wieder im selben Shop kaufen und mit gezielter Customer Retention – kundenbindenden Maßnahmen wie zum Beispiel personalisierten Kaufempfehlungen – aktiv gepflegt werden. Die andere Alternative: Man muss sehr hochpreisige Waren – wie zum Beispiel komplexe Computer-Hardware und Softwarelösungen – auf einer Site verkaufen, um mit den Verkaufsvolumina die hohen Werbekosten zu rechtfertigen. Letzteres ist hauptsächlich im Online-Handel zwischen Unternehmen der Fall, dem so genannten Business-to-Business-Commerce, kurz: B2B, genannt.

Bessere Gewinnchancen im B2B-Bereich

Investoren und Marktbeobachter prognostizieren aufgrund der wachsenden Kosten der Attention Economy, dass in Zukunft hauptsächlich das Online-Geschäft im B2B-Bereich interessante Gewinnzuwächse bringen wird. Denn B2B-Commerce ist wesentlich problemloser als B2C: Die Umsatzvolumina sind groß. Anbieter und Abnehmer kommen aus einer überschaubaren Zahl etablierter und – mehr oder weniger – vertrauenswürdiger Firmen. Die Möglichkeiten, Personal und Kosten bei bereits vorhandenen Geschäftsprozessen einzusparen, sind besonders attraktiv. Beim B2B-Commerce im Internet ist deshalb in Zukunft ein wesentlich stärkerer Boom zu erwarten als beim B2C-Commerce. Das amerikanische Marktforschungsinstitut Forrester Research etwa rechnet vor, dass B2B im Jahr 2002 den elektronischen

E-Commerce – Zukunftsmarkt mit Hindernissen
Peter Kabel

B2C-Commerce um ein Vierfaches überschreiten wird. Die Boston Consulting Group prognostiziert, dass der B2B-Commerce übers Internet bereits im Jahr 2003 ein Volumen von zwei Billiarden Dollar erreichen wird. Dazu kämen nochmals rund 780 Milliarden B2B-Käufe über Electronic Data Interchange (EDI-)Netzwerke – eine Art Extranet. Prognosen, die Fragen aufwerfen: Wird B2B die einzig rentable Art von E-Commerce werden? Wird B2C in Zukunft gar zu einer Art Commodity – einer herkömmlichen Geschäftsform – degenerieren, die man zwar als Kundenservice anbieten muss, jedoch ohne Aussicht auf Gewinne?

Verschiedene Online-Handelskonzepte

Wer ins Online-Geschäft – egal ob B2C oder B2B – investieren will, wird sich nicht nur über diese generellen Erfolgsaussichten ernsthafte Gedanken machen müssen. Er muss auch über die effektivste Art, Waren im Internet anzubieten, nachdenken. Vier wesentliche Handelsformen zeichnen sich hier nach der Jahrtausendwende ab:

... Katalog-Ansatz:
>Der Shopper sucht aus einer Liste von Angeboten auf einer Website das Gewünschte heraus, bestellt und bekommt die Ware zugestellt oder kann sie bei einem speziellen Outlet – etwa einem Lebensmittel-Supermarkt – abholen. Diese Verkaufsform ist bei E-Commercern vom Online-Kaufhaus bis zum Spezialanbieter schottischer Whiskys bisher am populärsten;

... Online-Auktionen:
>Sie sind im B2C-Commerce momentan hauptsächlich wegen ihres Erlebniswertes in Mode, während sie im B2B-Bereich tatsächlich zur optimalen Preisfindung für Käufer und Verkäufer beitragen. Neben virtuellen Auktionshäusern wie E-Bay und Ricardo werden Auktionen auch als besondere

E-Commerce – Zukunftsmarkt mit Hindernissen
Peter Kabel

Attraktion auf klassischen Sites – zum Beispiel von Kaufhäusern und Fluglinien – veranstaltet;

... Brokerage:

In diesen Bereich gehören alle Sites, in denen Drittanbieter Kundenwünsche und Verkäuferangebote zusammenführen. Das reicht von Sites, auf denen Kunden die Preise verschiedener Anbieter für ein Produkt vergleichen können – ein Beispiel ist Carpoint für Autos – bis hin zu Pledge Buying Sites und Shopping Bots. Bei diesen beiden Formen können Kunden ihre genauen Wünsche eingeben und werden vom Makler einem passenden Anbieter zugeführt. Auf diese Weise ist es zum Beispiel möglich, in einer Gruppe von Käufern den Preis zu drücken;

... Personalisierter Verkauf mit Empfehlungssystemen:

Diese Angebotsform wird sich in den nächsten Jahren mit Sicherheit weiter perfektionieren und durchsetzen. Das Grundschema: Ein einmal bei einem Online-Anbieter registrierter Kunde bekommt per E-Mail regelmäßig auf seine Bedürfnisse zugeschnittene Angebote zugestellt. Denkbar sind zum Beispiel Angebote für das jeweils neueste Buch seines Lieblingsautors oder für ein Paket mit Waschmittel, Spültabs, Scheuerpulver und Kaffee jeweils zum Monatsanfang. Der Kunde kann besonders bequem bestellen, denn er spart die Mühe, zeitaufwendig durch eine Website zu klicken. Der Lieferant wiederum profitiert von der höheren Kundentreue.

Sites mit Zusatznutzen profitieren

Welches dieser verschiedenen Online-Handelskonzepte aber werden die Shopper in Zukunft favorisieren? Es scheint nur natür-

E-Commerce – Zukunftsmarkt mit Hindernissen
Peter Kabel

lich, dass sie in erster Linie Sites frequentieren werden, die ihnen einen höheren Zusatznutzen für ihren Alltag und ihre spezielle Lebenssituation bringen. Solche Zusatznutzen können zum Beispiel sein:

... **Convenience:**
Ein Online-Shop ist für den Konsumenten vor allem deshalb interessant, weil er sich mühsame Fahrten zu real existierenden Malls erspart und auch mal nach 20 Uhr shoppen kann. Nirgendwo setzt sich Online-Shopping deshalb so schnell durch wie in den vielen dünn besiedelten Landstrichen der Vereinigten Staaten;

... **Billigangebote:**
Sie sind für Online-Shopper immer eine Attraktion und kommen hauptsächlich beim Vergleichs-Shopping auf Maklersites sowie beim B2B-Commerce zum Tragen;

... **Erlebniswert:**
Der Nervenkitzel bei Online-Auktionen fasziniert heute viele Internet-Shopper. Sie geben dafür – zum Beispiel bei einem Antiquitätenkauf – auch gerne mal etwas mehr als im normalen Handel aus;

... **Geschwindigkeit:**
Schnelle Abwicklung und Auslieferung bei Online-Bestellungen ist einer der wesentlichen Treiber im B2B-, aber auch im B2C-Business;

... **Personalisierte Angebote:**
Die Zukunft des B2C-Commerce gehört den Empfehlungssystemen und dem Verkauf maßgeschneiderter Produkte für ein Millionenpublikum.

Eines kann man heute schon sagen: B2C-Commerce wird zwar vermutlich nie viel Profit abwerfen, aber die Kunden werden auf diesen

Service nicht mehr verzichten wollen. Doch Vorsicht: Online-Kunden sind sprunghaft und können im Internet einer Marke in Sekundenschnelle untreu werden. Muss der Nutzer zum Beispiel auf einen langsamen Server warten, hat er auf einer Website Schwierigkeiten bei der Navigation, bekommt er zu wenig Kaufinformationen oder fühlt sich auf andere Weise auf den Seiten nicht heimisch, ist er für einen Anbieter schnell für immer verloren. Im Netz eine Marke aufzubauen und dauerhaft zu pflegen, erfordert ständige Aktualisierung nach dem neuesten Stand der Technik und damit auch ständig neue Ideen und Investitionen.

E-Commerce bietet Verlagen nicht nur Vorteile

Der E-Commerce hat, wie dargestellt, viele Facetten und Fallstricke. Verlage sollten sie genau überdenken, bevor sie sich – wie es heute noch oft passiert – allzu unbedacht und euphorisch ins neue Geschäftsfeld stürzen.

B2C-Commerce mag zum Beispiel für die Online-Site einer Publikation als zusätzliches Angebot im harten Kampf um Aufmerksamkeit und Nutzertreue in Zukunft unerlässlich werden. Die „New York Times" etwa erfreut schon heute die Leser ihrer Online-Buchbesprechungen mit einem direkten Bestell-Link zum Buchhändler Barnesandnoble.com. Auch die „Max"-Leser können sich freuen, kann man doch über die Online-Version der Zeitschrift aus der Hamburger Verlagsgruppe Milchstraße Reisen buchen. Ein Geschäft mit geringen Gewinnchancen. Denn die Provisionsprozente für die als Makler fungierenden Verlage sinken, sobald jede Site Links und Maklerdienste als Zusatzattraktion für die Nutzer einführt. Jedes dieser Zusatzangebote – ob der Ticketverkauf in der Online-Kinozeitschrift, das CD-Abo auf der Jazz-Site, die E-Commerce-Mall für die Frauenzeitschrift – wird für einen Verlag schon bald zu einem x-beliebigen Angebot ohne

E-Commerce – Zukunftsmarkt mit Hindernissen
Peter Kabel

Profitspielraum. Diesem Schicksal können Verlage nur entrinnen, wenn sie zu eigenständigen Handelshäusern für Bücher, Mode und Musik werden. Stellt sich die Frage, ob sie für dieses etwas gewinnträchtigere Geschäft wirklich die Logistik und Erfahrung haben.

Eine andere Variante des B2C-Commerce ist die reine Online-Publikation kleiner Fachzeitschriften – zum Beispiel aus dem hochspezialisierten Medizinbereich. Bereits heute werden eine Reihe von Zeitschriften mit Kleinstauflagen nicht mehr auf Papier, sondern zur Kostenersparnis nur noch online gegen eine Nutzergebühr verteilt. Die Info-Sites werden oft mit Chatrooms, Schwarzen Brettern (Blackboards) oder Übertragungen von Fachseminaren wirkungsvoll angereichert und teilweise auch von Sponsoren mitfinanziert. Dies ist ein interessantes Nischengeschäft.

Branchenfremde Distributoren bieten Fachverlagen Paroli

Je weiter man allerdings in die Zukunft schaut, desto drängender stellt sich die Frage: Werden Fachinformationen in zehn Jahren überhaupt noch von Verlagen verteilt werden oder bemächtigen sich ganz andere, branchenfremde Distributoren dieser Inhalte? Diese Annahme erscheint nur auf den ersten Blick absurd. Man denke nur an die Geschäftsentwicklung der Nachrichtenagentur Reuters, die bis vor kurzem noch teuer Real-Time-Börseninformationen an Banken und andere Unternehmen verkauft hat. Heute kann sich jeder Surfer diese Real-Time-Infos neben hochkomplexen Charts und Analystenurteilen kostenlos bei Online-Banken und anderen Websites abrufen. Aus einem hochwertigen Informationsvorsprung ist ein wertloses Allgemeingut geworden. Vielleicht wird es sogar bald keine Finanzzeitschriften mehr geben, weil die breite Masse der Investoren auf ein Zwischenmedium verzichtet und in direkten Kontakt mit den Analysten tritt. Oder wären die Informationen, die wir heute noch in einer

E-Commerce – Zukunftsmarkt mit Hindernissen
Peter Kabel

Autozeitschrift nachlesen, für den Nutzer nicht wesentlich praktischer auf der Makler-Site für Autos untergebracht? Erst in ein paar Jahren werden wir begreifen: Mit dem Internet werden sich im Laufe der Zeit die üblichen Kommunikationsketten, Informationsstrukturen und Geschäftsprozesse, ja unser ganzes herkömmliches Wirtschaftsgefüge, verschieben. Alles wird revolutionär anders werden.

Neue Geschäftsfelder für Verlage

Für Medienanbieter wird es aus diesem Grund essenziell, sich nicht nur über beliebige E-Commerce-Outlets Gedanken zu machen, sondern die Zukunft ihres Kerngeschäfts insgesamt zu überdenken. Besonders beim B2B-Geschäft können aus den bisherigen Kompetenzfeldern profitable Geschäftszweige entwickelt werden. Drei wichtige Felder zeichnen sich dabei ab:

... Vermarktung von Konsumentendaten:
Schon heute müssen sich Nutzer auf der Website der „New York Times" registrieren lassen, wenn sie zu den kostenlosen Informationen auf den Seiten Zugang bekommen wollen. Ein gutes Geschäft für die „Times": Rund zehn Millionen Nutzer wurden im Laufe der Zeit auf ihrer Online-Datenbank erfasst und ihre demographischen Daten kommerziell vermarktet. Nirgendwo sonst kann man Menschen mit ihren geheimen Interessen so genau beobachten wie beim Lesen einer Online-Zeitung. Hier erhält man detailliertes Material, das nicht nur für die Werbekunden einer Publikation, sondern auch für die Markt- und Trendforschung wertvoll ist. Die meisten Verlage haben diese interessante Datenerhebungsquelle bisher gänzlich vernachlässigt. Sie verschenken damit wertvolle Vermarktungschancen;

E-Commerce – Zukunftsmarkt mit Hindernissen
Peter Kabel

... Maßgeschneiderte Marktforschungs-Studien beziehungsweise Customized – also auf Kunden zugeschnittene – Realtime-Informationen:

Verlage können ihren enormen Fundus an aktuellen Informationen mit Hilfe von Computern problemlos zu immer neuen, maßgeschneiderten Informations-Paketen für individuelle Firmenkunden aufbereiten. Online-Research-Institute bieten sich insbesondere als ausgegliederte Tochtergesellschaften (Spin-offs) bekannter Magazin-Marken wie „Spiegel", „Frankfurter Allgemeine Zeitung" oder qualitativ hochwertigen Fachzeitschriften an. Einige Verlage haben hier schon die ersten Gehversuche gestartet.

... Content Producing:

Kommerzielle Firmen-Sites werden ihre Angebote künftig noch stärker mit interessanten Inhalten wie Infos oder E-Commerce aufladen müssen, um die Surfer in der allgemeinen Website-Flut noch anlocken zu können. Es bietet sich an, dass Unternehmen wie Karstadt, Deutsche Bank oder BMW von erfahrenen Redaktionen mit solchen Content-Paketen beliefert werden. Denkbare Inhalte wären Produktvergleiche, Features, aktuelle News und ähnliches. Verlage sind die idealen Content-Verkäufer für die Wirtschaft, da sie für ihre Publikationen ohnehin Informationen recherchieren und aufbereiten müssen und ihr Markenname als hoch bezahltes Gütesiegel für den Inhalt auf einer kommerziellen Site fungieren kann.

Im Geschäft mit Informationen werden sich vermutlich im Laufe der Zeit noch eine Reihe von Möglichkeiten herauskristallisieren, um mit E-Commerce profitable Spin-off-Geschäftszweige zu entwickeln. Sicher ist allerdings schon heute: Im B2C-Commerce werden sie kaum zu finden sein. Wie in allen anderen Wirtschaftsbranchen liegt auch im Verlagswesen die Zukunft des E-Commerce im B2B-Bereich.

4.3 Regionale Verlagsplattformen als Shopping-Malls
Thomas Löbel

Dass ein Zeitungsverlag seine Artikel und Kleinanzeigen im Internet veröffentlicht, gilt inzwischen als selbstverständlich. Dass er daneben auch Werbeplätze auf seinen Internet-Seiten verkauft, entspricht ebenfalls seiner Rolle in der Print-Welt. Aber als Betreiber einer Shopping-Mall? Wie passt die Tätigkeit als Projektentwickler, Bauleiter und Vermieter einer virtuellen Einkaufspassage zur traditionellen Rolle eines Content-Anbieters und Werbemittlers? Diese Frage zu beantworten, ist Ziel des vorliegenden Kapitels.

Warum virtuelle Shopping-Malls?

Der Boom des E-Commerce[1] ist unausweichlich. Selbst der Hauptverband des deutschen Einzelhandels schätzte 1998, dass zehn Jahre später zehn bis 12 Prozent des Umsatzes im Handel online erwirtschaftet würden[2]. Nach jüngsten Analysen des US-amerikanischen Marktforschungsinstituts Jupiter Communications wird sich der deutsche E-Commerce-Umsatz schon im laufenden Jahr auf 1,2 Milliarden Dollar belaufen, im Jahr 2003 gar auf 7,8 Milliarden.[3] Und in den USA, so ist zu lesen, habe im vergangenen Jahr bereits jeder vierte Haushalt mindestens einmal im Internet eingekauft[4]. Fragt man nach den Gründen dieses Booms, so werden vor allem die Abwesenheit von Ladenöffnungszeiten und der fehlende Einkaufsstress genannt[5]. Auch der gestresste Büromensch kann nach Ladenschluss, spätabends oder am Wochenende, am heimischen PC ohne jeden Zeitdruck in Produktkatalogen stöbern, Produktinformationen ver-

Regionale Verlagsplattformen als Shopping-Malls
Thomas Löbel

gleichen und gegebenenfalls die gewünschte Ware gleich via Knopfdruck ordern.

Doch bei aller Euphorie ist genauso klar: Auch wenn zehn Prozent der Umsätze des stationären Handels in das Internet abwandern, so verbleiben gewichtige 90 Prozent in den realen Einkaufspassagen der Innenstädte beziehungsweise in den neuen Einkaufszentren der Außenbezirke. Der Internet-Handel wird neben dem stationären Handel eine Nische für eine bestimmte Klientel und bestimmte Kaufbedürfnisse besetzen – so wie das auch schon beim traditionellen Versandhandel – mit den Bestellwegen Post, Fax und Telefon – der Fall war und ist. Zumal E-Commerce in weiten Teilen doch nur die Fortsetzung dieses traditionellen Versandhandels mit einem neuen, besonders erfolgreichen Bestellweg ist.

Eigenwerbung ist unerlässlich

Auf der anderen Seite: zehn Prozent des eigenen Umsatzes – und je nach Branche kann es für den einzelnen Händler auch deutlich mehr sein – sind alles andere als zu verachten. Mitunter sind genau diese zehn Prozent für den Fortbestand eines Geschäftes entscheidend. Grund genug also für den stationären Handel, auf den E-Commerce zu reagieren und sich dort zu engagieren.

Relativ einfach ist dies für die großen Ketten, die die Bekanntheit ihrer Markennamen auch im neuen Medium ausspielen können. Nicht ganz so einfach hat es der kleine Einzelhändler. Welche Chance hat etwa der Buchladen an der Ecke, den Amazons und Booxtras Paroli zu bieten? Ist der lokale Handel gezwungen, vor den überregional agierenden Ketten die Waffen zu strecken? Alleine kann er den Werbebudgets der Großen kaum etwas entgegensetzen. Dabei ist genau dieses Werbebudget für den Geschäftserfolg im Internet

Regionale Verlagsplattformen als Shopping-Malls
Thomas Löbel

entscheidend. Denn wenn ein Laden in der realen Welt schon einmal zufällig entdeckt werden kann, ist eine solche Entdeckung im Internet sehr unwahrscheinlich: Internetadressen werden nicht nach dem Zufallsprinzip, sondern immer gezielt eingetippt. Maßnahmen, um die eigene Adresse einem möglichst großen Publikum so bekannt zu machen, dass dieses Publikum eben jene Adresse vor einem Online-Kauf immer wieder wie selbstverständlich eintippt, sind unerlässlich.

Kooperation merzt Schwächen aus

Die Lösung für den Einzelhändler bietet hier die Werbegemeinschaft mit anderen Händlern: Man schließt sich unter einer Internetadresse zusammen und bündelt die einzelnen Werbeetats, um diese gemeinsame Adresse zu bewerben. Selbst wenn jeder einzelne Händler über das notwendige Werbebudget verfügen würde: Für den Kunden ist es wesentlich einfacher, sich eine einprägsame Adresse zu merken, mit der er auf eine Vielzahl von Online-Shops stößt als zehn oder zwanzig separate Adressen für jeweils einen Händler. Zudem profitieren die beteiligten Geschäfte vom Kundenstrom, den die jeweils anderen Shops auf die Seite bringen. Durch die Aggregation entsteht die kritische Masse für den erfolgreichen Handel im Internet. Dies ist die Entstehungsgeschichte der virtuellen Shopping-Malls.

Mag der Zusammenschluss verschiedener Geschäfte zu einer Mall überzeugend klingen, so scheint eine Mall, die ausschließlich aus Geschäften einer Region zusammengestellt wird, auf den ersten Blick widersinnig. Hat da jemand die Grundphilosophie des weltweiten Netzes, mit dem man, wie es die Werbung suggeriert, hausgemachtes italienisches Olivenöl in die ganze Welt verkaufen kann, überhaupt nicht verstanden? Mitnichten! Denn auf den zweiten Blick macht eine solche regionale Ausrichtung einer Shopping-Mall sehr viel Sinn.

Regionale Verlagsplattformen als Shopping-Malls
Thomas Löbel

Funktionierende Logistik wichtiger als E-Cash

Hierzu muss man sich zuerst vergegenwärtigen, woraus derzeit die Haupthindernisse des elektronischen Handels bestehen. Aktuelle Befragungen[6] bestätigen, dass dies nicht wie vielfach behauptet die fehlenden Cybercash-Technologien sind, sondern eher Service-Features rund um den Online-Einkauf, zum Beispiel ein oft unzureichendes Rückgaberecht für die bestellten Waren und mangelndes Vertrauen in den Anbieter. Dieses Ergebnis leuchtet ein, zeigen doch die Erfolgsbeispiele etwa des Online-Buchhandels, dass elektronischer Handel sehr wohl auch mit den althergebrachten Bezahlmethoden per Nachnahme oder auf Rechnung funktionieren kann.

Andere Erfolgsfaktoren sind dafür um so wichtiger: die funktionierende Logistik und ein Vertrauensverhältnis zwischen Kunde und Händler. Und gerade hier hat der regionale Handel eine deutlich bessere Ausgangslage als seine überregionalen Wettbewerber.

Von zentraler Bedeutung ist das Vorhandensein einer funktionierenden Logistik-Plattform. Wer kennt nicht die populären Internet-Shopping-Tests aus diversen Zeitschriften, die fast immer damit enden, dass die gewünschte Ware viel zu spät beim Kunden eintrifft. Genau hier liegt eine große Chance für eine regional-orientierte Shopping-Mall. Denn selbst mit einem guten Logistik-Konzept kann ein überregional agierender Versender kaum Lieferzeiten von weniger als 24 Stunden garantieren. Eine regionale Plattform, die in einem abgegrenzten Gebiet agiert und einen lokalen Kurierdienst als Partner hat, kann das problemlos übertrumpfen. Im Unterschied etwa zum überregionalen Buchhändler kann der lokale Anbieter dann den Buchtitel, der morgens bestellt wird und abends verschenkt werden soll, rechtzeitig zum Kunden nach Hause oder an dessen Arbeitsplatz liefern. Die Finanzierung eines solchen Lieferdienstes ist um so einfacher, je mehr lokale Händler sich an einem regionalen Mall-Konzept beteiligen, um die Kosten untereinander aufzuteilen.

Regionale Verlagsplattformen als Shopping-Malls
Thomas Löbel

Vertrauensbonus regionaler Geschäfte

Ähnlich verhält es sich beim Thema Vertrauen: Auch hier ist der überregionale Handel in vielen Fällen chancenlos, wenn es darum geht, mit dem Vertrauensbonus, über den seit Jahren in der Region existierende Geschäfte verfügen, zu wetteifern. Oftmals will der Kunde zwar die Vorteile des E-Commerce nutzen, dabei aber auf Geschäfte vor Ort zurückgreifen, bei denen er weiß, mit wem er es zu tun hat. In diesem Fall ist es eben deutlich einfacher, eine fehlerhafte Lieferung zu reklamieren, da man ja notfalls immer noch das entsprechende Geschäft vor Ort aufsuchen kann, um die Rückabwicklung der Transaktion zu betreiben. Diesem Kundenwunsch trägt eine regionale Mall Rechnung. Voraussetzung für diese Strategie ist allerdings stets, dass die E-Commerce-Rahmenbedingungen des lokalen Handels nicht schlechter sind als die der überregionalen Wettbewerber. Dies betrifft die Gestaltung der Internetseite ebenso wie die Versandkosten.

Warum Verlagsplattformen?

Sicherlich ist es nicht für jeden regionalen Zeitungsverlag selbstverständlich, eine Shopping-Mall im Internet zu eröffnen – zumindest nicht so selbstverständlich wie der Aufbau eines Online-Rubrikenanzeigenmarktes oder einer Online-Nachrichtenplattform. Aber während sich ein Online-Rubrikenanzeigenmarkt auf absehbare Zeit selbst finanzieren kann, ist die Finanzierung der Nachrichtenplattform schon weniger sicher. An eine Finanzierung über Abonnementgebühren für den Leser glaubt heute kaum noch jemand. Werbe-Banner haben in der Vergangenheit bei den meisten Verlagen noch am besten funktioniert. Doch die über Banner zu erzielenden Erlöse sind unsicher. Vor allem weil sich die Werbeumsätze im Internet auf

Regionale Verlagsplattformen als Shopping-Malls
Thomas Löbel

wesentlich mehr Marktteilnehmer verteilen werden als im Printbereich. Um eine Website zu erstellen, wird keine Zeitungsrotation benötigt – in jeder Garage könnte ein lokaler Veranstaltungskalender entstehen. Hinzu kommt, dass auch Unternehmen zunehmend Werbeplätze auf ihren Internetseiten vermarkten werden. Tagesaktuelle und regional differenzierte Werbung ist heute schon auf den Internet-Seiten der Banken und den Fahrplänen der Bundesbahn technisch machbar. Damit werden Kontoauszugsdrucker und Kursbuch zum Wettbewerber der Tageszeitung.

Einnahmen durch funktionierende Shopping-Malls

Vor diesem Hintergrund hält man nach alternativen Einnahmequellen Ausschau. Partnerprogramme, auch Affiliate-Programme genannt, sind hier eine Option. Ob es sich dabei aber wirklich um eine funktionierende Alternative zum Bannergeschäft handelt, ist noch nicht erwiesen.

Eine weitere Alternative ist der Aufbau einer Shopping-Mall als zusätzliche Einnahmequelle für die Internet-Einheit einer Tageszeitung. Wem es gelingt, eine funktionierende, das heißt gut besuchte Mall aufzubauen, der wird für die Positionierung von Geschäften in den besten Lagen dieser Mall einträgliche Mieten verlangen können. Und diese regionalen Marktplätze in Form von Malls wird es aller Voraussicht nach geben – die Frage ist nur, wer sie aufbaut: Einzelhandelsverbände, Banken oder aber Verlage?

Die Verlage haben sicherlich den Vorteil, dass ihre Ausgangsposition besonders günstig ist: Sie verfügen über das Printmedium, mit dem sie ihre Mall bewerben können, und über vorzügliche Kontakte zum lokalen Handel. Hinzu kommt, dass die Internetseiten der regionalen Zeitungsverlage meist die bestbesuchten Seiten mit regionaler Aus-

Regionale Verlagsplattformen als Shopping-Malls
Thomas Löbel

richtung sind. Eine eingeführte Homepage und eine Mall können miteinander verzahnt werden, um sich gegenseitig Besucherströme zuzuspielen.

Ein Fallbeispiel: www.rhein-main-shopping.de

Die Rhein Main Multimedia GmbH, die den Online-Dienst der Verlagsgruppe Rhein Main (unter anderem „Allgemeine Zeitung Mainz", „Wiesbadener Kurier") betreibt, hat aus den hier geschilderten Gründen im Februar 2000 unter der Adresse www.rhein-main-shopping.de eine solche Shopping-Mall gestartet[7].

Eine zentrale Frage war zu Beginn, ob man lediglich eine Einstiegsseite – etwa mit einer Grafik, die verschiedene virtuelle Shops darstellt – veröffentlichen, oder, ob man auch die einzelnen Shops, das heißt die E-Commerce-Software, anbieten und vertreiben sollte. Während man im ersten Fall nur die Hyperlinks zu verschiedenen, individuellen Shops im Internet verkauft, die ansonsten nichts miteinander gemein haben, werden im zweiten Fall die verschiedensten Dienstleistungen rund um den Internet-Shop angeboten: Bereitstellung der Shopping-Software, Internetseiten-Gestaltung, Bearbeitung von Produktdarstellungen, Shop-Pflege und Server-Hosting – also die Betreuung des Servers – für die Shop-Seiten. Es liegt auf der Hand, dass sich hinter diesen Dienstleistungen auch neue Refinanzierungsquellen ergeben.

Verlag als Software-Lieferant

Letztlich fiel die Entscheidung zugunsten des umfangreicheren Produktes aus: Ein Vorteil dieses Vorgehens ist, dass damit auch

Regionale Verlagsplattformen als Shopping-Malls
Thomas Löbel

Händlern, die noch gar nicht im Internet vertreten sind, eine Komplett-Lösung angeboten werden kann, die dank unkomplizierter Standard-Software innerhalb von Stunden implementiert wird. Die Hürde für den einzelnen Händler, sich an einer Shopping-Mall zu beteiligen, wird damit so niedrig wie möglich gelegt.

Aus der Beantwortung der letzt genannten Frage ergab sich eine neue Aufgabenstellung: Welche Software ist auszuwählen? Die Spanne der auf dem Markt verfügbaren Angebote reicht von umfassenden Shopping-Systemen, die für den einzelnen Händler eine Investition in fünfstelliger Höhe mit sich bringen, bis zu kostengünstigen Lösungen, die für den einzelnen Händler schon zu einem Mietpreis von weniger als zehn Mark pro Monat realisiert werden können. Zu den Vorteilen der kostspieligen Lösungen zählt neben der Leistungsfähigkeit und Flexibilität dieser Systeme zum Beispiel die bereits enthaltene Anbindung an bestehende Warenwirtschaftssysteme, während im anderen Fall der niedrige Preis und oft die – aufgrund einer eingeschränkten Flexibilität – einfache Handhabung die stärksten Argumente sind. In Anbetracht der Tatsache, dass die potenziellen Mieter einer regionalen Mall keine national agierenden Großkonzerne, sondern Mittelständler und kleine Händler sind, deren Bereitschaft, in das Medium Internet zu investieren, noch am Anfang steht, wurde schließlich eine kostengünstige Lösung angeschafft. Auch hier sollte die Hürde für den einzelnen Händler so niedrig wie möglich gelegt werden. Allerdings fiel die Entscheidung zugunsten eines Systems, das zwar mit geringen monatlichen Kosten pro einzurichtenden Shop (ab 69 Mark pro Monat bei einer Einmalgebühr von 150 Mark) angeboten werden kann, gleichzeitig aber auch dem Händler gegen Aufpreis eine Anpassung an sein Warenwirtschaftssystem ermöglicht, sobald eine solche Investition aufgrund seiner E-Commerce-Umsätze ratsam erscheint.

Regionale Verlagsplattformen als Shopping-Malls
Thomas Löbel

Verlag erfüllt individuelle Design-Wünsche

Die gleiche Flexibilität besteht auch bezüglich des Designs. Zuerst kann der Händler mit Hilfe von Standard-Layouts schnell und in der Regel ohne fremde Unterstützung einen ersten Shop einrichten. Dies ist aufgrund einfachster Eingabemasken – so genannter Web-Interfaces – ohne technische Vorkenntnisse möglich. Wachsen seine Ansprüche, so bestehen weitreichende Möglichkeiten, das Shop-Design individuell an seine Wünsche anzupassen.

Ebenfalls flexibel ist das System in punkto Bezahlverfahren: Über ein Auswahlmenü entscheidet der Händler, ob er seinen Kunden den Versand auf Rechnung, per Nachnahme, den Bankeinzug oder die Kreditkartenabbuchung zur Auswahl stellt. Für die Übermittlung von Kontodaten beziehungsweise Kreditkartennummern steht selbstverständlich ein SSL-Modul – ein Modul zur sicheren Abwicklung von Transaktionen – zur Verschlüsselung bereit.

Schließlich werden alle eingerichteten Shops automatisch zu einer Mall zusammengefasst. Dies ist ein Vorteil, der daraus resultiert, dass alle beteiligten Händler eine einheitliche Software einsetzen. Es wird automatisch eine Einstiegsseite mit einem Verzeichnis aller aktiven Shops generiert. Auf dieser Seite ist neben der Suche nach einem bestimmten Shop alternativ auch eine shopübergreifende Produktsuche über alle in der Mall vertretenen Geschäfte möglich.

Einkaufslandschaft versus Produktkatalog

Wie diese Einstiegsseite, über die der Mall-Besucher zu den einzelnen Shops gelangt, zu gestalten sei, war eine weitere Grundsatzfrage bei der Konzeptionierung der Mall. Betrachtet man existie-

Regionale Verlagsplattformen als Shopping-Malls
Thomas Löbel

rende Malls, so sind im Wesentlichen Konzepte zu unterscheiden, die entweder auf den emotional behafteten Erlebniseinkauf durch begehbare Einkaufslandschaften setzen, oder funktionale Angebote beinhalten, die schnell zu den gesuchten Shops und Produkten führen. Nach früher gemachten Erfahrungen mit einer begehbaren Einkaufsstraße[8], setzte Rhein Main Multimedia jetzt auf den letzt genannten Ansatz, der den Besucher schnell zu den von ihm gesuchten Produkten führt. Dahinter steht die Überzeugung, dass der Nutzer vielleicht bei einem ersten Besuch gerne auch durch virtuelle Landschaften bummelt, dauerhaft aber gezielt auf bestimmte von ihm gesuchte Produkte zugreifen möchte[9].

Besucherströme locken Werbekunden

Aus der Entscheidung für das System, das nur geringe Kosten für den Händler mit sich bringt, wird auch bereits die vom Zeitungsverlag verfolgte Strategie deutlich: Ziel ist es, dass zu Beginn möglichst viele Händler einen Shop in der Mall eröffnen. Im Mittelpunkt steht die Vorgabe, die größte Bandbreite an Shops aus der Region zusammenzustellen. Um diese Masse zu generieren, ist es erforderlich, den Eintrittspreis möglichst niedrig anzusetzen, weshalb über die Shopmieten auch keine nennenswerten Deckungsbeiträge erzielt werden können. Die Rechnung soll auf einem anderen Weg aufgehen: Wenn besonders viele Shops in der Mall enthalten sind, wird diese auch entsprechende Besucherströme auf sich ziehen. Daraus folgt, dass die Preise für die zusätzlichen Bannerplätze, die der Verlag durch die Mallseiten gewinnt, entsprechend hoch angesetzt werden können. Durch diese Werbeplätze auf der Einstiegsseite der Mall erhalten einzelne Geschäfte die Möglichkeit, besonders viel Aufmerksamkeit und damit auch besonders viele Besucher auf das eigene Angebot zu ziehen.

Regionale Verlagsplattformen als Shopping-Malls
Thomas Löbel

Lieferservice vorgesehen

Vom Start weg konnte die Mall bereits ein breites Spektrum an Shops vorweisen: Bücher und Kunstdrucke, Reiterbedarf und Hardware, Spielwaren und Schmuck sind nur einige Beispiele für das Sortiment, das jetzt kontinuierlich ausgeweitet wird. In einem weiteren Schritt ist für die Zukunft im Zusammenspiel mit den beteiligten Händlern und einem regionalen Kurierdienst der Aufbau eines shopübergreifenden Lieferservices für die Region vorgesehen.

1) Unter E-Commerce werden hier alle Transaktionen verstanden, bei denen die Bestellung eines Produktes oder einer Dienstleistung online erfolgt, während der Bezahlvorgang online oder offline abgewickelt werden kann. Für eine genaue Begriffsbestimmung vgl. new media update 2/1999, Seite 10.
2) Vgl. „Kaufen ohne Kaufhaus", in: „Der Spiegel" 31/1998, Seite 72-74.
3) Vgl. „Billionen Dollar Umsatz", in: „w&v new media report" 12/1999, Seite 45.
4) Vgl. „Jeder vierte Amerikaner kauft im Internet ein", in: „Frankfurter Allgemeine Zeitung" vom 2. Dezember 1999, Seite 27.
5) Als Vorteile des Online-Einkaufs nennen an erster Stelle 85,3 Prozent der Befragten „Keine Ladenöffnungszeiten" und 69,4 Prozent „Kein Einkaufsstress", vgl. Fittkau & Maaß, W3B, 9. Welle, 1999.
6) Vgl. zum Beispiel „Zahlungsverfahren wird überschätzt" in „w&v new media report" 12/1999, Seite 46. Dem entspricht auch Fittkau & Maaß, „Electronic Commerce im WWW", 1999. Als Gründe für den vorzeitigen Abbruch von Online-Bestellungen werden „Versandkosten zu hoch" und „Shopping-Anbieter nicht vertrauenswürdig" noch vor dem Thema „Zahlungssicherheit" genannt.
7) Andere Beispiele für Shopping-Malls regionaler Zeitungsverlage sind die RP-Online Arkaden (www.rp online.de/marktplatz/einkaufen/geschaefte) und die Shopping-Mall der „Sächsischen Zeitung" (mall.sz-online.de).
8) Vgl. www.mrb.de/rue.
9) Diese Entwicklung wurde auch von anderen Shopping-Anbietern vollzogen, etwa durch den Relaunch des Karstadt-Angebotes www.myworld.de, das sich von einer emotional bestimmten Einkaufslandschaft zu einem sachlich orientierten Produktkatalog wandelte.

5. Globale und regionale Trends

5.1 US-Zeitungsmarkt im Wandel
Michael Geffken

Die neuen Medien verlangen auch von den amerikanischen Zeitungshäusern ihren Tribut. Der Einbruch branchenfremder Unternehmen in das Mediengeschäft zwingt die Verlage zum Umdenken. Es gilt Kernkompetenzfelder – wie das wichtige Rubrikengeschäft – mit neuen Konzepten zu verteidigen. Das Mediengeschäft steht vor einem radikalen Strukturwandel, in dem flexible, nicht exklusive Partnerschaften, aber auch Kooperationen mit Nicht-Verlagsunternehmen mehr und mehr zur Tagesordnung gehören. Das vorliegende Kapitel wirft einen Blick auf die bedeutendsten Netzwerke und zeigt auf, mit welchen Internetstrategien dem Wettbewerbsdruck begegnet werden kann.

Zeitungsverlage in Bedrängnis

Die Szene hatte Symbolcharakter: Während die seriösen Herren vom Verband der Amerikanischen Zeitungsverleger wie festgewachsen hinter ihren Rednerpulten verharrten, sprang vor ihnen auf der Bühne ein lässiger Typ in Mick-Jagger-Manier hin und her. Sergio Zyman erzählte den 1200 Teilnehmern auf der Jahreskonferenz der Newspaper Association of America (NAA) in San Diego, mit welchen Heldentaten er in seinen 13 Jahren als Marketingchef von Coca-Cola Verkaufszahlen und Aktienwert des Brauseherstellers verdoppelt hatte. Zyman durfte den Zuhörern seine Erfolgsgeschichten erzählen, weil ihn die NAA Anfang des vergangenen Jahres als Berater verpflichtet hatte – ausgestattet mit einem Budget von 11,5 Millionen Dollar für Zwecke des Gattungsmarketings.

US-Zeitungsmarkt im Wandel
Michael Geffken

Die Gesichter der Tageszeitungsleute spiegelten die gemischten Gefühle wider, die der Auftritt des Marketing-Gurus bei ihnen auslöste. Befremden über Zymans verquaste New-Age-Terminologie und seine missionarische Art – die ihm den Spitznamen „Aya-Cola" einbrachte – kreuzten sich mit der Hoffnung, dass er den Zeitungsverlagen den Weg in eine lichte Zukunft würde weisen können.

Hoffnung, das scheint tatsächlich das zu sein, was Amerikas Tageszeitungen im Augenblick dringend benötigen. Denn trotz guter wirtschaftlicher Kennzahlen – die durchschnittliche Umsatzrendite der Verlage lag 1999 bei über 20 Prozent –, ist die Branche verunsichert: Die Auflagen der meisten Zeitungen sinken – nicht dramatisch, aber in einer steten Abwärtsbewegung. Bei den Anzeigenerlösen sieht es momentan noch besser aus, doch niemand möchte Wetten darauf annehmen, dass dies noch lange so bleibt.

Das Internet hat sich vom Nischenmedium in den USA zum Massenmedium entwickelt, mit einer Haushaltsdurchdringung, die bald die 50-Prozent-Marke erreicht haben wird. Vor allem im wichtigen Bereich der Rubrikenanzeigen sind deutliche Signale dafür zu erkennen, dass das Internet an dem Kuchen knabbert, den bisher die Zeitungen für sich alleine hatten.

Bedenklich auch, dass sich Tageszeitungen weder national noch regional im Vorderfeld platzieren können, wenn die Nutzer im Netz nach Nachrichten suchen. Landesweit liegt „USA Today" im Internet bei den Nutzerzahlen auf Platz 19 – weit hinter Portalen wie dem Spitzenreiter Yahoo, aber auch weit hinter Mediensites wie MSNBC, CNN oder ABC News. In ihren jeweiligen regionalen Märkten haben es – gemessen an den Visits – nur die „Washington Post" und das „Atlanta Journal-Constitution" geschafft, in den Top 10 aufzutauchen. „Die Zeitungsindustrie hat eine Kugel im Kopf, sie weiß es nur noch nicht", auf diese Formel bringt es der Internet-Berater Scott Cohen, der bis vor kurzem das Web-Angebot der Tageszeitung „Boston Glo-

US-Zeitungsmarkt im Wandel
Michael Geffken

be" leitete. Und Michael J. Wolf, Medienspezialist der Unternehmensberatung Booz, Allen & Hamilton, stellt lapidar fest: „Das Internet bedeutet eine tödliche Bedrohung für die Zeitungsindustrie, weil es das Geschäft mit den Rubrikenanzeigen gefährdet."

Branchenfremde Unternehmen brechen ins Mediengeschäft ein

Zum Anfang des neuen Jahrtausends kam dann auch noch der große Schock: Die Internetfirma America Online (AOL) – vor wenigen Jahren noch von ernsthaften Medienleuten belächelt – kaufte Time Warner, das größte klassische Medienunternehmen der Welt. Am Tag, als der Merger bekannt gegeben wurde, dämmerte auch dem letzten Verlagsmanager in den USA, dass im Mediengewerbe beinahe alle alten Regeln ihre Gültigkeit verloren haben.

Besonders bemerkenswert an den jüngsten Entwicklungen in den USA ist die Tendenz, dass branchenfremde Unternehmen – Service-Provider, Telekommunikationsfirmen, Software-Produzenten – versuchen, in jene Bereich einzudringen, die bisher Sache von Medienunternehmen waren: die Verfügung über Medieninhalte (Content) und deren Distribution.

Ein Beispiel für diese Tendenz liefert Microsoft: Der Software-Hersteller hat im Jahr 1999 fast zehn Milliarden Dollar für Beteiligungen an Dutzenden von Firmen ausgegeben – von einem Anteil am Telefongiganten AT&T bis hin zu Investitionen in kleine Internet-Start-ups. Gemeinsam ist all diesen Unternehmen, dass sie Microsoft den Zugang zu Medieninhalten und/oder zu Mediennutzern ermöglichen. Heute schon ist Microsoft der weltweit mit Abstand größte Besitzer von Bildarchiv-Rechten – von den Werken Pablo Picassos bis hin zu vielen Klassikern der Reportagefotografie.

US-Zeitungsmarkt im Wandel
Michael Geffken

Ein weiteres Beispiel ist der Telefongigant AT&T: Die oben erwähnte Microsoft-Beteiligung ist nämlich gleichsam Nebeneffekt eines weitaus größeren Geschäfts: AT&T hat im Mai für 57,2 Milliarden Dollar den Kabelnetzbetreiber MediaOne gekauft. Damit kontrolliert AT&T jetzt den Kabelzugang von 62 Prozent aller US-Haushalte. Das bedeutet, dass die Telefonfirma in diesen Haushalten Services auf den Feldern TV, Telefon und Internet anbieten kann. Umgerechnet hat AT&T in diesem Deal etwa 4700 Dollar pro neugewonnenem Kabelkunden bezahlt. Diese Summe gibt eine Vorstellung davon, wie das Unternehmen das Erlöspotenzial eines so versorgten Haushalts einschätzt.

Microsoft hat AT&T bei der MediaOne-Akquisition mit fünf Milliarden Dollar unterstützt und erhält im Gegenzug das Recht, die digitalen Set-Top-Boxen, mit denen AT&T seine Kabelkunden ausrüsten will, mit Software von Microsoft auszustatten. Die interaktive Set-Top-Box ist – da sind sich die Experten einig – die Einflugschneise für den E-Commerce via Fernsehen.

Das Mediengeschäft steht vor einem radikalen Strukturwandel

Ein letztes Exempel bietet der Kabelnetzbetreiber TCI: Um für die neuen Möglichkeiten des interaktiven Fernsehens gewappnet zu sein, haben Firmen wie Kraft, Ford oder die Pizza-Kette Domino's erste Verträge mit TCI abgeschlossen. Auch TCI ist eine jüngst akquirierte AT&T-Tochter. Die Unternehmen kaufen Werbezeiten in lokalen Kabelnetzen und können dort ihre jeweiligen Dienste anbieten. So plant Domino's, während bestimmter Sportübertragungen das Bestellen von Pizza zu ermöglichen, die dann via Fernbedienung geordert wird. Dieser personalisierte Service ist möglich, da der Kabelnetzbetreiber TCI die Adresse des Kabelkunden hat. Abgerechnet wird über die monatliche TCI-Rechnung.

US-Zeitungsmarkt im Wandel
Michael Geffken

Diese Beispiele belegen, dass es für die US-Zeitungen beim Thema Internet nicht mehr nur um die Frage geht, ob und wie Websites – eigene oder fremde – Auflagen und Anzeigenerlöse der jeweiligen Blätter kannibalisieren. Es geht um einen radikalen Strukturwandel des Mediengeschäfts.

Soweit der Überblick über einige zentrale Triebkräfte der Medienentwicklung in den USA. Im Folgenden nun Informationen zu einzelnen Aspekten der Marktentwicklung.

Auflagenrückgang bei den Zeitungen

Die neuesten Zahlen zur Auflagenentwicklung vom Audit Bureau of Circulations (ABC), dem Kontrollgremium für die Auflagenentwicklung in den USA, melden einen Rückgang der Auflagen von durchschnittlich 0,7 Prozent für die Halbjahresperiode zwischen dem 1. April und dem 30. September 1999, verglichen mit demselben Zeitraum des Vorjahres. Basis sind dabei die Auflagen von 842 Tageszeitungen und 631 Sonntagszeitungen.

Bemerkenswert bei diesem Befund ist, dass die großen Tageszeitungen mit Auflagen von über 500.000 Exemplaren leichte Zuwächse von 0,2 Prozent verzeichnen, während die kleineren Tageszeitungen kräftig verlieren – immerhin 1,5 Prozent bei den Zeitungen mit einer Auflage von unter 25.000 Exemplaren.

Sorge um Reichweitenentwicklung

Die Reichweitenentwicklung der Tageszeitungen bereitet den US-amerikanischen Verlegern die meisten Sorgen. Lasen 1970 noch

US-Zeitungsmarkt im Wandel
Michael Geffken

mehr als drei Viertel der US-Bürger täglich eine Tageszeitung, so sind es 30 Jahre später nur noch etwa die Hälfte (siehe Tabelle 1).

Tabelle 1

Reichweite der US-Tageszeitungen
1970: 77,8 Prozent
1980: 64,8 Prozent
1990: 60,5 Prozent
1995: 56,0 Prozent
1999: 53,4 Prozent

Quelle: Newspaper Association of America (NAA)

Noch besorgniserregender als der allgemeine Reichweitenschwund dürfte auf lange Sicht die Tatsache sein, dass es zunehmend schwieriger wird, jüngere Leser zu gewinnen. Während bei älteren Tageszeitungsnutzern der Internetkonsum die Zeitungslektüre nicht beeinträchtigt, deutet vieles darauf hin, dass jüngere Leser – einmal ans Internet gewöhnt – kaum noch zur Tageszeitung greifen.

Auch das Anzeigengeschäft schrumpft

Gestärkt durch die boomende Wirtschaftsentwicklung in den USA, entwickelte sich das Anzeigengeschäft der amerikanischen Tageszeitungen 1999 positiv. In den ersten drei Quartalen wuchsen die Einnahmen in den drei Kategorien nationale Anzeigen, Einzelhandelsanzeigen und Rubrikenanzeigen um 5,2 Prozent auf insgesamt 32,9 Milliarden Dollar (siehe Tabelle 2).

US-Zeitungsmarkt im Wandel
Michael Geffken

Tabelle 2

Anzeigenzuwächse der US-Tageszeitungen

1997 = 8,7 Prozent
1998 = 6,6 Prozent
1999 = 5,4 Prozent

Quelle: NAA

So positiv das Ergebnis von 5,4 Prozent Plus bei den Anzeigeneinnahmen wirkt: Verglichen mit den Zuwachsraten der anderen Werbeträger ist das Wachstum bei den Tageszeitungen deutlich unterdurchschnittlich: Zwischen 1993 und 1998 hat der Anteil der Tageszeitungen an den Gesamtwerbeeinnahmen von 24,4 Prozent auf 21,5 Prozent abgenommen.

Rubrikenanzeigen sind wesentliches Standbein der US-Zeitungen

Der Bereich der Rubrikenanzeigen – so genannte Classified Ads – verdient an dieser Stelle eine ausführliche Betrachtung: Die Rubrikenanzeigen sind für US-Tageszeitungen von zentraler Bedeutung. 1998 betrug ihr Gesamtumsatz 54,1 Milliarden Dollar, davon entfielen auf:

- Abo und Einzelverkauf: 18,7 Prozent, das sind 10,1 Milliarden Dollar;
- Rubrikenanzeigen: 33,1 Prozent, das sind 17,9 Milliarden Dollar;
- Nationale und lokale Anzeigen: 48,2 Prozent, das sind 26,1 Milliarden Dollar.

US-Zeitungsmarkt im Wandel
Michael Geffken

Eine Studie der NAA besagt, dass die Akzeptanz der Rubrikenanzeigen in US-Zeitungen hoch ist: 57 Prozent der erwachsenen Zeitungsleser lesen sie. Die Zahl der Nutzer – derjenigen, die auf eine Rubrikenanzeige reagiert haben – ist von 1996 bis 1999 sogar von 33 Prozent auf 37 Prozent gestiegen. Im selben Zeitraum stieg die Zahl der Nutzer von Rubrikenanzeigen im Internet von sieben auf 16 Prozent. Die Zahl derjenigen, die im Internet selbst eine Rubrikenanzeige aufgegeben haben, stieg sogar von zwei auf 13 Prozent.

Zur weiteren Entwicklung des Rubrikengeschäfts gibt es unterschiedliche Aussagen: Eine Studie vom Institut Veronis, Suhler's Communications Industry Forecast – Auftraggeber war die NAA –, sagt ein gesundes Wachstum der Rubrikenanzeigen voraus: 6,5 Prozent für 2001, 6,1 Prozent für 2002 und 5,3 Prozent für 2003. Die Marktforscher von Forrester Research und Jupiter Communications hingegen prognostizieren in verschiedenen Studien für die kommenden zwei bis drei Jahre einen Rückgang des Rubrikengeschäfts der amerikanischen Tageszeitungen um etwa 20 Prozent.

Gegenwärtig sind im Rubrikengeschäft noch Zuwächse zu verzeichnen, wenn sich die Kurve auch abflacht: Die Erlöse amerikanischer Zeitungen aus Rubrikenanzeigen sind in der ersten Hälfte des Jahres 1999 um 3,9 Prozent gestiegen. 1998 hatte die Steigerungsrate im gleichen Zeitraum allerdings noch 6,6 Prozent betragen, 1997 waren es sogar 11,3 Prozent. In Regionen mit hoher Internetnutzung wie in Los Angeles oder in der Bay Area bröckeln die Stellenangebote jedoch schon. Hier nimmt – besonders im High-Tech-Bereich – die Bereitschaft der Unternehmen ab, per Zeitungsanzeige nach neuen Mitarbeitern zu suchen. In einer Stadt wie San Jose ist das Internet schon heute das erfolgversprechendere Medium. Entsprechend positiv sind die Prognosen für die Umsatzentwicklung im Bereich der Online-Rubrikenanzeigen (siehe Tabelle 3).

US-Zeitungsmarkt im Wandel
Michael Geffken

Tabelle 3

Umsätze im Online-Rubrikenanzeigen-Geschäft Angaben in Millionen Dollar				
	Gesamt	Immobilien	Auto	Stellen
1998	185	30	50	105
1999	405	50	90	265
2000	765	85	155	525
2001	1300	145	260	895
2002	2030	250	440	1340
2003	2845	400	705	1740

Quelle: Forrester Research; ab 2000 Schätzung

Online-Rubrikengeschäft begünstigt Allianzen

Im Bereich der Classified Ads sind in den vergangenen Jahren in den USA unterschiedlichste Netzwerke und Allianzen entstanden. Kennzeichen dieser Netzwerke und Allianzen sind unter anderem:

- schnelle Anpassung der Strukuren, der Eigentumsverhältnisse und der strategischen Ausrichtung an neue Entwicklungen;
- flexible, nicht exklusive Partnerschaften;
- Partnerschaften mit Nicht-Verlagsunternehmen (zum Beispiel mit dem Portal Lycos);
- Partnerschaften mit Web-only-Classifieds. Hierunter versteht man Rubrikanzeigen, die aus reinen Internetangeboten stammen und nicht gleichzeitig in Zeitungen erscheinen (zum Beispiel das Medienunternehmen Cox mit Realtor.com);

US-Zeitungsmarkt im Wandel
Michael Geffken

- Partnerschaften mit anderen Medien (zum Beispiel mit TV-Sendern).

Treibende Kräfte waren bei vielen dieser Netzwerke und Allianzen die Verlage Knight Ridder, Gannet Co. und Tribune Co. Die wichtigsten Netzwerke auf dem Feld der Rubrikenanzeigen in den USA sind:

1. **AdOne/ClassifiedWarehouse.com:**
   - Eigner: Advance Publications, Donrey Media Group, E.W. Scripps Co., Hearst Corp., Media News Group, A.H. Belo Corp., Journal Register Co., Lee Enterprises Inc., Media General Inc., Morris Communications Corp. und Pulitzer Inc.;
   - Kooperationspartner (Affiliates):
   29, darunter „The Houston Chronicle", „The Oregonian", „San Antonio Express-News", „The Commercial Appeal" und der „Knoxville News-Sentinel";
   - Zahl der angeschlossenen Zeitungen: über 400 und eine Partnerschaft mit Lycos.

2. **Classified Ventures:**
   - Bereiche/Websites zum Beispiel Cars.com, Apartments.com, HomeHunter.com und Auction Universe;
   - Eigner: Central Newspapers Inc., Gannett Co. Inc., Knight Ridder, The McClatchy Co., The New York Times Co., The Times Mirror Co., Tribune Co. und The Washington Post Co.;
   - Zahl der angeschlossenen Zeitungen: 135;
   - Ausweitung nach Europa geplant.

3. **CareerPath.com:**
   - Eigner: The New York Times Co., Tribune Co., Washington Post Co., The Times-Mirror Co., Knight Ridder, Hearst Corp., Cox und Gannett Co.;
   - Zahl der angeschlossenen Zeitungen: 76.

US-Zeitungsmarkt im Wandel
Michael Geffken

Verlagsübergreifende Sites mit Zusatznutzen

Ein Beipiel für die Flexibilität beim Schmieden von Allianzen ist Classifiedschicago.com: Im September 1999 haben die drei konkurrierenden Verlage Copley Chicago Newspapers, Hollinger International Inc. und Paddock Publications Inc. beschlossen, eine gemeinsame regionale Site für ihre Classified Ads in der Region Chicago zu betreiben. Angeschlossen sind über 90 Tages- und Wochenzeitungen der Region, darunter die drei größten Tageszeitungen „Chicago Sun-Times", „Daily Herald" und „Herald News". Die aggregierten Rubrikenanzeigen sind auf der jeweiligen Zeitungssite wie auch auf der gemeinsamen Site unter www.classifiedschicago.com abzurufen.

Ein anderes Beispiel: In Philadelphia betreiben die zwei Tageszeitungen „The Inquirer" und die „Daily News" – beide aus dem Verlag Knight Ridder – zusammen mit dem TV-Sender WPVI-TV/6-ABC (Disney/ABC) eine gemeinsame Website mit der Adresse http://6abc.philly.com. Diese Site aggregiert die Rubrikenanzeigen der beiden Zeitungen und ist verbunden mit Classified Ventures-Sites wie Cars.com, Apartments.com oder HomeHunter.com. Auf der Site findet sich eine Auktionsanwendung, die auf Classified Ventures' Auction Universe beruht. Technisch interessant: 6abc.philly.com integriert Streaming-Video-Anwendungen – also die Übertragung kurzer Video-Sequenzen. Was die Refinanzierung der meisten Rubrikenangebote angeht: In der Regel werden keine Gebühren vom potenziellen Käufer erhoben. Für den Verkäufer sind die Gebühren für die Anzeige in der Regel in der Gebühr für die Printanzeige enthalten. In seltenen Fällen muss der Verkäufer einen – relativ geringen – Aufpreis auf die Printgebühr bezahlen. In manchen Fällen besteht die Möglichkeit, reine Online-Anzeigen aufzugeben.

Ein Sonderfall ist das „Wall Street Journal", das für die Nutzung seiner Site – und damit auch für die Nutzung der Stellenanzeigen unter

US-Zeitungsmarkt im Wandel
Michael Geffken

www.careers.wsj.com – eine Jahresgebühr von 29 Dollar für Abonnenten und von 59 Dollar für Nichtabonnenten erhebt. Zunehmend sind im Rubrikenbereich der amerikanischen Tageszeitungswebsites auch Auktionen zu finden. Bei Auktionen erhält der Betreiber der Site in der Regel 2,5 Prozent vom erzielten Verkaufspreis.

Dass die Zeitungs-Rubrikenanzeigen im Interent längst zum Alltag gehören, beweist die Einführung eines „Gütesiegels". Im Juni führte die NAA das „Bona Fide Trademark" ein. Das Siegel wird auf über 300 Zeitungswebsites benutzt – beispielsweise auf der Site unter www.newspress.com.

E-Commerce und Portale werden zum wirtschaftichen Standbein

Bei der Diskussion um Chancen und Risiken des Internets ging es im vergangenen Jahr in den USA nicht nur um das Thema Rubrikenanzeigen. Zwei weitere Stichworte waren E-Commerce und Portale.

Im Verlauf des Jahres wurde endgültig klar, dass eine erfolgversprechende Refinanzierung von Zeitungswebsites allein über den Verkauf von Inhalten und den Banner-Erlösen für die meisten Sites unmöglich ist. Das „Wall Street Journal" ist die einzige Zeitung, die überhaupt Abo-Gebühren für ihre aktuellen Inhalte erhebt – bei mittlerweile etwa 360.000 Abonnenten. Und auch der Verkauf von Archivmaterial bringt den meisten Blättern nur geringe Erlöse ein. Einige Zeitungen haben deshalb ihre Archive sogar wieder unentgeltlich zugänglich gemacht.

Das Zauberwort, das helfen soll, neue – und diesmal ausreichende – Erlösquellen zu erschließen, heißt E-Commerce, elektronischer Handel. Das Modell dabei: Über Transaktionserlöse am wirtschaftlichen

US-Zeitungsmarkt im Wandel
Michael Geffken

Erfolg der Verkäufer von Waren oder Dienstleistungen auf der Website teilzuhaben.

Um diesen Verkäufern ein attraktives Umfeld für ihre Angebote zu verschaffen, ist eine stark frequentierte Website nötig, die von ihrer Struktur her möglichst schlüssige E-Commerce-Anbindungen bietet – „Contextual Content". Das bedeutet, dass das Banner des Konzertveranstalters – mit Bestellmöglichkeit für die Karten – in der Nähe des interaktiven Veranstaltungskalenders steht und das Banner des Reisebüros – mit Anbindung an die elektronische Flugbuchung – in der Nähe der Reisegeschichten.

Einbindung der Einzelhändler

In der Summe der Inhaltsangebote der Site entsteht das, was man – je nach Charakter der Zeitung – als lokales oder regionales Portal bezeichnet; eine Anlaufstelle im Internet, die dem Besucher von den News über Bekanntschaftsanzeigen, Firmenübersichten („Gelbe Seiten") bis hin zu lokalen elektronischen Malls alles bietet. US-Zeitungen gehen immer mehr dazu über, dem örtlichen Einzelhandel einen Platz mit E-Commerce-Funktionalitäten auf einer solchen Mall unentgeltlich anzubieten.

Mit Realcities (www.realcities.com) haben die Verlage Knight Ridder, Belo Corporation und Central Newspapers ein Netzwerk von 30 lokalen Portalen gebildet. Diese Portale haben alle die gleiche äußere und innere Struktur und damit auch die gleiche Struktur bei den Classifieds. Die Portale sind verbunden mit Classified-Ventures-Sites wie beispielsweise Cars.com.

Endgültig im vergangenen Jahr etabliert hat sich auch der 1993 gegründete und auf Tageszeitungen spezialisierte Dienstleister Infinet.

US-Zeitungsmarkt im Wandel
Michael Geffken

Dahinter verbirgt sich ein Gemeinschaftsunternehmen der Verlage Gannett, Knight Ridder und Landmark Communications. Das Unternehmen bedient über 200 US-Tageszeitungen mit Online-Dienstleistungen vom Service-Providing über Ad-Management-Tools und Rubrikenlösungen bis hin zu Auktionsanwendungen. Die jeweiligen Anwendungen und Tools können unter den jeweiligen Marken laufen sowie bei Bedarf mit übergeordneten Datenbeständen gekoppelt werden – zum Beispiel bei Rubrikenanzeigen oder Auktionen.

Ob das Portal-Konzept für Tageszeitungen die Lösung aller Internet-Probleme bringen wird, steht noch nicht fest. Zwei Dinge erscheinen im Augenblick noch kritisch: die große Konkurrenz im Bereich E-Commerce und die Gefahr, dass durch eine zu nahe Anbindung an kommerzielle Anbieter die redaktionelle Unabhängigkeit – und damit die Glaubwürdigkeit – verloren geht.

Und die Konkurrenz ist wahrlich nicht zu unterschätzen: Es liegt auf der Hand, dass Tageszeitungen als Vermittler von direkten Kundenkontakten im E-Commerce mit vielerlei Websites konkurrieren, die nicht aus dem Medienbereich stammen. Dazu gehören:

- Service-Provider wie AOL;
- Suchmaschinen wie Yahoo;
- Auktionshäuser wie E-Bay;
- Internetshops wie Amazon oder Nike;
- Virtuelle Malls wie Bluefly;
- Intelligente Agenten/Preismaschinen wie MySimon;
- Virtuelle Communities wie GolfWeb.

Bei einer solchen Konkurrenzsituation ist klar, dass Zeitungsportale im E-Commerce nur eine Chance haben, wenn sie es schaffen, für eine hinreichend große Zahl von Nutzern die zentrale Anlaufstelle im Netz zu werden. Das bedeutet hohe Anforderungen an den Nutzwert des Angebots.

US-Zeitungsmarkt im Wandel
Michael Geffken

Obwohl die redaktionelle Unabhängigkeit von essenzieller Bedeutung ist, ist die enge Anbindung von Zeitungswebsites an den E-Commerce aus Gründen der Konkurrenzsituation unumgänglich. Man muss sich darüber im Klaren sein, dass sich – unabhängig vom guten Willen der Beteiligten – der Journalismus und das Mediensystem grundsätzlich verändern: Künftig werden die Medien via Transaktionserlöse auf der Grundlage von Erfolgsbeteiligungen am wirtschaftlichen Erfolg ihrer Werbepartner beteiligt sein.

5.2 Skandinavien lockt die Internet-Enthusiasten
Oliver Koehler

Die skandinavische Wirtschaft hat die Rezession weitgehend überwunden: Weltweit bekannte Hardware-Firmen wie Nokia und Ericsson, aber auch globale Agenturen wie Spray, Icon Medialab und Framfrab haben zum wirtschaftlichen Aufschwung in Schweden, Norwegen und Finnland beigetragen. Die skandinavischen Länder führen damit den Beweis, dass die „New Economy" den Weg für profitable Informationsgesellschaften ebnet. Ein Boom, an dem auch die skandinavischen Zeitungsverlage teilhaben wollen: Mit einem wachsenden Online-Angebot stoßen lokale wie überregionale Zeitungen auf eine positive Resonanz im Markt. Der zunehmende Konkurrenzdruck sowie unzureichende Leistungsdaten verlangen aber auch von den Zeitungshäusern innovative Marketingmaßnahmen. Länderübergreifende Kooperationen, der Aufbau des E-Commerce-Geschäfts sowie die Schaffung von weiterem Zusatznutzen im Internet stehen im Mittelpunkt der Bemühungen, die dieses Kapitel beleuchtet.

Skandinavien: Ein Markt der Superlative

Kaum eine Gegend beflügelt die Phantasie der Netz-Enthusiasten so sehr wie Skandinavien. Die globale Positionierung wäre aber nie so weit fortgeschritten, wenn die heimischen Märkte nicht bereits ausgebaut wären. Die Zahlen sprechen für sich: In Europa sind Finnland, Schweden und Norwegen – was die Verbreitung des Internets angeht – führend. Rein quantitativ betrachtet, mag die

Skandinavien lockt die Internet-Enthusiasten
Oliver Koehler

skandinavische Bevölkerung mit ihren knapp 8,3 Millionen Online-Nutzern zwar nicht mit Deutschland (18 Millionen) oder Amerika (über 100 Millionen Nutzer) konkurrieren können. Doch mit einer durchschnittlichen Reichweite von fast 50 Prozent hat sich das Medium in allen drei Ländern auf einem Niveau etabliert, das kein anderes Land in Europa bietet. In Zahlen ausgedrückt heißt das: Das Internet erreicht in Finnland wöchentlich über 1,5 Millionen private Nutzer – das sind immerhin 48 Prozent der Bevölkerung. Bei der Arbeit nutzt täglich fast ein Fünftel der Bevölkerung den Zugang zum Netz. In Schweden, wo über die Hälfte der Bewohner online sind, erzielen Spitzensites wie www.Aftonbladet.se eine Nutzungsdauer von durchschnittlich 87 Minuten. Auch Norwegen ist führend mit der weltweit zweithöchsten Zahl an Domains pro 1000 Köpfe. Die Ursachen dafür liegen sowohl in der Industrie, als auch in politischen Entscheidungen begründet.

Zum Einen hat die Deregulierung der Telefonnetze in den 80-er Jahren zu einer vergleichsweise starken Vernetzung der Haushalte geführt. Laut einer Datamonitor-Studie[1] betragen die Kosten der Festnetz-Telekommunikation – und folglich der Internetnutzung – in Skandinavien lediglich ein Drittel von dem, was man in Großbritannien oder Österreich zahlen muss. In einem Ranking der international tätigen und 29 Länder umfassenden Organisation for Economic Cooperation and Development (OECD), in der die Online-Zugangskosten aufgelistet wurden, belegten Finnland und Schweden Plätze unter den zehn billigsten Staaten. Zum Anderen trägt die staatliche Förderung von Heim-PCs, wie man sie beispielsweise in Norwegen und Schweden befürwortet, zur Verbreitung des Internets bei. Der Umgang mit dem Rechner ist aus Sicht der Politik förderungswürdig, da sich der Heimanwender auch für sein berufliches Leben weiterbilde. Mit solch progressiven Entscheidungen ist die weitere Verbreitung von PCs in Privathaushalten programmiert. Derzeit besitzen im Schnitt 30 Prozent der skandinavischen Haushalte einen PC.

Skandinavien lockt die Internet-Enthusiasten
Oliver Koehler

Fortschritte im Werbemarkt

Diese Prognosen wirken sich auch auf die Online-Werbeumsätze aus. Zurzeit rechnet man damit, dass Skandinavien – mit einem Umsatz von 50 Millionen Dollar bis zum Jahre 2001 – der viertgrößte Werbemarkt weltweit wird. Nur die Märkte in den USA, Japan und Deutschland sind noch größer. Der Löwenanteil des skandinavischen Werbeumsatzes fällt dabei auf Schweden. 1998 schätzte das Stockholmer IRM Institute for Advertising and Media Statistics die schwedischen Werbeumsätze auf 25 Millionen Dollar – bei einem Wachstum von 286 Prozent im Vergleich zum Vorjahr. Schon im ersten Quartal 1999 verdoppelten sich die Werbeumsätze auf rund acht Millionen Dollar[2] gegenüber dem Vorjahresquartal. Mit den fortschreitenden Online-Engagements der wichtigsten Player könnten diese Zahlen in Kürze auch in Finnland und Norwegen erreicht werden. In Finnland wuchsen die Werbeumsätze 1998 um 157 Prozent im Vergleich zum Vorjahr. Das entspricht circa 3,5 Millionen Dollar. Nach neuesten Ergebnissen der finnischen MDC Gallup-Gruppe wurden 1999 mit 39 Millionen Finnische Marka (FIM), das sind circa sechs Millionen Dollar, beinahe doppelt so hohe Umsätze erzielt. Nur Norwegen hinkt hinterher. Von der ungünstigen wirtschaftlichen Lage und der Unzufriedenheit einiger Manager mit der Effektivität des Mediums gebeutelt, erwarteten Industrie-Experten für 1999 nur Umsätze in Höhe von 100 Millionen Norwegischen Kronen (circa 12,5 Millionen Dollar). Prognostiziert wurde deutlich mehr: Man rechnete mit 250 Millionen Norwegischen Kronen – das entspricht etwa 27,6 Millionen Dollar.

Die insgesamt positiven Zahlen werden jedoch von anderen Marktfaktoren getrübt: Bislang blieb nämlich unklar, wie viel skandinavisches Werbegeld ins Ausland floss. Die Vermarkter DoubleClick und 24/7 haben bereits Filialen in allen skandinavischen Hauptstädten eröffnet. Zum Anderen generieren amerikanische Sites wie Microsoft,

Skandinavien lockt die Internet-Enthusiasten
Oliver Koehler

Altavista und Geocities so viele Zugriffe, dass sie unter den zehn meistbesuchten Internet-Angeboten gelistet werden. In Schweden erzeugen nur fünf der zehn stärksten Sites – nämlich Swipnet, „Aftonbladet", Algonet, Passagen und Evreka –, Werbeumsätze, die in Skandinavien bleiben. Wenn man bedenkt, dass zwei Sites davon wiederum vom amerikanischen Unternehmen 24/7 Media vermarktet werden, bleibt noch weniger für den schwedischen Werbemarkt übrig. Ähnlich verhält es sich mit den Top-Sites in Finnland und Norwegen. In Finnland kaufte 24/7 in seiner ersten europäischen Akquisition den Marktführer unter den Vermarktern, Netbooking.fi, auf. Mit einem Schlag war das Portfolio um 50 weitere finnische Topsites und um 80 Millionen Page Impressions reicher.

Marktführer im skandinavischen Web

Heute führt nur noch Norwegens Gallup-Gruppe Buch über die Kontaktzahlen, die US-amerikanische Sites generieren. Weil amerikanische Medienmarken wie Yahoo und Microsoft Besucherzahlen von über einer Million Nutzern erzielen, haben sie im vergangenen Jahr in Skandinavien regionale Pendants zu ihren US-Produkten eingeführt. Als einzige Suchmaschine ohne regionale Niederlassung konnte sich nur Alta Vista etablieren, die zuvor als Suchmaschine des norwegischen Portals Scandinavia Online (SOL) fungierte.

Finnlands Web-Traffic-Monitor auf www.toy.fi und Schwedens Marktforschungsinstitut SIFO Interactive listen nur die finnischen beziehungsweise schwedischen Sites auf. Dabei kristallisieren sich ein paar klare Tendenzen heraus: So besteht ein deutliches Gefälle zwischen dem Rangersten und dem Ranglezten unter den Top 40. In der Februar 2000-Auswertung konnte beispielsweise der Spitzenreiter Sonera Plaza über anderthalb Millionen Visits bei 9.238.900 Page Impressions für sich verbuchen. Der Ranglezte KotiPC erzielte

Skandinavien lockt die Internet-Enthusiasten
Oliver Koehler

nur 700 Visits und 4400 Page Impressions[3]. Das mag zum Einen an den – im Vergleich zu Deutschland – niedrigeren Bevölkerungs- und Mitgliedszahlen in den entsprechenden Zeitungsverbänden liegen. Zum Anderen werden in diesen Auflistungen – wenig differenziert – alle Angebotstypen zusammengefasst.

Online-Angebote von Schibsted belegen vordere Plätze

Zahlen wie diese, die sich ähnlich in Norwegen und Schweden wiederfinden, liefern auch erste Hinweise auf die Strategien der meisten Inhalte-Anbieter (Content-Anbieter) – allen voran der Zeitungsverlage. Zu den absatzstärksten Unternehmen in Norwegen gehört das Verlagshaus Schibsted. Dem Konzern gehören 65 Prozent des Full-Service-Portals SOL, das – bezogen auf die Page Impressions – immerhin Platz zwei hinter Alta Vista belegt. Die restlichen 35 Prozent gehören der staatlichen Telekommunikationsfirma Telenor. Zusätzlich verantwortet Schibsted zwei weitere Top-10-Sites: Die Nummer drei der Zeitung „Verdens Gang"(VG), sowie die Nummer acht mit dem Zeitungsnamen „Aftenposten"[4]. Mit weiteren Anteilen an den Internet-Angeboten der schwedischen Tageszeitungen „Aftonbladet" und „Svenska Dagbladet", die zusammen mehr als zwei Millionen Page Impressions auf sich vereinen, verfügt das Haus auch im Nachbarland über eine dominante Stellung.

Das Gegenstück auf der finnischen Seite stellt Alma Media dar. Mit einem Werbemarktanteil von 40 Prozent ist die Firma ebenfalls stark vertreten. Hauptangebote des finnischen Medienmultis sind die Site des TV-Senders MTV3 und die Online-Tageszeitung „Iltalehti", die nach Page Impressions auf den Plätzen drei und vier im Ranking stehen[5]. Als konkurrierende Zeitung liegt der Titel des Sanoma WSOY-Verlags „Helsingin Sanomat" – mit bis zu drei Millionen Page Impressions weniger als seine Alma Media-Konkurrenten – auf Platz

Skandinavien lockt die Internet-Enthusiasten
Oliver Koehler

11 weit abgeschlagen. Eindeutiger Sieger im Ranking ist das Portal des Telekommunikationskonzerns Sonera unter www.sonera-plaza.fi. Der Spitzenplatz belegt die dominante Stellung der Telekommunikationsunternehmen im finnischen Wirtschaftsgeflecht.

Obwohl die Vermutung nahe liegen mag, dass der Erfolg für überregional ausgerichtete, flächendeckende Medien – angesichts günstiger Verhältnisse für den Internet-Zugang – programmiert ist, darf die Bedeutung der geographischen Nischenmärkte im Online-Tageszeitungsgeschäft nicht übersehen werden. Obwohl kleine Besucherzahlen für Werbungtreibende nur bedingt von Interesse sind, sind sie doch gleichzeitig ein Indiz für die gute Marktpenetration der jeweils lokal angesiedelten Medien. Im skandinavischen Raum sind diese Sites für die Konsumenten den überregionalen Angeboten daher mindestens ebenbürtig.

Lokale Märkte bedienen: Ein traditionsreiches Geschäft

Die Skandinavier zählen weltweit zu den aktivsten Zeitungslesern. Die gesamte schwedische Zeitungsauflage beträgt 3,8 Millionen Exemplare. Das Minimum an Ausgaben pro 1000 Köpfe liegt bei 430 Zeitungen. Dagegen kommen auf 1000 Deutsche 314 Zeitungen. Die Gründe für die Verankerung der Zeitungskultur liegen besonders in den topographischen Verhältnissen der drei Nachbarsstaaten. Vor allem in Finnland und Norwegen ermöglichen alteingesessene lokale Tageszeitungen, dass Nachrichten bis in die entlegensten Winkel vordringen[6].

Die starke lokale Präsenz hat Auswirkungen auf die Verbreitung der Tageszeitungen. So sind in den Hauptstädten Oslo, Stockholm und Helsinki weniger als zehn Prozent aller Tageszeitungen angesiedelt. Überregionale Titel sind entsprechend vorrangig in den politischen

Skandinavien lockt die Internet-Enthusiasten
Oliver Koehler

und wirtschaftlichen Zentren vertreten. Aufgrund der verbesserten Kommunikationsmöglichkeiten hat sich die Situation für traditionelle Lokalzeitungen dennoch verschärft. In zunehmenden Maße wird die lokale Medienszene von der Monopolstellung einzelner Zeitungen geprägt. Gab es 1945 in Schweden noch 51 Gemeinden mit mehr als zwei Zeitungen, so sank diese Zahl bis 1998 auf 19 – gegenüber 63 Gemeinden, in denen nur noch eine Zeitung erscheint. Doch trotz des großen Wettbewerbsdrucks haben die Zeitungen unbestrittene Vorteile: Sie liegen in der weitgehenden Konkurrenzlosigkeit auf dem Vertriebs- und dem Werbemarkt. In Finnland besitzen 11 der 22 regionalen Zeitungen Auflagen von über 50.000 Exemplaren. Finnlands größte Tageszeitung „Helsingin Sanomat" hat sogar eine tägliche Auflage von 469.687 Exemplaren. Hinzu kommt, dass die Abonnement-Quote, die in Finnland bei circa 89 Prozent, in Schweden bei circa 75 Prozent liegt, eine längerfristige Bindung an die Zeitung verspricht. Dennoch hat die Entwicklung hin zu den „One Newspaper Towns" den Nebeneffekt, dass die meisten Blätter dem Anspruch eines Full-Service Mediums gerecht werden müssen. Lokales, Regionales, Nationales und Internationales muss unter einen Hut gebracht werden.

Übertragung der Marktkonstellationen ins Internet

Übersetzt man diese Marktverhältnisse – Alleinstellung beziehungsweise Monopolstellung der lokalen Titel und hohe Akzeptanz überregionaler Titel – auf das Internet, ergeben sich für die Zeitungsverleger interessante Marktausschöpfungsmöglichkeiten. Die günstige Telekommunikationsinfrastruktur müsste die Positionierungschancen weiter verbessern. Die Zahlen widersprechen allerdings dieser Einschätzung: In Finnland betreiben von 107 Mitgliedern der Finnish Newspapers Association nur 59 Online-Versionen, wobei lediglich 16 davon registrierungspflichtig sind. Norwegen hat

Skandinavien lockt die Internet-Enthusiasten
Oliver Koehler

den niedrigsten Anteil an Online-Zeitungen. Nur ein Drittel aller Mitglieder des Verbands Norske Avisers Landsforening betreiben eine Web-Version mit aktuellen Nachrichten. Einzig Schweden hat eine höhere Ausschöpfung: Von circa einhundert Mitgliedern des schwedischen Zeitungsverbandes Tidningsutgivarnas haben 70 Prozent eine Online-Ausgabe ihrer Zeitung entwickelt. Damit kommt Schweden auf den höchsten Anteil an Online-Zeitungen.

Obwohl der Anteil an Online-Ausgaben noch höher sein könnte, messen die großen Verlage dem Internet einen hohen Stellenwert bei: So haben Norwegens Medienhäuser Schibsted, A-pressen und Orklamedia ihre wichtigsten Produkte, darunter „Verdens Gang", „Aftonbladet" und „Bergensavisen" ins Netz gestellt. Der finnische Konzern Alma Media unterhält Internet-Ausgaben für 17 seiner 23 überregionalen, regionalen und lokalen Blätter. Das Unternehmen Sanoma WSOY hat eine Netzversion der finnischen Tageszeitung „Helsingin Sanomat" erarbeitet. Und auch die schwedische Bonnier-Gruppe bereitet alle Zeitungen – inklusive ihrer Beteiligungstitel – für das Netzpublikum auf.

Dennoch wird selbst von diesen Akteuren das Internet nicht nur als Chance begriffen: Die Bereitstellung von kostenlosen Zeitungsinhalten, so befürchtet man, könnte die Abonnentenzahlen gefährden[7]. Um dieser Gefahr vorzubeugen, wird in der Regel nur ein geringer Teil der Zeitungsinhalte in die kostenlosen Web-Zeitungen übernommen. Damit stellen die Verlage von vornherein klar, dass es sich um ein Komplementärmedium mit Zusatznutzen handelt.

Werbeerlöspotenziale für Online-Zeitungen

Wie im restlichen Teil Europas tragen Werbeumsätze nur bedingt zur Finanzierung der Online-Inhalte bei. Die Online-Angebote

Skandinavien lockt die Internet-Enthusiasten
Oliver Koehler

werden hauptsächlich durch das Print-Pendant subventioniert. Auch andere Aktivitäten wie die Bereitstellung von Dienstleistungen an Dritte tragen zur Erlösoptimierung bei. Erschwert wird die Kostensituation zudem durch fehlende Einnahmen bei der Vermarktung der Inhalte: Nach der Devise „Content is free"[8] bietet der Großteil der Zeitungen seine Web-Inhalte kostenlos an. Dabei liegt der Anteil der Druckinhalte im Web bei rund 20 bis 30 Prozent. Nur die überregional verbreitete norwegische Zeitung „Aftenposten" stellt bis zu 70 Prozent ihrer Inhalte ins Netz.

Fehlende Sprachbarrieren zwischen den drei Ländern verwischen zudem eine präzise Eingrenzung der Zielgruppe. Außerdem bedienen gerade die lokalen Anbieter relativ kleine und für Online-Werbungtreibende noch uninteressante Absatzgebiete. Ein Beispiel aus Finnland, mit seiner dezentralisierten industriellen Infrastruktur[9] zeigt, wie sehr der IT-Boom einerseits Glückfall, andererseits Verhängnis sein kann. Die lokale Zeitung „Rantalakeus" hat ihren Sitz in einer Gegend mit starkem Bevölkerungszuwachs aus anderen Gegenden Finnlands. Sie leidet darunter, dass die zugewanderte Bevölkerung sich nicht mit der lokalen Zeitung identifiziert und dementsprechend weder über traditionelle noch über moderne Absatzwege erreichbar ist.

Fehlende Synergien zwischen Print- und Online-Versionen

Somit lässt sich über Werbung in Form von Bannern oder Microsites – wie man den aktionsgebundenen Teil einer Website nennt – nur ein Bruchteil des redaktionellen Inhalts bezahlen. Der Schnitt liegt hier zwischen einem und maximal zehn Prozent. Einen höheren Anteil von 25 Prozent werbeunterstützter Finanzierung erreicht der Konzern A-pressen aus Norwegen. Wie Alma Media in Finnland bestreitet die Firma den Großteil ihres Geschäfts mit ihren Lokal-

Skandinavien lockt die Internet-Enthusiasten
Oliver Koehler

zeitungen, die sie gebündelt vermarkten kann. Mit Zugriffszahlen im Spitzenbereich von zwei Millionen Page Impressions im Monat ergeben sich für potenzielle Werbekunden attraktive Umfelder. Und selbst hier klagt die Marketingleitung noch über zu wenig Werbeeinnahmen.

Chance und Risiko zugleich bedeutet das aufkeimende E-Commerce-Geschäft. Wie Fatmir Bratli Nikqi, Vermarktungsleiter des norwegischen Shopping Portals ZOOM, kommentiert, bringt dieser Sektor eine Reihe an neuen Werbungtreibenden ins Geschäft: „Bisherige Bedenken gegenüber Online-Werbung nehmen ab zu Gunsten eines rapiden Anstiegs im Kampagnenvolumen; von circa 200 bis 300 Prozent. Was aber noch fehlt, sind konkrete Synergieformen zwischen Print- und Online-Versionen." Eine Verknüpfung der beiden Medienformen würde den Zeitungen neue Möglichkeiten bieten, wobei sich auf lange Sicht Nischenmedien gegenüber Portalen besser durchsetzen werden – so die gängige Meinung.

Die mangelnde Transparenz im Online-Werbemarkt ist ein weiterer Grund für die Zurückhaltung mancher Werbungtreibender. Im Vergleich zu Deutschland fehlen Standards bei den Werbeträgerkontrollinstanzen. Lediglich in Schweden verfügt man mit Sifo Interactive über eine Institution, die den Ansprüchen eines an IVW-Standards gewöhnten Marketers gerecht werden kann. Doch trotz einer benutzerfreundlichen Auswertung der Top-Site-Statistik auf einer monatlichen Basis verhindert auch hier die Anzahl von nur 38 Mitgliedszeitungen eine umfassende Analyse der Werbeträger. Ähnlichkeiten mit dem deutschen Markt bestehen bezüglich der Kontaktwährungen: Page Impressions und Visits geben etwas Aufschluss über die groben Markttendenzen. Doch fehlt, wie im Falle des Web-Traffic-Monitors des Marktforschungsinstituts Taloustutkimus, eine Einordnung nach Kategorien. Über ein bloßes Ranking der führenden Sites hinaus sind keine weiteren Informationen zu den einzelnen Belegungseinheiten erhältlich. Norwegen hat sogar als einziges Land gar keine offizielle Zählinstanz. Dort verlassen sich Mediaplaner größtenteils auf eigene Datenbanken sowie

Skandinavien lockt die Internet-Enthusiasten
Oliver Koehler

die Norsk Gallup-Infobank „Forbruker & Media", die MMI-Datenbank „MMIMs" und die „Norsk-Reklamestatistikk" von AC Nielsen. Infolge der dominanten Stellung amerikanischer Industriegrößen im skandinavischen Markt ist es nicht weiter verwunderlich, dass sich auch US-Marktforschungsinstitute wie Media Metrix und Jupiter (www.intelligence.se) mit Netzwerkfilialen niederlassen oder Firmen akquirieren.

Lokale Märkte entwickeln und ausbauen

Eines der häufigsten Probleme, denen sich lokale Verleger stellen müssen, ist die Frage, wie man neue Internet-Nutzer an das eigene Online-Angebot binden kann. Im Gegensatz zu den nationalen Akteuren sieht sich die Lokalpresse mit der Herausforderung konfrontiert, ihren Markt erst noch finden zu müssen. Dagegen verfügen die überregionalen Zeitungen über eine landesweite Online Präsenz, wie ein Vergleich der Printauflage von „Aftonbladet" (397.000 Exemplare) mit ihren Web-Zugriffen von 369.621 Visits im Februar 2000 zeigt. Obwohl der Großteil der lokalen Online-Zeitungen ebenfalls nationale und internationale Nachrichten liefern muss, liegen ihre Kernkompetenzen selbstredend in der Aufbereitung regionaler Inhalte. Wie ihr Print-Pendant müssen sie in erster Linie den Ansprüchen eines örtlichen „Full-Service"-Anbieters gerecht werden, ehe sie sich mit anderen Inhalten und Leistungen befassen. In der Konsequenz heißt das: Die Entwicklung von linearen Konzepten zur Leser- beziehungsweise Nutzerbindung hat Vorrang vor der Einführung von Nischenangeboten.

In einem Land wie Finnland, in dem das Internet – wie dargestellt – weit verbreitet ist[10], ist es ein logischer Schritt, Internet-Zugänge über die eigene Providing-Tochter oder Kooperationspartner aus dem Telekommunikationsmarkt anzubieten. Zusätzlichen Traffic verspricht auch die Bewerbung der Online-Angebote in den hauseige-

Skandinavien lockt die Internet-Enthusiasten
Oliver Koehler

nen Zeitungen. Hierdurch werden vor allem die Abonnenten angesprochen. Darüber hinaus kann ein Portal – sprich eine Einstiegsseite inklusive eines Internet-Zugangs – einiges an Traffic bewirken. Der Erfolg ist sichtbar: Seitdem die finnische Online-Redaktion von „Ilkka" sowohl Internet-Service-Provider, kurz ISP, als auch Portale anbietet, „hat sich die Situation beträchtlich verbessert", berichtet die Redaktion. Auch lokal ausgerichtete Verlagshäuser wie Alma Media aus Finnland oder A-pressen aus Norwegen nutzen diese Gelegenheit, zudem sie damit auch gleichzeitig an Leser- und Nutzerdaten für ihre Vermarktungsgesellschaften herankommen.

Kooperation auch mit Online-Radios nicht ausgeschlossen

Obwohl sich die meisten Online-Ausgaben einer positiven Resonanz in ihren Marktsegmenten erfreuen, arbeiten die meisten Anbieter kontinuierlich an der Verbesserung von Produkt und Inhalt. Auf der Nachrichtenseite bedeutet das: das Einrichten von Newstickern, Business- und anderen Portalen sowie von Zusatzdiensten wie Chat-Rooms oder Kleinanzeigenmärkte, um nur einige Beispiele zu nennen. Für die Einzeltitel ist ein solches Leistungsportfolio ein kostspieliges Unterfangen. Durch Kooperationen, entweder mit nationalen Titeln wie „Helsingin Sanomat" oder mit lokalen Partnern, können höhere Kosten vermieden werden. Durch den Zusatznutzen lassen sich nicht nur Stammleser binden, sondern auch neue Nutzer zuführen. So bindet der Konzern Alma Media seine Mitgliedertitel in einen Immobilienmarktplatz ein. Auch die schwedische Lokalzeitung „Upsala Nya Tidning" verzeichnet auf diese Weise ein Auflagenplus. Der „Västerbottens-Kuriren" geht sogar so weit, seine Inhalte mit einem Online-Radiosender zu teilen und verbucht nach eigenen Angaben mehr Zugriffe als manch überregionaler Titel.

Da die Frequenz, mit der Portale als Einstieg ins World Wide Web genutzt werden, nach Expertenmeinung rückläufig ist, müssen weite-

Skandinavien lockt die Internet-Enthusiasten
Oliver Koehler

re Entwürfe zur Kundenbindung ausgearbeitet werden[11]. Zu diesen Entwürfen gehört auch das E-Commerce-Geschäft. Im lokalen Gefüge kann dieser Vertriebsweg – in Anbetracht der topographischen Verhältnisse – eine recht attraktiver sein. Schwedens Zeitung „Norra Västerbotten", die regelmäßig Konferenzen beiwohnt, bietet neben einem Business-Portal, einer Web Design-Agentur, einer digitalen, kostenpflichtigen Pdf-Version der Zeitung, einem Web-Hotelverzeichnis und E-Mail-Diensten auch einen Online-Store an. Der Erfolg kann sich sehen lassen: Die Zeitungssite registriert täglich 4000 bis 5000 Visits. Zusätzlich tummeln sich weitere 15.000 Besucher am Tag auf den anderen Seiten des Dienstes. Und das in einer Gegend mit knapp 76.000 Einwohnern.

Zu den lukrativeren neuen Märkten am Rande des Online-Geschäfts gehören die neuen Übertragungs- und Empfangsstandards wie Wireless Application Protocol (WAP) und Palm Pilot Downloads. Letztere gehören zu den PDAs, der Kurzform für Personal Digital Assistant, also einer Art Filofax, das zum Beispiel für die Termin- und Adressverwaltung genutzt wird. In Finnland, wo die Verbreitung von Mobiltelefonen die 50-Prozent-Schwelle erreicht hat, und das Festnetz vor der Ablösung zu stehen scheint, bergen Informationsdienste der dritten Generation ein enormes Potenzial – auch was die Finanzierung durch Werbung sowie die langfristige Kundenbindung angeht. Mit 400 Palm Pilot Downloads pro Tag kann die norwegische Zeitung „Varden" zwar nicht mit Seitenzugriffen von 50.000 Visits pro Woche konkurrieren. Doch dieses Beispiel zeigt, in welche Richtung sich der Markt entwickelt.

Auf der Suche nach neuen Absatzgebieten

Schaffung von Zusatznutzen lautet also das Gebot der Stunde. Vorbildstatus für die Konzeption von Mehrwertdiensten hat das

Skandinavien lockt die Internet-Enthusiasten
Oliver Koehler

Medienhaus Schibsted. Mit seinen Anteilen an vier der größten Zeitungstitel Skandinaviens gelang es ihm, weitere Plattformen, wie das zu Anfang erwähnte SOL-Portal, in seine bisherigen Aktivitäten einzubinden. Zusätzlich wird das gesamte Online-Angebot diversifiziert, um aus dem wachsenden E-Commerce-Sektor Profit zu schlagen. So erweiterte SOL im vergangenen Jahr in Schweden sein Shopping-Angebot um das Auktionshaus Bid2Day. Die norwegische Version des SOL-Portals wird zudem von dem In-House-Buchladen Bokkilden und vom Ticketservice TicNet abgerundet.

Im Zuge der zunehmenden Anbindung der ländlichen Bevölkerung an das Internet greift sowohl Schibsted als auch sein finnischer Konkurrent Sanoma WSOY zu Kooperationskonzepten mit lokalen Stärken. Um durch Extraleistungen landesweit auf das Angebot aufmerksam zu machen, führt beispielsweise der Titel „Helsingin Sanomat" eine Kleinanzeigendatenbank mit Premiumpreisen für Bannerwerbung. Schibsted geht über seine Zeitung „Aftenposten" den lokalen Weg mit Local- und City-Guides in Stockholm und Kopenhagen.

Neue Geschäftsfelder erschließen

Einer der weniger genutzten Standbeine ist das Access-Providing, worunter man die Bereitstellung von Internet-Zugängen und technischen Dienstleistungen an Privat- (Access-Providing) und Firmenkunden (Service-Providing) versteht. Obwohl sich das Konzept auf dem lokalen Markt als Mittel der Absatzförderung durchgesetzt hat, ist die Vernetzung von Zeitungscontent mit Internet-Zugängen auf dem überregionalen Parkett nicht lukrativ. Unter den Anbietern tobt der Preiskrieg um knappe Gewinnspannen und mit der Ausweitung der Breitband-Technologie wird der Zugang zu dem Markt erschwert. Als Schibsted und die Telefongesellschaft Telenor 1995 SOL ins Leben riefen, galt es vor allem, den Markt für neue Nutzer zu ent-

Skandinavien lockt die Internet-Enthusiasten
Oliver Koehler

wickeln. Inzwischen bietet Schibsteds Tochter „Aftenposten" auch einen Gratisdienst an, eine Anbindung, die höchstens als Kundenbindungsinstrument eingesetzt wird. Auch Norwegens „Dagbladet" führte vergangenes Jahr einen kostenlosen Zugangsdienst ein: Die einzige Rendite, die die Zeitung vorerst abschöpfen kann, ist die gesteigerte Loyalität der Kundschaft.

Wie schon einleitend erwähnt, ist der mehrsprachige skandinavische Kontinent nicht nur heimischen Marktkräften ausgesetzt. Zu den US-Sites kommt die Konkurrenz aus dem direkten Länderumfeld. Diese Konkurrenz wird jedoch meistens proaktiv in die Schaffung neuer Geschäftsfelder umgewandelt. Da die Sprachbarrieren in den skandinavischen Ländern von wesentlich geringerer Bedeutung sind als im restlichen Westeuropa, ist es durchaus üblich, dass sich zum Beispiel ein schwedischsprachiges Angebot in Finnland durchsetzen kann, wie die Minoritätszeitung „Hufvudstadbladet" zeigt. Die jeweiligen Vorzeigehäuser in den drei Ländern, Sanoma WSOY, Bonnier, Alma Media, Schibsted oder Orkla Media, besitzen zudem – wie eingangs kurz angedeutet – entweder Anteile an Produkten der anderen oder führen sogar eigene Titel im Nachbarland.

In jüngster Zeit hat die Suche nach neuen Absatzgebieten eine neue Wendung genommen. Während die norwegische Zeitung „Nettavisen" auf Berlin als potenziellen Standort schielt, geht der Blick von Schibsted und Orkla Media in Richtung osteuropäische Nachbarn[12]. Auch wenn Schibsted mit der Zeitung „20 Minuten Köln" in jüngster Zeit auch in Deutschland Fuß zu fassen versucht, konzentriert sich das Unternehmen doch mehr auf den osteuropäischen Markt. Momentan befinden sich die beiden Medienhäuser noch in der Aufbauphase. Dennoch wird das Potenzial der künftigen Zielgruppe hoch eingeschätzt. Mit Blick auf die rasante technologische Evolution geht man davon aus, dass eine frühzeitige Positionierung unerlässlich ist. Einige Unternehmen haben dies bereits erkannt. Darunter Orkla Media: Das Medienhaus ist bereits der zweitgrößte Verleger in Polen.

Skandinavien lockt die Internet-Enthusiasten
Oliver Koehler

1) http://www.datamonitor.com; 22. Januar 1999.
2) Dagens Reklamnyheter; 12. Mai 1999.
3) Auch, wenn sich Norwegens Online-Zeitungen zeitweilig in ihren Leserschaften verdoppelt haben, ist der Unterschied zwischen Marktführer „Verdens" Gang mit 201.000 Lesern und dem zehntplatzierten „Adresseavisen" mit 4000 Lesern nicht mit deutschen Zahlen zu vergleichen.
4) Gallup Norway – Web Topp, 3. Quartal 1999.
5) Web Traffic-Monitor www.toy.fi – Februar 2000.
6) Vgl. Swedish Institute, October 1999: Fact Sheets on Sweden: Mass Media. http://www.si.se; ODIN Ministry of Cultural Affairs, 1999: Media in Norway. http://odin.dep.no/kd/publ/1999/media/; Jyrkiäinen, Jyrki, 1999: Finland: land of newspapers and modern communication technology. http://um1.tmt.tele.fi/finfo/english/lehdeng.html.
7) Durchschnittliche Auflagenverluste liegen bei einem Maximum von zwei Prozent. Die meisten Zeitungen verweisen darauf, dass Leser den Hauptteil der Zeitung verpassen würden. In einzelnen Fällen geben Verleger steigende Auflagenzahlen an.
8) Eine Ausnahme hiervon ist die lokale schwedische Zeitung „Norra Vasterbotten", die ihre Zeitung vollständig als Pdf-Datei kostenpflichtig zum Herunterladen bereitstellt. Zusätzlich werden noch circa 30 Prozent der Inhalte der gedruckten Zeitung ins Netz gestellt. Große Stories können erst zwei bis drei Tage später abgerufen werden.
9) Vgl. Grauel, Ralf: Warum Nokia erst der Anfang ist, in: brandeins 01/00, Finnland, 2000, Seite 56.
10) Vgl. Tilastokeskus: On the Road to the Finnish Information Society. Abstract, 1998, unter: http://www.stat.fi/tk/yr/tttietoti_en.html.
11) Vgl. europemedia, 26. Januar 1999, unter: http://www.europemedia.com/content1/Norway/26_Oct_1999.shtml#Article2.
12) Vgl. Wired News, 16. November 1998: Beacon in the Baltics, unter: http://www.wired.com/news/politics/0,1283,16291,00.html. Eine Studie der Electronic Frontier Foundation kam zu positiven Ergebnissen bezüglich der Internet Nutzung sowie des Potenzials für E-Commerce.

5.3 Publishing in der Netzwerk-Ökonomie
Norbert Specker

Die traditionellen Verlage stehen vor strukturellen Umwälzungen. Auf dem Weg in den neuen Markt, gilt vor allem eins: Alte Gewohnheiten über Bord zu werfen und ausgetretene Pfade zu verlassen. Das Besitzstandsdenken hat ausgedient, an die Stelle von „Wertschöpfungsketten" werden „Wertschöpfungsnetze" treten. Im folgenden Kapitel sollen Reibungspunkte – und damit Entwicklungschancen – auf dem Weg der Verlage in den neuen Markt aus unterschiedlichen Perspektiven diskutiert werden. Dabei werden die wichtigsten Trends und Aktionsfelder aufgezeigt.

Neue Abläufe bestimmen den Alltag

Schon 1963 sprang Valerie Brummel 2,28 Meter hoch. Das machte er im Straddle-Stil, das heißt, er drehte sich wie alle anderen Hochspringer mit dem Gesicht nach unten über die Stange. Während beinahe einer Dekade schien die 2,30 Meter-Marke eine Höhe von einem anderen Stern zu sein. Dann trat während der Olympischen Spiele in München ein dürrer 19-Jähriger an, seine Welt – die Hochsprungwelt –, auf den Kopf zu stellen. Oder genauer, auf den Rücken. Rückwärts, mit dem Gesicht nach oben sprang Dwight Stones jene undenkbaren 2,30 Meter – und geradewegs zur interessantesten Medaille. Die wirklich großen Sprünge sind eben schon im Ansatz anders.

Die Frage, die sich stellt: Wie kommt man von da nach da?
Ins Umfeld der „neuen Medien" kommt man in aller Regel nicht so

Publishing in der Netzwerk-Ökonomie
Norbert Specker

übergangslos wie dieser unverbrauchte Hochspringer, der unbelastet einen neuen Lösungsansatz probiert. Anders ausgedrückt: Den „alten Medien" fällt es ungleich schwerer sich zu erneuern: Die Bewegungsabläufe sind so eintrainiert, dass sie schon bei geringsten Abweichungen Gliederschmerzen verursachen. Doch diese Abweichungen werden immer nötiger, will man nicht eines Tages als Beute der Ortsmuseen enden.

Im Umfeld der neuen Medien ist die Pflege der Abweichung der Erfolgsfaktor. Nicht Eingespieltes, Unvorhersehbares, „Gegenwindiges" ist für Unternehmen, die runde Abläufe und Planbarkeit gewohnt sind, eine spannende Herausforderung.

Das Spielfeld in der Netzwerk-Ökonomie

Das Aktionsfeld hat sich in großen Teilen stark vernetzt. Es werden so viele neue Verbindungen zwischen Firmen und Menschen aufgebaut wie noch nie in unserer Geschichte.

Dabei argumentieren die Unternehmen in ihren New-Media-Businessplänen gerne mit der zunehmenden Zahl an Internetnutzern und ihrer wachsenden Verweildauer. Ein Wachstum, das uns schon seit ein paar Jahren staunen lässt. Und das uns noch viel mehr beeindruckt, wenn wir uns die soviel mächtigere Realität vorstellen, die die Zunahme der Verbindungen der verschiedenen Teilnehmer untereinander bedeutet.

Zur Illustration: Das Telefon ist nicht so relevant, weil jeder ein Telefon hat, sondern, weil jeder mit jedem telefonieren kann. Genauso ist das Internet nicht relevant, weil jeder daran Anschluss hat, sondern weil jeder mit jedem kommunizieren kann.

Publishing in der Netzwerk-Ökonomie
Norbert Specker

Diese kleine Erkenntnis hat America Online (AOL) dem aufgekauften Medienkonzern Time Warner voraus; Time Warner hat die Nutzer an den Endpunkten der Kabel und an den Endpunkten der Magazine und Fernsehsender. Zum Zeitpunkt der Übernahme belief sich ihre Zahl auf rund 100 Millionen. Doch AOL hat die untereinander vernetzten Nutzer (rund 15 Millionen). Und die sind ganz offensichtlich mehr wert.

Als Medienunternehmen muss man sich darum bemühen, Anschluss an diese Netze zu finden, will man Teil von ihnen sein. Netze, die eben nur auf der praktischen Ebene aus Glasfasern bestehen. Doch in unseren Lebenswirklichkeiten bestehen diese Netze aus Menschen, Firmen und Institutionen. Dass die Informationstechnologie diesen real existierenden und noch entstehenden Netzen neue Weiten und Tiefen gibt, ist das wirklich neue an diesem Spielfeld.

Alte Denkmuster über Bord werfen

Worte sind Bretter vor unseren Köpfen. Alte Worte und neue Entwicklungen beziehungsweise Rahmenbedingungen passen nicht zusammen. Weil sie diesen neuen Entwicklungen keinen Raum lassen, uns die Dinge missverstehen oder gar nicht sehen lassen. Der oft zitierte „Informationshighway" ist so ein Trugbild. Man darf sich gar nicht ausmalen, wie viele Unternehmen die Vorstellung, das Internet sei so etwas wie eine Autobahn, in kostspielige Investitionssackgassen geführt hat und immer noch führt. Dabei hat doch das hyperaktive Schmetterlingsflugverhalten der realen Nutzer mit dieser suggerierten Ordnung, in der alle in die gleiche Richtung fahren, so gar nichts zu tun. Zwar gibt es allen gegenläufigen Argumenten zum Trotz schon eine Ordnung auf dem Internet. Nur wird sie in hohem Grad von den Nutzern her bestimmt und nicht von den Anbietern. Die Begriffe „Ordnung" und „Unordnung" verstellen im Zusammenhang mit dem Internet somit die Sicht.

Publishing in der Netzwerk-Ökonomie
Norbert Specker

Marktplätze statt Kleinanzeigen

Verlegerspezifisch ist das Wort „Kleinanzeigen", angewandt auf das Internet, so ein Begriff, der wirkliche Innovationen behindert. „Kleinanzeigen" spiegelt beispielsweise die drucktechnische Realität des beschränkten – und deshalb kostbaren – Raumes wider. Große Inserate sind teurer als kleine Inserate, weil sie mehr Platz brauchen. Das gilt für das Internet nicht!

Kleinanzeigen sind in Verlegerköpfen aber auch ein Sammelbegriff. Sie sehen sich ähnlich, ob Immobilien oder Autos oder Jobs. Entsprechend generalisierend wird auch gefragt: „Wie können wir unsere Kleinanzeigen für das Internet umsetzen?". Falsche Frage! Es geht nicht um Kleinanzeigen. Es geht um Marktplätze. Und die sind in unserer gelebten Realität sehr unterschiedlich. Deshalb sehen sich die innovativen Auto-, Immobilien- oder Stellensites branchenübergreifend auch überhaupt nicht ähnlich. Sie befriedigen nämlich unterschiedliche Bedürfnisse.

Wir alle haben schon eine Wohnung gesucht und uns Fragen gestellt (Ort, Lage, Nachbarn, Nähe zu Schulen, Schwimmbad oder Mountainbike-Route, Preis, Abendsonne, Parterre oder unter dem Dach, in drei Monaten?). Oder ein Auto gekauft und uns Fragen gestellt (Marke, Preis, Vorbesitzer, Services, Versicherungen, Nummernwechsel?). Oder einen Job gesucht und uns Fragen gestellt (Aufstiegsmöglichkeiten, Ort, Salär, Sozialleistungen, Vorstellungsgespräch, Bewerbungsschreiben?). Tatsache ist: Wir haben uns in den unterschiedlichen Situationen unterschiedliche Fragen gestellt. Man kauft ein Auto nicht gleich wie man eine Wohnung mietet oder einen Partner sucht. Punkt. Das Wort „Kleinanzeigen" suggeriert, dem wäre so und hindert uns daran, die Dinge anders zu sehen, neu zu denken. Das müssen wir aber.

Publishing in der Netzwerk-Ökonomie
Norbert Specker

Erfolgsfaktor: Geschwindigkeit

Der Übergang von der postindustriellen Wirtschaftsordnung in die Welt der Netzwerke passiert schneller, als jedes größere Unternehmen reagieren kann. Die meisten sind schon heute fast immer einen Schritt zu spät (manchmal hat das ja auch sein Gutes, vor allem, wenn es der Schritt in einen Abgrund ist ...). Dennoch findet dabei immer noch eine Beschleunigung statt.

Akquisitions-/Allianz-/Integrationsfähigkeit wird eine immer größere Rolle spielen. Denn nur über Akquisitionen und Allianzen kann diesem Entwicklungstempo Rechnung getragen werden. Der Alleingang gerät zum Luxus. Auch hier ist das Argument das Netz. Nicht als Ort, sondern als Metapher und Abbild der wirtschaftlichen und politischen Realitäten. „Wertschöpfungsketten" werden auch in der Begrifflichkeit zu „Wertschöpfungsnetzen". Retrospektiv lässt sich feststellen, dass viele erfolgreiche Unternehmen das intuitiv schon lange so praktizieren.

Märkte sind nicht mehr monopolisierbar

Im Zuge der Megamergers und hohen Börsenkapitalisierungen stellt sich jeder die Frage, ob es auch eine wirtschaftliche Existenz hinter den Unternehmen gibt, die die Schlagzeilen und das Internet-Handwerk heute beherrschen.

Antworten dazu sind nicht verlässlich. Eine These wäre: Märkte sind in der vernetzten Ökonomie nicht mehr monopolisierbar in der Art und Weise, wie wir das heute verstehen. Die unzähligen Querverbindungen unter den Netzteilnehmern machen dies unmöglich; Querverbindungen, denen wir im Interesse der Demokratie 100-prozenti-

Publishing in der Netzwerk-Ökonomie
Norbert Specker

ge Privatsphäre garantieren müssen. Dennoch wird es Netzwerke geben, die eine bedeutende Rolle spielen – wie zum Beispiel AOL. Diese Netzwerke werden bestimmt sein von Anbietern und Käufern und Lieferanten, die in einem weit engeren Verhältnis zueinander stehen werden als heute. Diese Netzwerke werden sich zudem durch ihre Integrationsfähigkeit auszeichnen, sich also permanent erweitern und gleichzeitig die kritische Beziehung der Netzwerkteilnehmer untereinander laufend verbessern. Und last but not least werden diese Netzwerke als Rollenmodelle für viele Medienunternehmen dienen. Besser wäre gewesen, sie hätten diese Funktion schon 2000 erfüllt.

Netzwerke definieren sich über Beziehungen

Der Wert von Beziehungen – ob zu Kunden, Lieferanten oder Partnern – wird sich also in den nächsten Jahren deutlich erhöhen. In einem Netzwerk ist derjenige am besten verankert, am besten überlebens- und entwicklungsfähig, der die besten – sprich vielfältigsten, entwicklungsfähigsten und stabilsten – Beziehungen hat. Das ist der eigentliche Startvorteil der Medienunternehmen, den es noch bewusster umzusetzen gilt. Wer kann schon mit hundertjährigen Beziehungsgeschichten mit allen Teilen der Gesellschaft aufwarten? Sich zu überlegen, wie diese Beziehungen im vernetzten Umfeld neu, besser, noch tiefer gestaltet werden können, ist die lohnende Aufgabe.

Netzwerke definieren sich über Beziehungen: Je mehr Beziehungen, je schneller und zuverlässiger nutzbar gemacht werden können, desto besser ist ein Netzwerk.

Publishing in der Netzwerk-Ökonomie
Norbert Specker

Handel und publizistische Inhalte rücken näher zusammen

Auch Verleger sprechen gerne von Beziehungen, insbesondere von denen, die sie mit ihren Lesern haben. Das ist eine erfolgskritische Wahrnehmung. Beziehungen von Menschen zu einem Produkt bestimmen seinen Markterfolg. Sicher ist: Während die Werbewirtschaft häufig auf den flüchtigen One-night-stand zielt, sind Zeitungen ganz klar auf feste Partnerschaften ausgerichtet.

Verlässlichkeit – leider allzu häufig mit „Keine Veränderung" gleichgesetzt – ist deshalb so eine ungeheuer wertvolle Qualität, weil das Prädikat „verlässlich" nur über die Zeit erworben werden kann. Dennoch: In einer vernetzten Medienwelt werden an allen Ecken und Enden Beziehungen begonnen. Auch wenn man in punkto Verlässlichkeit einen Startvorteil hat, muss man seine Beziehungsfähigkeit in diesem veränderten Umfeld immer noch beweisen.

Deshalb ist es so enorm wichtig, dass sich die Medienunternehmen der Diskussion stellen, wo die Grenzen zwischen publizistischer Verantwortung und der Partnerschaft mit der Werbewirtschaft im Internet liegen. Es wird nicht reichen, die Redaktionsstatuten der Printprodukte zu übernehmen. Man wird sie neu überdenken und schreiben müssen. Denn auch die Werbewirtschaft wird dem Druck nach messbaren Erfolgen wesentlich stärker ausgesetzt. Diese Messbarkeit der Werbemaßnahmen im digitalen Umfeld ist eine Realität, die man nicht aus der Welt reden kann. Der Handel sucht schon jetzt einen weit engeren Kontakt zum publizistischen Umfeld als er je möglich war. Und nicht zuletzt die Nutzer signalisieren mit ihren Rückmeldungen, wesentlich auffälligere Mitspieler zu sein. Das sind veränderte Rahmenbedingungen, die offensiv in die Diskussion mit den publizistisch Verantwortlichen und den Nutzern, die eben auch Partner sind, einfließen müssen. Nicht, um es allen Recht zu machen, sondern um eine kommunizierbare und von allen Beteiligten getragene Haltung zu erarbeiten.

Publishing in der Netzwerk-Ökonomie
Norbert Specker

Networking muss in Fleisch und Blut übergehen

Beziehungen müssen permanent gepflegt werden, wenn sie ihren Wert behalten oder noch besser werden sollen. Entsprechend entscheidend ist es für den Erfolg, dass das Networking – die Pflege des Beziehungsnetzes – über die PR-Abteilung hinaus in sämtliche Bereiche abstrahlt und zur kulturellen Haltung des Unternehmens wird. Das geht bis zur Annahmestelle für Inserate – auch sie wird zum Networker.

Um dieses Networking für das Medienunternehmen nutzbar zu machen, indem man zum Beispiel auf Leser- und Kauftrends vor der Aboerneuerung reagiert, müssen Optimierungsinstrumente zur zentralen Erfassung und Auswertung aller möglichen Daten eingesetzt werden. Man spricht hier von One-to-One-Marketing. Das allein reicht allerdings nicht aus: Weiche Kriterien wie die Ausstrahlung, das Image und die Networking-Kompetenz werden eine mindestens genauso große Rolle spielen.

Ebenso bedeutsam ist natürlich der Umgang mit den sensiblen Daten. Der Grat zwischen nutzerfreundlicher, serviceorientierter Dienstleistung (weil ich weiß, dass Nutzer X in Y wohnt, kann ich ihm die für ihn relevanten Staumeldungen und Zugverspätungen liefern) und unverantwortlichem Umgang mit diesen Daten ist ein denkbar schmaler. Verleger müssen da höchste Diskursfähigkeit beweisen.

Bedeutung von Finanzbeziehungen wächst

Der erfolgreiche Mix von Beziehungen wird sowohl Elemente haben, die in die Breite gehen (möglichst viele Mercedesfahrer) wie auch solche, die in die Tiefe gehen (in Zürich sind wir mit jedem Ge-

Publishing in der Netzwerk-Ökonomie
Norbert Specker

schäft in Kontakt). Dabei werden die erfolgreichen Mixturen so verschieden bleiben wie eh und je. Sie werden sich um Kompetenzen, Personen und Ideen herum ausbilden. Absehbar ist, dass wir über Instrumente und Konzepte verfügen werden, mit deren Hilfe wir diese unterschiedlichen Muster besser bewirtschaften können. Relationship-Management wird zur zentralen Kompetenz.

Und auch die Bedeutung von Finanzbeziehungen wächst. Ein immer größerer Anteil an Kleinanlegern kreiert ein „Genossenschaftsphänomen": Dieselben Leute, die die Aktien kaufen, benutzen auch die Online-Dienstleistung, von der sie Aktien besitzen, und treiben damit den Kurs in die Höhe. So passiert bei der SwissInvest. Das Community-Phänomen erstreckt sich also auch auf den Finanzmarkt.

Eine finanzielle Einbindung der Kunden/Nutzer und Mitarbeiter in den Geschäftserfolg ist dem Geschäftserfolg offensichtlich zuträglich. Es ist möglich, dass diese Öffnung auch für Medienunternehmen eine notwendige Strategie ist, um besser im eigenen Netzwerk verankert zu sein. Mittelfristig werden für Anleger auch Zuwachsraten im einstelligen Prozentbereich wieder wichtig werden.

Nur attraktive Netzwerke locken Personal

Die Beziehungsfähigkeit eines Unternehmens wird sich auch noch in einem anderen Punkt äußern: Personal und die Fähigkeit, gute Leute ins Netzwerk einzubinden, muss jedes Medienunternehmen als Kernkompetenz besitzen. Der Personalmarkt fragmentiert zusehends. Es ist für die Leute im Jahr 2005 weniger wichtig für welche Firma sie arbeiten, sondern für welches Netzwerk. Schon heute fühlen sich viele Arbeitnehmer im Silicon Valley eher als „Silicon Valley-Arbeiter", denn als Angestellte der Firma, für die sie tatsächlich arbeiten.

Publishing in der Netzwerk-Ökonomie
Norbert Specker

Der „Lebensunternehmer" – über die Jahre als Haltung für Arbeitnehmer propagiert –, wird immer häufiger zum richtigen Unternehmer. Und ist damit außer Reichweite. Doch genau diese Leute sind es, die die Unternehmen der Zukunft eigentlich bräuchten. Um diese Leute für die Ziele der Unternehmen zu interessieren, benötigen diese ein hochattraktives Netzwerk, das flexibel genug ist, kleine und Kleinst-Unternehmen zu integrieren und diesen Perspektiven zu eröffnen.

Auch vor diesem Hintergrund kann man nicht einfach darauf warten, dass man gehört wird. Man muss vielmehr aktiv und großzügig mitgestalten. Es ist das Zögern, das Zaudern, sich den rapide wechselnden Rahmenbedingungen aktiv, neugierig und begeistert auszusetzen, das vielen Medienunternehmen ihre besten Mitarbeiter kostet. Das Geld und die Chance Mitbesitzer einer Firma in dieser Wachstumsbranche zu sein, wird nicht gewährt. Dabei spielen beide Faktoren eine wichtige Rolle. Hinzu kommt die Bereitschaft und der Risikowille, sich konzentriert mit diesen Rahmenbedingungen auseinander zu setzen – sie mitzugestalten.

Inhalte schaffen Werbeumfelder

Mit den Inhalten machen die Medienunternehmen ihr Geschäft. Inhalte schaffen ein Umfeld. Umfelder schaffen Handelsplätze für Informationen – im Sinne von Werbung – beziehungsweise für Waren. Die Schaffung von Handelsplätzen ist eine wirtschaftliche Leistung, die auch in Zukunft eine große Rolle spielen wird. Die Fragen, die sich stellen: Wo genau werden diese Handelsplätze zwischen den Anbietern und den Käufern liegen? Werden es mehr werden? Und sind es auch künftig noch dieselben Inhalte, um die diese Handelsplätze gebaut werden?

Der graduelle Übergang von den Massen- zu den Individualmedien vollzieht sich in den unterschiedlichsten technischen Bereichen.

Publishing in der Netzwerk-Ökonomie
Norbert Specker

Schwerer abzuschätzen ist dagegen das Adaptionsverhalten der Menschen, die grundsätzlich träge sind. Dennoch werden es im Jahr 2005 schon zwei Generationen sein, die gewohnt sind, selbst darüber zu entscheiden, auf welche Weise sie über die Inhalte verfügen wollen. Und für diese Entscheidung stehen in fünf Jahren eine Unzahl von Medien sowie eine Unzahl von Inhaltelieferanten zur Auswahl.

Gerangel um Aufmerksamkeit nimmt zu

Inhalte (Content) werden immer die zentrale Rolle spielen. Man wird sich allerdings damit abfinden müssen, dass sie aus viel mehr Quellen, über viel mehr Distributionskanäle, viel direkter zu den Rezipienten kommen.

Die Aufmerksamkeit, die jeder produzierte Inhalt und Kanal bekommt, muss damit rechnerisch unausweichlich zurückgehen. Denn die Aufmerksamkeit bleibt auch in Zukunft noch dieselbe limitierte Ressource mit maximal 24 Stunden pro Mensch und Tag.

Der Kampf um die Aufmerksamkeit wird folglich merklich härter. Nicht nur wegen den internationaler operierenden Anbietern von Inhalten, sondern auch weil Firmen und Organisationen einen direkten Zugang zum Kunden bekommen statt ausschließlich auf die Kommunikationsleistung der Massenmedien angewiesen zu sein.

Es wird keinen geben, der diesen direkten Zugang in den nächsten Jahren nicht in irgendeiner Form nutzen wird. Folglich wird es auch keinen geben, der nicht direkt um die Aufmerksamkeit des Kunden kämpfen wird. Sehr häufig wird dieser Kampf in organisierter Form erfolgen, indem neue Markt- und Handelsplätze – zum Beispiel für Autos, Möbel oder Elektronik – geschaffen werden. Diese neuen Angebote werden häufig von den Marktteilnehmer selbst initiiert, wie das Beispiel Auto-by-Tel belegt.

Publishing in der Netzwerk-Ökonomie
Norbert Specker

Gute Ausgangsbasis für Verlage

Die Verleger steigen gut gerüstet in diesen Kampf. Denn sie bringen Netzwerke, Inhalte, wirtschaftliches Know-how, um Inhalte verlässlich und konsistent zu produzieren, und die Erfahrung in der Gestaltung virtueller Marktplätze mit. Schließlich ist die Zeitung – wirtschaftlich gesehen – nichts anderes als eine Anhäufung von unterschiedlichen Marktplätzen (Auto, Wohnen, Konsumgüter oder Meinung) in abstrakter Form. Den Markenwert zu haben, solche Marktplätze zuverlässig bewirtschaften zu können, ist ein Vorteil. Auch, wenn es einer gewaltigen Anstrengung bedarf, diese Marke ins Umfeld Internet zu migrieren und sie gleichzeitig neu zu erfinden.

Die Frage ist: Für was müssen Marken in einer Netzwerk-Ökonomie stehen? Für Offenheit, Kooperation, Integrationsfähigkeit, Empathie gegenüber den Kunden – und vor allem für Vertrauen. Vertrauen stellt die zentrale Währung des nächsten Jahrzehnts dar. Für vertrauenswürdige Verleger gibt es für den langfristigen Geschäftserfolg nichts wichtigeres, als dieses Vertrauen auch online zu rechtfertigen. Das tönt wesentlich einfacher, als es ist.

Von der Globalisierung zur Lokalisierung

Schon seit diesem Jahr stellen die Amerikaner nicht mehr die Mehrheit der Internetnutzer, und im Jahr 2003 werden sogar 50 Prozent der Inhalte auf dem Web „Nicht-Englisch" sein. Heute sind es gerade mal 20 Prozent. Das deutet auf eine weitergehende sprachliche Aufsplittung im Internet hin. Eine andere Aufsplittung erfolgt geographisch. Selbst wenn Globalisierung das „Buzzword" des vergangenen Jahrzehnts war, macht auch im lokalen Bereich eine Netzwerk-Ökonomie sehr bald sehr viel Sinn. Nach den Wissenschaftlern

Publishing in der Netzwerk-Ökonomie
Norbert Specker

und den weltoffenen Geschäftsleuten wird die nun folgende große Masse das Internet ganz anders nutzen, nämlich als ein „Community-Tool", der geographischen Community. Deshalb wird es ganz entscheidend sein, gute Netzwerke in diese lokalen Gemeinschaften hinein zu bringen. Es wird wichtig sein, diesen lokalen Vereinen, Behörden und anderen exzellente Werkzeuge zur Verfügung zu stellen. Auch, weil sich diese Netzwerke sehr viel stabiler verhalten werden.

Gleichzeitige Bedienung von Distributionskanälen

Schon heute ist absehbar, dass bestimmte Distributionskanäle nicht mehr so intensiv genutzt werden, weil andere Kanäle hinzukommen. Hier sind zwei Konsequenzen denkbar: Erstens: die Einsparung von Distributionskosten; zweitens: höhere Kosten pro Distribution.

Einsparungen werden mit großer Wahrscheinlichkeit für zusätzliche Marketingmaßnahmen aufgewendet werden müssen. Auch wenn es günstiger ist, über das Netz zu distribuieren, werden sich diese Investitionen für niemanden vermeiden lassen. Unterschiede entstehen – neben einem ausgezeichneten Produkt – in der Möglichkeit, das eigene Produkt intensiver bewerben zu können: Der durchschnittliche Internet-Start-up in den USA setzt über 50 Prozent seines Kapitals für Werbung ein.

Dabei müssen die unterschiedlichen Distributionskanäle künftig gleichzeitig bedient werden. Nicht nur um neue Geschäftsnetze zu erschließen, sondern auch, um das gesamte Netzwerk stabil anzulegen. Die Herausforderung, die sich stellt: Grundsätzlich werden diese Kanäle mit unterschiedlichen Produkten bedient werden müssen. Denn es gilt: Eine Fernsehsendung ist ungleich einer Radiosendung, ist ungleich einem Zeitungsartikel, ist ungleich dem Internet am PC,

Publishing in der Netzwerk-Ökonomie
Norbert Specker

ist ungleich dem Internet über den Personal Digital Assistant (PDA), ist ungleich dem Internet via Mobiltelefon, ist ungleich dem, was da sonst noch kommen mag.

Interface und Usability

Die Verlage stehen vor neuen Aufgaben: Sind Interface Managing, Informationsarchitektur oder „Usability" die künftigen Kernkompetenzen der Verlage? Ich glaube wohl. Immerhin behaupten sich die Verleger im Konkurrenzkampf nicht nur aufgrund ihrer redaktionellen Leistungen, sondern auch aufgrund ihres „Interfaces", sprich der Art wie Inhalte zusammengestellt, angeordnet und präsentiert werden. Wenn Verleger diese Kompetenz outsourcen, nur weil das Interface statt Papier ein Bildschirm oder ein Telefondisplay ist, dann verzichten sie auf einen Kernwert. Das erfolgreiche Medienunternehmen im Jahr 2005 wird eine vielbeachtete „Interface Design-" beziehungsweise „Usability-Politik" betreiben und ein hohes Verständnis für die unterschiedlichen Medien und ihre unterschiedlichen Nutzungsparameter mitbringen.

Über diese praktische Seite hinaus wird das in einer Unternehmenskultur angelegte „Filterdesign" der Journalisten an Bedeutung gewinnen, die Art also, wie die Informationen ausgewählt und in einen Kontext gebracht werden. In der Aufregung vergisst man gerne, dass neben dem visuellen Zugang zum Internet auch der ideelle Zugang erfolgsrelevant bleiben wird. Wenn man sich die Unmengen von reinen Online-Publikationen vor Augen führt, und deren Leadtitel genauer betrachtet, so stellt man fest, dass im Schatten der mehrheitsfähigen Informationshäppchen eine neue publizistische Blüte entsteht. In der publizistischen Leistung wird sich auch in der vernetzten Welt das Schicksal der Verleger entscheiden.

5.4 Access-Providing – Wettbewerbsvorteil für regionale Zeitungsverlage

Joachim Türk

Kooperationen, Übernahmen, Aktientausch – auch die Medienwelt gibt sich dem Globalisierungs-Rausch hin. Dabei kristallisiert sich ein Trend heraus: Information und Kommunikation wachsen zusammen. Was im Makro-Kosmos von America Online (AOL) und Time Warner passiert, schlägt heute schon auf die Tageszeitungen durch. Auch in der Multimediawelt steht Regionalität hoch im Kurs, gewinnen Zusammenschlüsse von Information und Kommunikation in der Region an Stärke. Das vorliegende Kapitel untersucht, welche Chance die Vernetzung von Zeitungsinhalten und Internet-Zugängen für Privatkunden (Access-Providing) für die Zeitungsverlage bietet.

Erfolgsfaktor Access-Providing

Im Internet-Zeitalter wächst zusammen, was zusammen gehört: Information und Kommunikation sind längst zwei Seiten derselben Medaille. Die Konsequenz ist klar: Mit Blick auf den Wettbewerb können sich Zeitungsverlage nicht mehr ausschließlich auf die angestammten Kompetenzfelder zurückziehen. Neben der Aufbereitung von Inhalten im Internet müssen Zeitungsverlage künftig auch stärker über die Bereitstellung von Internet-Zugängen und technischen Dienstleistungen an Privat- (Access-Providing) und Firmenkunden (Service-Providing) nachdenken. Die Thesen:

– Das Internet ist kein Medium, sondern eine Funktion der Telefonie, ein gemeinsamer „Vertriebsweg" für Nachrichten, Waren und Dienstleistungen;

Access-Providing – Wettbewerbsvorteil für regionale Zeitungsverlage
Joachim Türk

- Die Grenzen zwischen der reinen Information und (ge-)werblichen Angeboten verschwinden immer mehr;
- E-Commerce braucht attraktive Inhalte – die einen reden von Portalen, die anderen von Marktplätzen;
- Die Zeitungen verfügen über die Inhalte, sie kennen den Markt und seine Bedürfnisse und sind damit bestens in der Lage, solche Marktplätze einzurichten und zu betreiben;
- Das Angebot technischer Dienstleistungen an Privat- und Firmenkunden ist einer der Schlüssel zum Erfolg dieser Marktplätze;
- Mit dem (Access-)Providing eröffnen sich neue Wettbewerbs-Dimensionen – und damit neue Chancen.

Noch sind Verlage zurückhaltend

Die Skeptiker in den Führungsetagen der Verlage können zufrieden sein. Dass sie sich nicht anstecken ließen von der Internet-Euphorie der vergangenen Jahre, zahlt sich heute aus. Das Lehrgeld, so scheint es, zahlen die Optimisten: Die Werbeerlöse decken die Kosten nicht, und das vermeintliche Geschäft mit den Internet-Zugängen – ohnehin nur von einer kleinen Minderheit gewagt – steckt in einem ruinösen Wettbewerb. So weit, so falsch. Denn nach wie vor führt am ernsthaften Einstieg in das neue Medium kein Weg vorbei – und dem Access-Providing fällt dabei eine Schlüsselrolle zu. Im Verbund mit der Bereitschaft zu unkonventionellen Kooperationen wird die technische Komponente neben dem Inhalt zur wichtigsten Säule des Geschäfts mit dem Internet.

Es waren in erster Linie drei Gründe, die Verlage vom Providing-Geschäft überzeugten:

- die Idee, auch beim virtuellen Inhalt die „Zustellung" selbst in die Hand zu nehmen;

Access-Providing – Wettbewerbsvorteil für regionale Zeitungsverlage
Joachim Türk

- die Leser-Blatt-Bindung durch Sondertarife für Abonnenten zu verstärken;
- Deckungsbeiträge zu erwirtschaften in einer Zeit, als es neben den Erlösen aus dem Zugangsgeschäft kaum andere Einnahmen rund um das Internet gab.

Diesen Einsichten folgten jedoch nur wenige Zeitungsverlage. Und das nicht nur, weil die Technik so neu und fremd war. Sondern auch, weil mögliche Partner rar und die Investitionskosten hoch waren. Den zum Providing Entschlossenen boten sich grundsätzlich drei Wege: eigene Infrastruktur aufzubauen (Beispiel: „Rhein-Zeitung"), mit einem Partner zu kooperieren (Beispiel: „Nordwest-Zeitung") oder die technischen Dienstleistungen auszugliedern, wie es die bayerischen Tageszeitungsverlage mit ihrer MBT Online vorgemacht haben.

All diese Entscheidungen fielen in einer Zeit, als die Deutsche Telekom noch keine Konkurrenten hatte, als das Internet noch nicht als Funktion der Telefonie begriffen wurde. Aber sie fielen nicht zu früh. Wer sich damals am Markt platziert und die gewaltigen Marketing-Vorteile eines Zeitungshauses genutzt hat, steht auch heute noch gut da – wie die WAZ-Gruppe mit ihrem Cityweb, die „Rheinische Post" oder die „Rhein-Zeitung", die in ihrem Kerngebiet einen Marktanteil von 30 Prozent am Internetgeschäft mit Privatkunden erreicht hat. Die Provider unter den Zeitungsverlagen mussten und müssen stürmische Zeiten überstehen. Aber es lohnt sich.

Reichweitengenerierung

Reichweite und Kundenbindung sind die augenfälligsten Vorteile für jene Verlage, die ihren Kunden „eigene" Zugänge ins Internet anbieten. Nur wer Zugänge verkauft, kann sein inhaltliches An-

Access-Providing – Wettbewerbsvorteil für regionale Zeitungsverlage
Joachim Türk

gebot, die „Homepage", als Startseite für die Surf-Ausflüge einstellen. Die Erfahrung zeigt: Nur wenige Internet-Kunden machen sich die Mühe, diese Einstellung zu Gunsten anderer Internet-Adressen zu verändern. Und wenn die Homepage interessant genug ist, wird auch weiter geklickt. Bis zu einem Viertel der Abrufe von RZ-Online, dem Online-Angebot der „Rhein-Zeitung" gehen beispielsweise auf eigene Internet-Kunden zurück – das sind immerhin einige hunderttausend Page Impressions im Monat. Und diese Kunden sind treu – entgegen dem Trend im Internet.

Dass sich die großen Online-Dienste wie T-Online mehr und mehr als Inhalte-Anbieter etablieren – und dabei auch noch erfolgreich sind – unterstreicht den Trend. Und auch immer mehr gewerbliche Anbieter bereichern ihre Internet-Seiten um aktuelle Informationen, damit die Kunden regelmäßig wiederkommen.

Neue Kundenkreise erschließen

Diese Erfahrungen dürften in Zukunft noch wichtiger sein für jene Verlage, die ihr Internet-Angebot stark regional ausrichten. Die per Zugang erzeugte Reichweite ist ebenfalls regional und kann bei der Akquisition von Anzeigenkunden und Kooperationspartnern aus dem engeren Umfeld besonders gut vermarktet werden. Das gilt natürlich auch für Paketangebote an die Anzeigenkunden der Zeitung: Die ersten Verlage stellen die Rubrikenmärkte bereits gegen Entgelt online. So berechnet die „Rhein-Zeitung" dafür drei Mark extra – nicht einmal fünf Prozent der Kunden lehnen das Angebot ab.

Zwar sind die Online-Angebote der regionalen Zeitungen allesamt noch als Ergänzung – nicht als Ablösung – des Printmediums gedacht, aber die Auftritte sprechen schon heute völlig neue Kunden an. Wer in seiner Region auch Internet-Zugänge anbietet und die Stammdaten

Access-Providing – Wettbewerbsvorteil für regionale Zeitungsverlage
Joachim Türk

abgleicht, wird feststellen, dass nicht nur die Zeitungsabonnenten zugegriffen haben. So liegt der Anteil derjenigen, die nicht die Zeitung abonniert haben, bei den Kunden von RZ-Online (Koblenz) bei 30 Prozent. Leser-Bindung über den Abo-Stamm hinaus – eines der ursprünglichen Marketingziele des Providings – ist damit erreicht.

Provider haben es zudem auch leichter, an die Adressen der Internetsurfer zu kommen, als die reinen Inhalte-Anbieter mit ihren anonymen Besuchern. In ihrer Datenbank stecken nicht nur die Post- sondern auch die E-Mail-Adressen der Kunden. Auch hier können die Verlage von den Online-Profis lernen: Etliche nationale Billiganbieter lassen sich von ihren Kunden per Kleingedrucktem ausdrücklich die gewerbliche Vermarktung der E-Mail-Adressen erlauben.

So weit gehen nicht einmal die Internet-Vordenker der Verlage – aber auch ohne die gezielte Weiterleitung von Werbenachrichten an die Abonnenten per E-Mail lassen sich die Adressen gut nutzen: für Newsletter, aktuelle Infos aus Verlag und Online-Dienst, für Hinweise auf Veranstaltungen, um die Surfer auf neue Online-Angebote – wie zum Beispiel Marktplätze – aufmerksam zu machen.

Unter dem Label „in eigener Sache" lässt sich natürlich auch dann manche Werbebotschaft unterbringen, wenn die Kunden ansonsten solche E-Mails ablehnen. So hat RZ-Online allein auf dem E-Mail-Weg in Zusammenarbeit mit einer Diskothek und einem Autohaus eine „80er-Jahre-Party" etabliert, an der Monat für Monat mehr als 600 tanzfreudige Surfer teilnehmen.

E-Mail-Adressen als Marketingtool

E-Mail-Rundschreiben eignen sich auch dann, wenn der Online-Dienst gewerbliche Angebote im Internet, das so genannte Elec-

Access-Providing – Wettbewerbsvorteil für regionale Zeitungsverlage
Joachim Türk

tronic-Commerce (E-Commerce), aufzieht. So lange auf den Seiten des Shops deutlich wird, dass der Dienst einer der Betreiber der Site ist, akzeptieren die Kunden auch Hinweise auf den Ticket-Shop oder den Buchladen.

Dieses Cobranding beziehungsweise Gemeinschaftsangebot nutzt beiden Seiten: Die Internet-Shopper übertragen das seriöse Image ihrer Zeitung auf den Shop – besonders dann, wenn auch der Partner ein regional bekanntes Unternehmen ist; zudem wird mehr gekauft und der Online-Dienst ist im Idealfall an diesen Umsätzen beteiligt.

Aber dazu muss man erst einmal die Adressen haben, eine gut besuchte Plattform und möglichst auch technisches Know-how. Dennoch: Niemand muss ein Freak sein, um Internet-Zugänge zu verkaufen. Dazu hat den Verlagen die Liberalisierung des Telekommunikationsmarktes verholfen.

Telefongesellschaften bieten konfektionierte Zugänge

Mit dem Zugangsverkauf lässt sich heute sicher keine goldene Nase mehr verdienen. Dazu ist der Preiskrieg zu heftig und auch der Kampf um Marktanteile hat zu viele Billig-Angebote produziert. Aber für Deckungsbeiträge reicht es immer noch, zumal sich die Verleger in einem Geschäft bewegen, in dem auch die Werbeerlöse nicht so munter sprudeln wie erwartet. Häufig stellen hier schon 5000 Mark im Monat einen wesentlichen Beitrag zur Finanzierung dar.

Einfache Lösungen für den Einstieg ins Providing-Geschäft gibt es auch heute noch nicht. Aber inzwischen ist weder eigene Infrastruktur noch technisches Personal erforderlich, um Internet-Zugänge zu verkaufen.

Access-Providing – Wettbewerbsvorteil für regionale Zeitungsverlage
Joachim Türk

Denn auch dazu hat der scharfe Wettbewerb im Telefonie- und Internetgeschäft beigetragen: Medienhäuser sind gefragte Partner für den Weiterverkauf von Internetzugängen. Inzwischen bieten fast alle Telefongesellschaften konfektionierte Zugänge an, bei denen die Homepage der Zeitung die Einstiegsseite für die Kunden ist.

Das lohnt sich allerdings auf beiden Seiten nur bei größeren Zeitungen mit Auflagen über 50.000 Exemplaren. Hier sind Zusammenschlüsse gefragt, wenn man sich auf eine gemeinsame Einstiegsseite einigen kann. Ein gutes Beispiel ist Pipeline, ein Zusammenschluss vorwiegend lokaler Zeitungsangebote.

Wie wichtig solche Angebote für die Kundenbindung und die Kosteneinsparung – durch erheblich geringere Kommunikations-Kosten – sind, ist auch daran abzulesen, dass selbst C&A mit einem Zugangsangebot wirbt. Auch Energieversorger, die den Wettbewerb um Stromkunden mit Internet-Access für sich entscheiden wollen, sind mit von der Partie.

Auch bei den größeren Verlagen spielen Kooperationen eine immer wichtigere Rolle. Denn im Providing-Geschäft – also im Bereich der Telefonie – bedeuten große (Minuten-)Mengen günstigere Einkaufskonditionen. Leider hat sich noch keine Einkaufsgemeinschaft durchgesetzt, aber die Bemühungen vom Bundesverband Deutscher Zeitungsverleger (BDZV), MBT Online und der Online Marketing Service GmbH (OMS) als Gemeinschaft mit den Anbietern zu verhandeln, haben erste Früchte getragen. So ist Pipeline inzwischen an der OMS beteiligt, die die nationale Vermarktung regionaler Online-Angebote der Zeitungsverleger übernommen hat. Auch die ZET.NET AG (ehemals MBT Online), zu der ursprünglich vorwiegend bayerische Regionalzeitungen gehörten, arbeitet mittlerweile eng mit der OMS zusammen.

Der Gemeinschaftsgedanke ist reizvoll: Man stelle sich vor, dass alle regionalen Tageszeitungen in Deutschland unter einer Marke auch Internetzugänge anbieten – mit jeweils eigenständigen Einstiegssei-

Access-Providing – Wettbewerbsvorteil für regionale Zeitungsverlage
Joachim Türk

ten. Und dafür regelmäßig engagiert werben. Das könnte ganz schnell einer der großen nationalen Dienste werden, eine ernst zu nehmende Konkurrenz für AOL – und sicher auf Dauer auch für T-Online. Reichweite, enge Kundenbindung und hochwertige Inhalte – das wären die Zutaten für den Markterfolg.

Synergie-Effekte nutzen

Dann könnten auch all jene Probleme kostengünstiger gelöst werden, die in jedem Fall mit einem Providing auftreten – selbst dann, wenn die Technik komplett von einem nationalen Anbieter wie Worldcom/Uunet, Mediaways, Viag Interkom oder der Deutschen Telekom zur Verfügung gestellt wird.

An erster Stelle der Lösungsliste steht eine technische Hotline: Nach wie vor sind die Installation der Internet-Software (Einwählprogramm, Browser) und die Einwahlprozeduren (falsche Passworte oder Benutzernamen) eben doch nicht so einfach wie der nette AOL-Slogan „Ich bin schon drin".

Telefonische Unterstützung ist unbedingt notwendig, aber auch teuer, wenn jeder Online-Dienst für sich eine Lösung verwirklicht. Zusammenschlüsse hingegen könnten sich den Betrieb eines Call-Centers teilen, besseren Service zu kleineren Kosten bieten.

Schwierig gestaltet sich auch die Fakturierung. Zu den anfangs üblichen Monats-Abos, die im Zweifelsfall über den Vertrieb der Zeitung zu bewältigen waren, kommt nun die Abrechnung nach Minuten und Sekunden – häufig sogar nach Tageszeiten gestaffelt. Da helfen Angebote, in denen die Fakturierung bereits enthalten ist. Aber das geht zum Einen zu Lasten der Flexibilität, zum Anderen erhöht sich die Abhängigkeit vom Vorlieferanten. Als Alternative bietet sich der Einsatz eines eigenen Systems an: Erprobte Abrechnungs- und Verwaltungs-

Access-Providing – Wettbewerbsvorteil für regionale Zeitungsverlage

Joachim Türk

systeme für Provider gibt es beispielsweise über ZET.NET AG schon zu recht geringen Kosten. Allerdings brauchen die Verlage auch dafür einen „Kümmerer" oder eine zentrale, gemeinsame Fakturierung.

Gemeinsame Marke, nationales Auftreten, gemeinsamer Einkauf bei den Telefon-Firmen, gemeinsames Call-Center, gemeinsame Fakturierung – die Vorteile liegen auf der Hand. Dennoch ist kaum zu erwarten, dass die Verlage sich in Sachen Access-Providing auf eine einheitliche Linie einigen können. Wo die nationale Lösung fehlt, liegt vielleicht die regionale Variante in greifbarer Nähe.

AOL/Time Warner im Kleinformat?

Internet und E-Commerce bedeuten Integration. Mal tun sich Zugangs-Anbieter und Inhalte-Lieferanten zusammen – wie AOL und Time Warner –, mal kooperieren Banken mit Zugangsanbietern (BfG-Bank und AOL) oder Portal-Betreibern (Deutsche Bank 24 und Yahoo). Die Zukunft braucht diese Verbindungen aber nicht nur weltweit, auch im Verbreitungsgebiet der Zeitung sind sie erforderlich.

Die Liberalisierung der Telekommunikation hat zu einer Regionalisierung geführt. Die regionalen Telefongesellschaften – häufig Töchter oder Schwestern von Energieversorgern – stehen vor den selben Problemen wie ihre globalen Konkurrenten: Die Preise nähern sich rasant der Untergrenze. Die Goldgräberstimmung ist zu Ende. Die Unternehmen brauchen neue Vertriebswege, Alleinstellungsmerkmale – und dazu fremde Hilfe.

Nicht nur global, auch regional und lokal sind Medienunternehmen die geborenen Partner der Telefongesellschaften und der Banken. Sie haben den guten Namen, sie haben die Reichweite, sie haben die Inhalte für Portale, und sie brauchen den elektronischen Vertriebsweg für ihr Informationsangebot.

Access-Providing – Wettbewerbsvorteil für regionale Zeitungsverlage
Joachim Türk

Kein Wunder also, dass erste Kooperationen und Zusammenschlüsse gemeldet werden. So nutzt die „Rheinische Post" die regionale Isis, um kostengünstige Internet-Zugänge verkaufen zu können. Die WAZ hat sich an der Oberhausener Meokom beteiligt. Und die Rhein-Zeitungs-Tochter RZ-Online GmbH hat ihre technischen Internet-Dienstleistungen an die regionale TK-Gesellschaft KEVAG Telekom – zuständig für Telekommunikation und Kabelfernsehen – übertragen, an der sie mit 50 Prozent beteiligt ist.

Solche Kooperationen werden heute noch vor dem Hintergrund geschlossen, mit den Internet-Zugängen für Privatkunden wettbewerbsfähig zu bleiben. In Wirklichkeit sind sie der Einstieg in die Telefonie und die Beteiligung an der Netz-Infrastruktur. Was heute noch wie eine Vision erscheinen mag, könnte über Erfolg und Misserfolg entscheiden, wenn die Entwicklung des E-Commerce den Prognosen folgt.

Neue Chancen: E-Commerce

Umfragen und Prognosen klingen euphorisch: Ein Viertel der deutschen Führungskräfte sieht einen Einfluss des elektronischen Handels auf die Preispolitik seines Unternehmens (UPS-Umfrage); 170.000 Deutsche kaufen täglich im Internet ein (MediaGruppe Digital); Konzernbildung und Kooperationen sieht der Handel als Überlebens-Strategie – das Internet werde Strukturen auflösen, meint die Studie Handels-Monitor 2000.

Quer durch alle Branchen werden die selben Fragen gestellt: Wie wirkt sich die Preistransparenz des Internets aus? Werden die Hersteller zu Lasten des Handels die Kunden direkt ansprechen? Wie müssen die inneren Strukturen des Unternehmens aussehen, um die neue Welt abzubilden? Und was bedeutet der Wandel für die Zeitungen – außer der Hoffnung, ein paar Mark aus Werbeschaltungen zu erlösen?

Access-Providing – Wettbewerbsvorteil für regionale Zeitungsverlage

Joachim Türk

Zunächst nur Sorgen: Tritt die Entwicklung tatsächlich ein, sinken die Einnahmen im Printbereich – zunächst in den Rubriken, später auch bei geschäftlichen Anzeigen. Die Verluste können nur teilweise durch die (noch) zu kleinen Einnahmen aus der Internet-Werbung gedeckt werden.

E-Commerce-Geschäft ist noch ausbaufähig

Mit E-Commerce aber haben Buttons und Banner genau so viel zu tun wie eine Anzeige mit dem realen Ladenlokal – fast nichts. Den Löwenanteil an der Wertschöpfungs-Kette des E-Commerce sichern sich andere – in erster Linie durch geschickte Kooperationen und Fusionen. Dabei haben die Zeitungen heute schon das Knowhow und das Image, sich ein paar weitere Kettenglieder zu erobern.

Die Mehrheit der deutschen Unternehmen hat Internetseiten eingerichtet. Aber die meisten laufen unter der Überschrift „elektronischer Prospekt", was längst noch kein E-Commerce ist. Dennoch: Unternehmen wie Amazon und E-Bay haben die nächste Runde der Entwicklung bereits eingeläutet.

Auch in Deutschland sind – zunächst die großen – Firmen dabei, sich für den vorhergesagten tiefgreifenden Wandel fit zu machen. In der Medienbranche werden die am weitesten reichenden Veränderungen von den Riesen gemeldet. Hier geht es meist um eine völlige Neuausrichtung. Aber auch regionale Verlage unternehmen erste Schritte. Das Interesse gilt naturgemäß zunächst dem Informationsangebot: Der Verlag als Nachrichten-Broker, der mehrere Vertriebskanäle nutzt, ist schon Realität geworden. Über zentrale Datenbanken mit multimedialen Inhalten, aus denen sich die Redakteure verschiedener Medien bedienen, wird nicht nur von visionären Freaks offen diskutiert. Und mit dem Internet als Recherche-Medium sind

Access-Providing – Wettbewerbsvorteil für regionale Zeitungsverlage
Joachim Türk

die Redakteure ebenfalls vertraut. Nachholbedarf besteht allerdings noch bei jenen, die das inhaltliche Angebot vermarkten. Das Internet erfordert von ihnen neues Denken.

Dass Anzeigenkunden heute von einer Zeitung auch beraten werden, gehört zum Geschäftserfolg. Der Service umfasst Vorschläge für die Gestaltung der Anzeige, ihren Satz und Gespräche über die optimale Verbreitung. Wenn man die Zeitung als papiernen Marktplatz begreift, dekorieren die Verlage sogar die Schaufenster. Im Internet dagegen soll es ausreichen, Media-Daten zu veröffentlichen und die Größe der Buttons und Banner. Gerade im Regionalen ist das bei weitem nicht genug, um im E-Commerce eine ähnliche Rolle zu spielen wie im Geschäft der Gegenwart.

Zeitung als Full-Service-Provider

Denn auch hier erwarten die Kunden von ihrer Zeitung vollständigen Service. Im Internet heißt das zumindest: Internetseiten gestalten und einstellen, die Adresse reservieren, die Werbung planen und ihre Wirksamkeit beobachten. Und weil Internetseiten allein keine Geschäfte generieren, gehören auch Shops zum Basis-Angebot. Doch die wenigsten Verlage sind heute tatsächlich in der Lage, diese neuen Dienstleistungen anzubieten. Damit zwingen sie ihre Anzeigenkunden, den Aufbruch in den E-Commerce mit anderen Partnern zu bewältigen. Wenn diese dann noch nebenbei regionale Inhalte – etwa gemeinsam mit den Kommunen – ins Netz stellen, ist auch für die Werbeplattform gesorgt. Die Zeitung stünden im Abseits.

Dabei hätten die Zeitungen viele Vorteile. Als Medienhaus sind sie traditionell mit den wesentlichen Entscheidern einer Region verbunden: Kommunen, Kammern, Verbände. Sie sind seriös genug für Partnerschaften mit Kreditinstituten, die ebenfalls massiv in elektronische Marktplätze investieren, um auch an den virtuellen Geldbe-

Access-Providing – Wettbewerbsvorteil für regionale Zeitungsverlage
Joachim Türk

wegungen teil zu haben. Sie haben die Reichweite, die neuen Märkte zu bewerben. Und sie haben die Inhalte, diese Marktplätze konkurrenzlos attraktiv zu machen. Als Access-Provider hätten sie last but not least die technische Möglichkeit, die Internet-Surfer direkt auf die neuen Plattformen zu führen und sie für den Besuch der Geschäfte zu belohnen – zum Beispiel durch Freistunden.

Global und doch lokal

In diesen Marktplätzen – Mischungen aus Nachrichten, Spaß und Geschäft, aus „Gelben Seiten", Rathäusern und Shops – liegt aus heutiger Sicht die Zukunft des Internet in der Region. Und damit die Chance der Zeitungen im neuen Medium. Dass auch das globale Internet seine lokalen Geschäfte hat, beweisen beispielsweise die Buchhändler. Amazon und Bol.de haben nur dort eine Chance auf Marktanteile, wo die regional eingesessenen Konkurrenten kein Gegenangebot einrichten. Denn die Kunden ziehen bei vergleichbar bequemer Bestellung den Partner aus der Region vor: Obwohl viele Kunden gerne aus der Vielfalt der Internet-Datenbank auswählen, holen sie die Ware lieber im Laden ab; oder sie lassen sie sich im Bewusstsein liefern, sie persönlich wieder umtauschen zu können.

Kundenbindung, Reichweite und Erlöse regionaler Internet-Marktplätze sind um so sicherer, je mehr Dienstleistungen aus einer Hand geboten werden. Die Chance auf Erlöse steigt zudem, wenn klassische Zeitungsinhalte mit zahlreichen neuen Angebotsformen verwoben werden. Denkbar sind: die rubrizierten Anzeigen mit komfortablen Datenbanken, die Veranstaltungshinweise mit elektronischem Kalender und ausführlichen Informationen, die Konzertkritik mit dem Ticket-Shop (zum Beispiel: ticket-netz.de). Doch trotz dieser Vielfalt müssen weitere Inhalte akquiriert werden: Ganz weit vorne stehen Adress-Datenbanken, beispielsweise für Vereine (bei RZ-Online: wir-

Access-Providing – Wettbewerbsvorteil für regionale Zeitungsverlage
Joachim Türk

tun-was.de) oder Handwerksbetriebe (handwerks-netz.de). Das sind wertvolle Inhalte, die sich gezielt in Marktplätze einbinden und vermarkten lassen. Jeder Database-Marketer begreift den Wert von Adress-Beständen aus der Region, die von den Adressaten selbst auf dem neuesten Stand gehalten werden.

Neue Geschäftsfelder im technischen Sektor

Für all dies ist technisches Know-how nötig: Der Verlag wird nicht nur Access- sondern Full-Service-Provider. Das kann sogar sehr weit gehen. So liefern einige stark im Internet engagierte Zeitungen den Firmen die Netzanbindung, die Sicherheitseinrichtungen und die Schnittstelle zum Warenwirtschaftssystem. Die KEVAG Telekom, Beteiligungsfirma von RZ-Online, etabliert sich als Unternehmensberater in Sachen E-Commerce und erzielt allein aus dem Geschäft mit Firmenkunden siebenstellige Umsätze.

So weit müssen die Verlage natürlich nicht gehen. Es genügen Standards, auch wenn sie in Zusammenarbeit mit regionalen Partnern aus dem Providing-Geschäft – aber unter dem eigenen Markennamen – angeboten werden. Denn nur wenn es ihr gelingt, die inhaltlichen Stärken mit technischem Know-how zu verbinden, wird die Zeitung auch in Sachen E-Commerce so selbstverständlich in Anspruch genommen wie heute, wenn es um Anzeigen geht.

Die im Internet abgebildete Zeitung ist kein Marktplatz, der Inhalt ist Litfaßsäule und Aushängekasten. Die Anzeige wiederum ist keine Werbung, sondern die Tür zum Shop – oder ins Rathaus. Denn, wenn die virtuelle Zukunft zur Wirklichkeit wird, wenn Verwaltungsdinge und Einkäufe per Klick erledigt werden, muss die Zeitung dabei sein. Dann hat ihr Portal im virtuellen Leben die Bedeutung erlangt, die die gedruckte Zeitung heute schon besitzt.

6. Autoren

Dr. Christian Bachem,
34, ist Geschäftsführer der Berliner Unternehmensberatung .companion – New Economy Consulting.

Nach Abschluss des Studiums der Publizistik, Soziologie, Cognitive Science und VWL in Mainz, Bloomington und Berlin, arbeitete Christian Bachem von 1991 bis 1994 als Mediaplaner und Berater bei Werbeagenturen in Berlin und New York. Parallel promovierte er über „Fernsehwerbung in den USA". Anfang 1995 wechselte Bachem zu Pixelpark, wo er die Bereiche Strategic Planning, Marketing Services und Online Advertising aufbaute und als Managing Director leitete. Im Sommer 1998 machte er sich selbständig. Seine Firma .companion ist eine auf Strategieentwicklung und -begleitung spezialisierte Unternehmensberatung mit den Schwerpunkten E-Commerce und Online Marketing. Zu den Kunden zählen Markenartikler, Dienstleister und Start-ups. Als Gründungsmitglied der „Arbeitsgemeinschaft Online-Forschung" (AGOF), Mitinitiator des IVW-Messverfahrens für Online-Werbeträger und Vorsitzender des „Arbeitskreises Ad Server" im Deutschen Multimediaverband (dmmv) engagierte sich der in Münster geborene Westfale langjährig auf verbandspolitischer Ebene für die Gestaltung des deutschen Online-Marktes. Er ist Autor zahlreicher Fachveröffentlichungen, fungiert bei vielfältigen Branchenveranstaltungen als Juror, Moderator oder Referent und hat seit 1996 Lehraufträge für Online-Marketing an der Freien Universität Berlin sowie der Hochschule der Künste Berlin.
E-Mail: bachem@com-panion.com

Dr. Thomas Breyer-Mayländer,
29, ist Geschäftsführer der Zeitungs-Marketing-Gesellschaft (ZMG) in Frankfurt.

Er begann seine berufliche Laufbahn 1995 als Berater für ein Online-Projekt eines Zeitschriftenverlags. Zuvor studierte er Verlagswirtschaft/Verlagsherstellung an der Hochschule für Druck und Medien, Fachhochschule Stuttgart (1991-1995) und betrieb das Aufbaustudium „Informationswissenschaft" an der Universität Konstanz (1994-1996). Seine Promotion schloss er 1999 im Bereich „Medienökonomie" des Instituts für Journalistik der Universität Dortmund als Dr. phil. ab. Seit 1996 war Breyer-Mayländer beim Bundesverband Deutscher Zeitungsverleger (BDZV) in Bonn tätig. Zunächst zuständig für Betriebswirtschaft und Vertrieb, wurde er 1997 Referent Multimedia. Ein Jahr später wurde er zusätzlich zum Ge-

Die Autoren

schäftsführer der verbandsübergreifenden Online-Media-Datenbank (OMDB) Betriebsgesellschaft GbR mbH ernannt: Sie stellt kostenlos Mediadaten aller Online-Werbeträger zur Verfügung. Im Juli 2000 wechselte der gebürtige Stuttgarter zur ZMG. Thomas Breyer-Mayländer ist verheiratet und hat eine Tochter.

Zu seinen wichtigsten Veröffentlichungen zählen: Breyer, Thomas: Alternative Zustelldienste und Transportkonzepte im Pressesektor; Markt-, wirtschafts- und medienpolitische Auswirkungen der Deregulierung der Zustellmärkte, ZV GmbH, Bonn, 1999 sowie Breyer-Mayländer, Thomas: Wirtschaftsunternehmen Buch-, Zeitschriften- und Zeitungsverlag. Rechtsgrundlagen – Lektorat – Distribution – Marketing; Reihe „Grundwissen Buchhandel – Verlage", Band 5, Bramann-Verlag, Frankfurt am Main, 2000.
E-Mail: breyer-maylaender@zmg.de

Dr. Jürgen Degethoff,
41, ist seit Anfang 2001 Geschäftsführer der Cittadino Medien Concept und Service GmbH, einer Multimedia-Agentur, die einen Schwerpunkt in der Entwicklung, Produktion und im Betrieb von Business-Portalen für und mit Großunternehmen besitzt. Bis Mitte 2000 war er Bereichsleiter Marketing/ Neue Märkte bei RP-Online, dem Online-Dienst der „Rheinischen Post".

Nach seinem Studium der Wirtschafts- und Sozialgeographie (HF), sowie der Sozialwissenschaften und Informations- und Medienwissenschaft/Philosophie (NF) an der Universität Düsseldorf, wurde Degethoff im Juni 1986 mit dem Aufbau und der Leitung der Informations-, Dokumentations-, Research- und Marktforschungsabteilung bei Kurt Salmon Associates Management Consultants in Düsseldorf betraut und fungierte als Geschäftsbereichsleiter der europaweiten Abteilung Zentrale Information und Kommunikation. Während dieser Tätigkeit promovierte Degethoff und wurde 1991 zum Dr. phil. (magna cum laude) ernannt. Bis 1993 folgte ein Studium der allgemeinen Betriebswirtschaftslehre an der VWA in Düsseldorf mit dem Schwerpunkt Marketing und Industriebetriebslehre. Im Juni 1994 wurde Degethoff Bereichsleiter bei der Droege & Comp. Internationale Unternehmer-Beratung in Düsseldorf. Hier war er für die Reorganisation und Professionalisierung der Informations-, Research- und Marktforschungsstelle zuständig. In das Verlagsgeschäft kam Degethoff im Februar 1995. Als Projektleiter Elektronisches Publizieren der Verlagsgruppe Handelsblatt war er verantwortlich für die Offline- und Online-Strategieentwicklung und -vermarktung neuer elektronischer Verlagsprodukte. Darüber hinaus betreute er die Entwicklung von Geschäftsbereichen in den Feldern Wirtschafts- und Fachinformation sowie Digital- und Business-Fernsehen. Im Februar 1998 wechselte er zu RP-Online. Im Mittelpunkt seiner Tätigkeit stand das strategische Marketing, die Kommerzialisierung des Dienstes, die Entwicklung und Vermarktung neuer Geschäftsfelder und Produkte.

Die Autoren

Schwerpunkte waren die Bereiche E-Commerce, Online-Anzeigenmärkte, Kooperationen, Content, neuen Werbeformen sowie neue Vertriebswege. Darüber hinaus ist Degethoff seit dem Wintersemester 1991/92 Lehrbeauftragter im Bereich der Informations-, Kommunikations- und Medienwissenschaft an der Heinrich-Heine-Universität Düsseldorf. Ab dem Wintersemester 2000/2001 folgte ein Lehrauftrag an der Justus-Liebig-Universität Gießen.

Zu seinen Spezialgebieten zählen die Bereiche Wirtschaftsinformation, Fachkommunikation und Medienwissenschaft sowie Produktgestaltung und Vermarktung von Online-Diensten.

Seine wichtigsten Veröffentlichungen sind (Auswahl):
Degethoff, Jürgen: Gestaltung elektronischer Verlagsprodukte. Konzeption, Planung und Umsetzung elektronischer Verlagsprodukte im Bereich der Fach- und Wirtschaftsinformation, in: Wolfram Neubaur (Hrsg.): Deutscher Dokumentartag 1996. Proceedings, Frankfurt am Main, 1996, Seite 157-165.

Degethoff, Jürgen: Planung, Organisation und Aufbau von betrieblichen Informationsdienstleistungseinrichtungen, in: Infobase-Kongress innerbetriebliches Informationsmanagement, Sonderveranstaltung der DGD zur Infobase 1992 im Rahmen der DGD Online-Tagung in Frankfurt, Frankfurt am Main, 1992.
E-Mail: jdegethoff@cittadino.de

Edgar Franzmann,
51, ist Bereichsleiter Content beim Kölner Telekommunikationsunternehmen NetCologne.

Nach einem Studium der Germanistik und Philosophie an der Universität Köln und einer journalistischen Ausbildung beim Verlag M. DuMont Schauberg war der gebürtige Krefelder als Redakteur, Redaktionsleiter „Sonntag-Express" und Ressortleiter Kultur für den „Kölner Express" tätig. 1996 wechselte er zu DuMont Funk und Fernsehen als Initiator und Redaktionsleiter der Online-Angebote der Kölner DuMont-Gruppe. In dieser Funktion brachte er mit Express Online im März 1996 die erste deutsche Boulevardzeitung ins Internet. Im Jahr 1997 folgten die Internet-Ausgaben des „Kölner Stadt-Anzeiger" und der „Kölnischen/ Bonner Rundschau". Mit dem City-Guide konzipierte und leitete er das regionale Internet-Portal der Kölner Zeitungen. Seit Januar 2000 ist Franzmann in der oben genannten Position tätig. Er ist bei NetCologne für alle Internet- und Multimedia-Inhalte wie beispielsweise das Internet-Portal www.koeln.de verantwortlich. Edgar Franzmann ist geschieden und hat 2 Kinder.
E-Mail: efranzmann@netcologne.de

Die Autoren

Hans-Joachim Fuhrmann,
45, ist Leiter des Geschäftsbereichs Kommunikation + Multimedia des Bundesverbands Deutscher Zeitungsverleger (BDZV) in Berlin.

Bereits während seines Studiums der Fachrichtungen Kunst und Sport an der Universität Bonn war er als freier Mitarbeiter für verschiedene Zeitungen, vor allem für die „Kölnische/Bonner Rundschau" tätig. Nach der Referendarzeit als Lehramtsanwärter wechselte Fuhrmann komplett in den Journalismus. Er absolvierte ein Redaktionsvolontariat bei der Wochenzeitung „Das Parlament", war dort danach einige Jahre als Redakteur tätig, bevor er 1985 Pressesprecher der Stadt Dinslaken im Ruhrgebiet wurde. Zwei Jahre später begann er als verantwortlicher Redakteur in der Presseabteilung des BDZV, wo er unter anderem die Chefredaktion für „Die Zeitung" sowie das Jahrbuch des BDZV übernahm. Seit 1995 zeichnete Fuhrmann neben dem Bereich Öffentlichkeitsarbeit auch für die gesamten Multimediaaktivitäten des BDZV verantwortlich und wurde 1997 zum Mitglied der Geschäftsleitung berufen. Im gleichen Jahr wurde er außerdem zum Geschäftsführer des Kuratoriums Theodor-Wolff-Preis, dem renommiertesten deutschen Journalistenpreis, bestellt. Fuhrmann ist Autor vieler Beiträge in Zeitungen und Fachzeitschriften und arbeitet als Moderator und Referent bei Fachveranstaltungen.
E-Mail: fuhrmann@bdzv.de

Michael Geffken,
50, arbeitet als Autor und Kommunikationsberater in München. Er berät unter anderem Fach- und Zeitungsverlage.

Nach seinem Germanistik- und Sport-Studium an den Universitäten Münster und Hamburg arbeitete Geffken von 1977 bis 1982 zunächst als Gymnasiallehrer – später Studienrat – in Bremen. Doch der Beamte auf Lebenszeit schlug 1982 einen ganz anderen Weg ein und wurde nach einem Volontariat Redakteur und später Ressortleiter bei der „Schaumburger Zeitung" in Rinteln; 1986 wechselte er zur „Männer Vogue" nach München, wo er ein Jahr lang als stellvertretender Chefredakteur arbeitete. Es folgte eine Tätigkeit als Chefredakteur von „Bio" in München. 1989 gründete Geffken die Firma Geffken Mediendienste GmbH und wurde Geschäftsführender Gesellschafter. Der Arbeitsschwerpunkt des Unternehmens lag in der Konzeption und Produktion von Unternehmenspublikationen wie Mitarbeiter- oder Händlerzeitschriften. Geffken war unter anderem für Siemens, Suzuki, IST und IBM tätig. Nach dem Verkauf der Firma 1994 begann Geffken als Chefredakteur der Fachzeitschrift „werben & verkaufen" des Europa-Fachpresse-Verlags. 1997 wurde er zusätzlich Chefredakteur des Online-Dienstes w&v-Online und des Informations-Dienstes „w&v-New-Media-Report". Darüber hinaus fungierte er als Herausgeber des Monats-Magazin „Media & Marketing" sowie der „w&v"-Buchreihe. Last but not least war Geffken Chefredakteur „Neue

Die Autoren

Medien und Produktentwicklung" des Verlags. 1998 siedelte Geffken nach Santa Barbara über. Als Autor arbeitete er unter anderem für die „Süddeutsche Zeitung", die „Wirtschaftswoche", für „Media & Marketing" und „w&v". In Kalifornien stellte er auch das „Große Handbuch Werbung" fertig. Seit März 2000 ist er in oben genannter Position tätig.

Neben seiner hauptberuflichen Tätigkeit kümmert sich Geffken um die Aus- und Weiterbildung von Journalisten: Nach einer zweijährigen Tätigkeit als wissenschaftlicher Mitarbeiter an der Akademie für Publizistik in Hamburg, wo er schwerpunktmäßig mit der Planung und Begleitung von Aus- und Weiterbildungsseminaren für Journalisten beschäftigt war, engagierte sich Geffken selbst in diesem Bereich: Von 1988 bis 1998 arbeitete er als Dozent für Recherchetechnik an der Deutschen Journalistenschule in München, an der Akademie der Bayerischen Presse in München und an der Akademie für Publizistik in Hamburg. Zwischen 1985 und 1986 war er Lehrbeauftragter für Sportjournalismus an der Universität Bremen.

Der gebürtige Bremer ist Mitglied in zahlreichen Jurys der Werbe- und Kommunikationswirtschaft: Er war unter anderem Mitglied der Effie-Jury des Gesamtverbands der Werbeagenturen (1996-1998) sowie der Jury des Jahrbuchs der Werbung (1994-1998). Michael Geffken ist verheiratet und hat zwei Töchter.

Zu seinen wichtigsten Veröffentlichungen neben zahlreichen Fachartikeln zählen: Das Große Handbuch Werbung (Hrsg.): Verlag Moderne Industrie, Landsberg am Lech, 1999.
E-Mail: m.geffken@t-online.de

Arndt Groth,
35, ist Geschäftsführer von DoubleClick Deutschland.

Nach Abschluss des Studiums der Betriebswirtschaft an der Westfälischen Wilhelms-Universität, Münster, übernahm Groth die Leitung der Filialorganisation beim deutschen Mobilfunk-Provider Hutchison Telecom, um die bestehenden Niederlassungen zu betreuen und den Aufbau von weiteren Filialen in den Neuen Bundesländern voranzutreiben. 1992 wechselte Groth von der Technik- auf die Inhalte-Seite und war als Assistent der Geschäftsführung der Verlagsgruppe von Holtzbrinck für diverse Multimedia-Projekte verantwortlich. Unter anderem leitete er Projekte im Bereich interaktives Fernsehen und Online-Entwicklung. Seit 1995 arbeitete Groth bei der GWP Online Marketing, der Anzeigenverkaufsorganisation der Holtzbrinck-Tochter Verlagsgruppe Handelsblatt. Er war für die Vermarktung der Online-Produkte wie zum Beispiel WirtschaftsWoche Online oder DM-Online verantwortlich. 1998 übernahm er die oben beschriebene Tätig-

Die Autoren

keit. DoubleClick ist der führende Anbieter von Global Internet Advertising Solutions. Das Unternehmen vermarktet weltweit in über 31 Standorten in 22 Ländern rund 1600 Websites und liefert pro Tag über 1,5 Milliarden Banner aus.

Seit Januar 2000 ist Arndt Groth als Vice President International Media zudem für DoubleClicks gesamte nordeuropäische Aktivitäten verantwortlich. Groth, der sicherlich als Internet-Pionier der ersten Stunde in Deutschland bezeichnet werden kann, ist als Vorsitzender des IAB Germany (Internet Advertising Bureau) zugleich Mitglied im Board des IAB Europe und des Deutschen Multimediaverbandes (dmmv).
E-Mail: groth@doubleclick.net

Georg Hesse,
40, ist Geschäftsführer der OMS Online Marketing Service GmbH & Co. KG.

Nach seinem Studium der Rechtswissenschaften und Germanistik in Freiburg und Saarbrücken fing Hesse zunächst im Klett-Verlag als Assistent der Geschäftsführung, Bereich Städteradios, an. Nach einer Tätigkeit als Chefredakteur von Hellweg Radio im Verbreitungsgebiet Kreis Soest, wechselte Hesse Ende 1991 zum Heinen-Verlag in Köln. Dort war er für den Bereich Elektronische Medien zuständig und fungierte als Geschäftsführer von sechs Lokalradios in der Region Köln/Bonn. 1995 konzipierte und baute Hesse einen regionalen Online-Dienst in der Region Köln/Bonn auf. Er wurde Geschäftsführer der RegioInformation GmbH & Co. KG., die die Online-Angebote Express Online, Kölner Stadt-Anzeiger Online, Kölnische Rundschau Online und City-Guide betreibt. Seit Ende 1996 hat Hesse die oben erwähnte Funktion inne. Hesse ist unter anderem Mitglied der Arbeitsgruppe Multimedia/Elektronisches Publizieren des Bundesverbands Deutscher Zeitungsverleger (BDZV) sowie des IVW Organisationsausschusses Online-Medien. Georg Hesse ist in Attendorn (Westfalen) geboren, ist verheiratet und hat zwei Kinder.

Neben diversen Veröffentlichungen in Fachzeitschriften ist Hesse Mitherausgeber von „Die Zukunft von Off- und Online Medien", Journalistenzentrum Haus Busch, Hagen, 1999. Er ist weiterhin Co-Autor der EU-Studie „Initiative Qualifizierungsfelder der Zukunft".
E-Mail: g.hesse@oms-kombi.de

Professor Peter Kabel,
37, ist Vorsitzender der Multimedia-Agentur Kabel New Media AG.

Nach dem Studium der Visuellen Kommunikation an der Hochschule für Bildende Künste in Hamburg baute Kabel 1986 zunächst ein Büro für grafische Gestal-

Die Autoren

tung auf. 1991 gründete er in Hamburg seine erste Agentur für computergestütztes Design. Er war außerdem Mitbegründer der Agenturen „Büro Hamburg" und „Trendbüro". 1993 gründete Kabel die Multimedia-Agentur Kabel New Media. Sie hatte bereits 1999 325 Mitarbeiter und machte einen Jahresumsatz von mehr als 40 Millionen Mark. In einem explosiv wachsenden Markt, in dem sich Produktfelder beinahe täglich ändern, positionierte Kabel sein Unternehmen mit einer innovativen Marktstrategie international an vorderster Front. Er baute in kürzester Zeit ein Unternehmen für strategische Beratung, Konzeption und Produktion im Bereich interaktiver Business- und Kommunikationslösungen auf. Um mit der enormen Nachfrage nach seinen Dienstleistungen und dem explosiven Wachstum seiner Agentur sowie der Branche Schritt halten zu können, entschloss sich Kabel 1999, eine Investorengruppe mit einem Drittel am Unternehmenskapital zu beteiligen und die Kapitalbasis an der Deutschen Börse um knapp 25 Prozent zu erhöhen. Sein Ziel sei es, das Unternehmen beim bevorstehenden Take-off im New-Media-Wachstumsmarkt als Qualitätsführer unter den weltweit zehn Top-Unternehmen zu etablieren, erklärte Kabel.

Kabel zählt seit Mitte der 90er Jahre zu den Schrittmachern der internationalen New Media-Branche. Als Pionier im Multimediabereich gestaltete und produzierte der Diplom-Kommunikationsdesigner Anfang der 90er Jahre die ersten werblichen – preisgekrönten – CD-Roms, Disketten, elektronischen Info-Kioske und interaktiven Videotext-Programme für Kunden wie Philip Morris, Apple, Time Warner und Sat 1.

Der gebürtige Stuttgarter engagiert sich seit Jahren intensiv für die allgemeinen Belange der neu entstehenden Multimedia-Branche und für die Interessen der Nutzer in E-Marketing, E-Commerce und E-Business. Er ist unter anderem Gründungsmitglied des Deutschen Multimediaverbands (dmmv) und als Leiter des Arbeitskreises „Online-Marketing" maßgeblich an der Vereinheitlichung und Weiterentwicklung europäischer Standards im Online-Marketing beteiligt. Kabel gibt sein Wissen und seine Erfahrung außerdem seit 1996 als Professor für Gestaltung an der Fachhochschule Hamburg weiter. Er hält wöchentlich mindestens eine Vorlesung und ist Autor einer Reihe von Buchbeiträgen und Artikeln zur multimedialen Wirtschaftszukunft.
E-Mail (Ansprechpartner Tina Kulow): tkulow@kabel.de

Oliver Jens Koehler,
27, arbeitet seit 1994 regelmäßig als freischaffender Journalist.

Zu seinen regelmäßigen Auftraggebern zählen die Zeitschriften „De:Bug" (DeBug-Verlag), „Telepolis" (Heise-Verlag), Netbook (Media-Daten Verlagsgesellschaft & werner smc) und „Net-Business" (Verlagsgruppe Milchstraße). Parallel schreibt

Die Autoren

Koehler, der an der Universität Mannheim die Fächer Anglistik, Medien- und Kommunikationswissenschaften sowie Politik studiert, an seiner Magisterarbeit zum Thema Postmoderne Kriegsliteratur in den USA. Koehler wurde in London geboren, wo er auch die Schule besuchte und lebt seit 1991 in Deutschland. Zu seinen Spezialgebieten zählen die Themen Online Vermarktung und Strategien, Digitale Kultur sowie der Videospiele- und Konsolenmarkt in der Internet-Welt.
E-Mail: o.koehler@gmx.net

Thomas Löbel,
33, ist Geschäftsführer der RON Online Dienste GmbH.

Nach seinem Studium der Volkswirtschaftslehre und Publizistik an der Johannes Gutenberg-Universität in Mainz, arbeitete Löbel von 1993 bis 1996 in der Öffentlichkeitsarbeit beim Bund der Steuerzahler Hessen. Von 1996 bis 2000 war der diplomierte Volkswirt zunächst als Assistent der Geschäftsleitung, später als Leiter Multimedia bei der Verlagsgruppe Rhein-Main in Mainz tätig. Seit April 2000 hat der gebürtige Groß-Gerauer obige Position inne. Thomas Löbel ist ledig und hat zwei Kinder. Zu seinen Spezialgebieten gehören die Produkt-/Content-Entwicklung und Marketing/PR.
E-Mail: thomas.loebel@ron.de

Katja Riefler,
36, arbeitet als selbständige Beraterin von Medienunternehmen.

Nach einem Volontariat und mehrjähriger Tätigkeit als Tageszeitungsredakteurin studierte sie von 1987 bis 1993 Politische Wissenschaft, Philosophie und Amerikanistik am Geschwister Scholl Institut der Ludwig-Maximilians Universität München (Abschluss: M.A.). Zudem schloss sie im Juni 1991 das Studium „Journalistenweiterbildung" der Freien Universität Berlin ab (Abschluss: lic.rer.publ.). Von Anfang 1989 bis Ende 1990 arbeitete Riefler am Projekt „Recherchefeld Wissenschaft" der Freien Universität Berlin mit. Hier wurden Methoden entwickelt, wie man Zeitungsjournalisten einen besseren Zugang zu wissenschaftlichen Quellen erschließen kann. Darüber hinaus arbeitete Katja Riefler redaktionell und konzeptionell beim Pressedienst „Drehscheibe" der Initiative Tageszeitung (ITZ) in Bonn mit, deren neuen ITZ-Newsletter „Magazin der Drehscheibe" sie ebenfalls konzeptionell mitbetreute.

Seit 1994 beschäftigt sich Katja Riefler intensiv mit Online-Diensten. Einer mehrwöchigen Recherche in den USA folgten das erste Buch in Deutschland zum Thema „Zeitung online" sowie Veröffentlichungen in Zeitungen, Zeitschriften und Sammelbänden. Riefler berät seither Verlage zum Thema neue Medien und führt Seminare zum Thema Online-Dienste durch. Zudem übernahm Riefler Projekte

Die Autoren

für den Bundesverband Deutscher Zeitungsverleger (BDZV), den Verband Bayerischer Zeitungsverleger und die Bundeszentrale für politische Bildung.

Von Juni 1996 bis Juni 1997 wurde Riefler mit der Projektleitung der MBT Online KG der Bayerischen Tageszeitungen betraut. Seit Juli 1997 fungiert sie freiberuflich als Leiterin des Geschäftsbereiches Konzeption/Koordination der MBT Online KG. Das Aufgabenfeld umfasst die Betreuung von Software-Entwicklungsprojekten (Online-Rubrikenanzeigen) und Kooperationen. Diese Tätigkeit schränkte Katja Riefler im vergangenen Jahr ein. Seither berät sie verstärkt einzelne Zeitungsverlage und zeichnet für die Konzeptionen externer Online-Projekte verantwortlich.

Zu ihren wichtigsten Veröffentlichungen zählen: Journalistenhandbuch „Wahlen" der Bundeszentrale für politische Bildung; Reihe: „Themen und Materialien für Journalisten", Band 4, Bonn, März 1994, Neuauflage im September 1997. Riefler, Katja: Zeitung Online. Neue Wege zu Lesern und Anzeigenkunden, Bonn, Oktober 1995.
E-Mail: info@riefler.net

Norbert Specker,
41, ist Inhaber des Beratungsunternehmens CATCHUP! Communications AG, Zürich/Vancouver.

Nach dem Studium der Kunstgeschichte und Publizistik in Zürich betätigte sich Specker zunächst für vier Jahre als Manager der Tanzgruppe The Stage Company sowie als TV- und Videoproduzent. 1992 gründete er die CATCHUP! Communications AG: Lokalfernsehen, interaktive Fernseh-, Fax- und Telefonanwendung bestimmten die Anfangsphase. Heute beschäftigt sich die Firma mit Konzeptentwicklungen im digitalen Content-Bereich und bietet Vernetzungsleistungen „von Menschen, Ideen und Umsetzungsmitteln" an, so Specker. Seit 1994 organisiert der gebürtige Schweizer (Zürich) die Interactive Publishing. Der europäischen Kongress zum Thema Medien und Internet findet jedes Jahr Mitte November in Zürich statt. Im Jahr 2000 wurde die 7. Interactive Publishing Teil einer Veranstaltungsreihe „Content Summit", die von Specker initiiert wurde und für den europäischen Markt Festival, Treffpunkt und Diskussionsforum für digitale Inhalte sein soll. Neben CATCHUP! Communications und Interactive Publishing ist Specker, der zurzeit im kanadischen Victoria B.C. wohnt, noch an anderen Unternehmen aktiv beteiligt. Dazu zählen beispielsweise ovivo.de und der Informationsdienst EuropeMedia.com. Norbert Specker wurde von der Online Journalism Revue/Annaheim School of Journalism unter die 50 wichtigsten „New Media People" eingereiht und sitzt seit 1995 in der Jury für den „Best Online Newspaper Award", dem wichtigsten Branchenpreis jenseits des Atlantiks. Norbert Specker ist verheiratet und hat eine Tochter.
E-Mail: nspecker@interactivepublishing.ch

Die Autoren

Joachim Türk,
42, ist Geschäftsführer der RZ-Online GmbH.

Nach dem Abitur begann Türk als Volontär bei der „Rhein-Zeitung". Bis 1987 war er als Lokalredakteur und Leiter einer kleinen Lokalredaktion tätig. Von 1987 bis 1989 baute er die „Mainzer Rhein-Zeitung" auf und wurde stellvertretender Redaktionsleiter. Die weiteren Stationen: 1989 bis 1993: stellvertretender Nachrichten-Chef der „Rhein-Zeitung"; 1993 bis 1995 Chef vom Dienst; seit Juli 1995 stellvertretender Chefredakteur des Titels. Im August 1997 wechselte Türk als Geschäftsführer zur KEVAG Telekom GmbH. Seit April 1998 ist er in der oben genannten Position tätig.

Neben seiner hauptberuflichen Tätigkeit führte Türk das Redaktionssystem CICERO ein. Zudem war er für den Aufbau des Online-Dienstes der „Rhein-Zeitung" zum Profit-Center verantwortlich. Seit 1995 betreut Joachim Türk die tschechischen Zeitungen der MRV-Gruppe. Er war zeitweise Mitglied des geschäftsführenden Vorstands der nationalen Tageszeitung „1. Zemska a.s." („Zemske Noviny").

Zu seinen Spezialgebieten zählen die Themen redaktionelles Marketing sowie elektronische Medien als Ergänzung der Tageszeitung. Joachim Türk wurde in Bad Marienberg (Westerwald) geboren. Er ist verheiratet und hat zwei Kinder.
E-Mail: jot@rhein-zeitung.de

Andreas Werner,
33, ist Geschäftsführer der Internet-Beratung Werner SMC.

Er studierte Betriebswirtschaftslehre an der Universität Mannheim. Danach arbeitete er vier Jahre im Studiengang Medien- und Kommunikationswissenschaft der Universität Mannheim. Seit 1995 berät der Diplom-Kaufmann Verlage, Agenturen und Verbände zum Themenkomplex Internet-Marketing. Zu seinen Schwerpunktthemen gehören vor allem die Bereiche Online-Werbung und Online-Forschung. Werner, der als Referent bei Branchenkongressen und Seminaren auftritt, ist Lehrbeauftragter an den Universitäten Mannheim und Ilmenau. Zudem arbeitet er als Chefredakteur des Netbook des Media-Daten Verlags und ist Gründungsmitglied der Deutschen Gesellschaft für Online-Forschung (D.G.O.F.), deren Vorsitzender er von 1998 bis Anfang 2000 war.

Zum Thema Online-Werbung und Internet-Marketing veröffentlichte Werner verschiedene Bücher. Dazu zählt unter anderem „Site Promotion. Werbung auf dem WWW", 2. Auflage, dpunkt, Heidelberg, 2000.
E-Mail: werner@pobox.com